I0046387

CHRONIQUE

DU CRIME

ET

DE L'INNOCENCE.

CHRONIQUE
DU CRIME

ET

DE L'INNOCENCE;

Recueil des Événemens les plus tragiques; Empoisonnemens, Assassinats, Massacres, Parricides, et autres forfaits, commis en France, depuis le commencement de la monarchie jusqu'à nos jours, disposés dans l'ordre chronologique, et extraits des anciennes Chroniques de l'Histoire générale de France, de l'Histoire particulière de chaque province, des différentes Collections des Causes célèbres, de la Gazette des Tribunaux, et autres feuilles judiciaires.

Par J.-B. J. CHAMPAGNAC.

Tout ce qui me fait peur m'amuse au dernier point.
C. Delavigne, *École des Vieillards.*

Tome Troisième.

Paris.

CHEZ MÉNARD, LIBRAIRE,

PLACE SORBONNE, N° 3.

—

1835.

CHRONIQUE
DU CRIME
ET
DE L'INNOCENCE.

RÉHABILITATION D'UN JUIF

MORT INNOCENT SUR LA ROUE.

Il vaut mieux absoudre cent coupables
que condamner un seul innocent. Cet axiome,
si conforme aux principes de la justice et de
l'humanité, ne saurait trouver aujourd'hui un
seul contradicteur. Comment se fait-il cependant que, même à des époques peu éloignées
de nous, tant d'innocens aient péri victimes
de la trop grande précipitation des juges ?
Combien est déplorable la faillibilité de la
justice des hommes ! Que de malheurs n'a-

t-elle pas causés ! Heureux encore quand elle consent à reconnaître sa fatale erreur ! S'il ne lui est pas donné de rappeler la vie dans le cadavre de l'innocent; si elle ne peut rendre un père à une famille désolée et flétrie, du moins elle lave la mémoire de la victime, et délivre ses enfans des liens honteux de l'odieuse solidarité qu'un affreux préjugé fait peser sur la famille d'un criminel.

La veuve du prevôt de Hauzen rendit plainte, devant le bailli de Ribeaupierre, de violences exercées sur sa personne et sur celle de sa servante, le 9 décembre 1754, entre dix et onze heures du soir. Elle déclara qu'on lui avait volé environ trois mille livres en argent, du métal et autres effets, et elle accusa Hirtzel Lévy, Menehek Lévy, tous deux domiciliés à Vedelshem, et Moïse Lang, demeurant à Ribauviller, d'être les auteurs de ce délit.

Aussitôt un décret de prise de corps fut lancé contre les accusés par le bailli de Ribeaupierre, qui, dit-on, pendant l'instruction, ne se fit aucun scrupule de loger, boire et manger chez le fils de la plaignante. Menehek Levy et Lang furent arrêtés le même jour ou le lendemain, et constitués prison-

niers. Il ne fallut ni précautions, ni stratagèmes pour s'assurer de leurs personnes ; ils
étaient, le 10 décembre, à Hauzen, où leur
commerce les conduisait fréquemment, lorsqu'on vint les arrêter.

Hirtzel Lévy était parti, dès le 8, pour se
rendre au village de Scireutz, à l'occasion de
la mort d'une de ses nièces qui était établie
dans cet endroit. Il apprit là le coup qui le
menaçait. Il n'était éloigné que de deux lieues
de Bâle ; le Rhin coulait à une demi-lieue de
lui ; il lui eût été très-facile de se soustraire
aux poursuites de la justice ; mais, se con-
fiant dans son innocence, il vint de lui-même
se remettre entre les mains de ceux qui étaient
chargés de l'arrêter.

Lors de son interrogatoire, il allégua, pour
sa justification, qu'il était à Scireutz lorsque
le crime dont on l'accusait avait été commis :
il circonstancia dans le plus grand détail tous
les instants de son *alibi*, et demanda avec in-
sistance à en fournir les preuves.

On remarqua dans cette affaire une variation notable dans les dires des plaignans.
Deux procès-verbaux avaient été dressés avant
la plainte ; dans le premier, l'accusatrice

avait expressément nommé Hirtzel Lévy et
ses deux prétendus complices, comme auteurs du crime; de son côté, la servante avait
déclaré qu'elle n'avait reconnu qu'Hirtzel
Lévy; dans le second procès-verbal, ce n'était
plus une assertion affirmative qui chargeait les
trois juifs; ce n'était plus qu'une simple pré-
somption. L'accusatrice déclarait simplement
qu'elle croyait que les voleurs n'étaient autres que Hirtzel, Menebek Lévy et Moïse Lang.

Cette hésitation aurait dû frapper le juge
et éveiller sa prudence. Il n'en fut rien. Le
bailli rendit, le 23 décembre 1754, un jugement qui condamnait les trois accusés à être
rompus vifs, après avoir été préalablement
appliqués à la question, pour la révélation de
leurs complices.

Sur l'appel au conseil de Colmar, Hirtzel
Lévy réitéra les faits d'*alibi* avec la même
précision que devant le premier juge. Mais
ce second tribunal refusa d'admettre une
preuve qui avait été si inhumainement refusée
par le premier, et confirma la sentence de
mort relativement à Hirtzel. Quant aux deux
autres accusés, il fut ordonné qu'il serait sursis au jugement du procès jusqu'après l'in-

terrogatoire d'Hirtzel Lévy au moyen de la question.

On fit donc les apprêts de ce supplice préliminaire. L'exécuteur de la haute justice se comporta, dit-on, à l'égard d'Hirtzel, avec une cruauté inouïe. La torture, en Alsace, était accompagnée de raffinemens de barbarie qui faisaient frémir ; entre autres, on ceignait la tête du patient avec une espèce de bandeau de fer, qui se serrait et se comprimait, au point de faire sortir le sang par les yeux et les oreilles, et d'entr'ouvrir le crâne.

Hirtzel soutint avec une constance inébranlable les horribles tourmens qu'on lui fit souffrir, sans qu'il fût possible d'arracher de sa bouche une seule parole qui pût le faire soupçonner d'avoir été coupable.

Animé de cette haine populaire qui régnait alors contre les juifs, le bourreau, par une atroce méchanceté, fit diminuer d'un pied la circonférence de la roue sur laquelle Hirtzel devait être exposé, afin qu'il ne pût trouver sur ce lit de douleur, où il demeura vivant pendant dix heures, le moyen de reposer sa tête, qui débordait en entier, renversée et pendante vers la terre. Ainsi mourut

le malheureux Hirtzel, en protestant, devant
le ciel et la terre, qu'il était innocent.

Cependant on conserva, après l'exécution
de cette infortunée victime, l'échafaud sur
lequel il avait expiré, comme si Menehek
Lévy et Moïse Lang eussent dû bientôt y
monter. Ces deux malheureux, sans subir
effectivement la mort, en éprouvaient chaque jour toutes les horreurs. Cet échafaud,
monument infâme d'un acte d'iniquité, fut
dressé pendant plus d'un mois, et ce ne fut
qu'en vertu des ordres supérieurs du roi
qu'on le fit disparaître. Le conseil de Colmar
venait d'ordonner que Menehek Lévy et Moïse
Lang seraient appliqués à la question ordinaire et extraordinaire. Mais l'exécution de ce
jugement fut arrêtée par une lettre du ministre; et, peu après, le roi, sur l'avis de son
conseil et sur le vu des pièces, renvoya la
révision au parlement de Metz, où les prisonniers furent transférés avec toute la procédure.

Menehek et Moïse croyaient être les seuls
accusés détenus pour cette malheureuse affaire; quel fut leur étonnement lorsqu'ils
apprirent que, malgré son innocence recon-

nuc, le nommé Gresmard, qui avait été arrêté dès l'abord, et dont l'absolution avait été prononcée, continuait à languir, comme eux, dans les cachots, et que l'on faisait encore dépendre sa liberté de celle de Menehek et de Moïse !

Par ses lettres-patentes, le roi autorisait le parlement de Metz, non seulement à procéder à la révision du procès criminel jugé par le conseil de Colmar, mais encore à un jugement nouveau. Ainsi les accusés étaient remis dans la même position où ils étaient au moment de l'appel qu'ils avaient interjeté de la sentence du bailli de Ribeaupierre. Il s'agissait donc d'établir que les charges du procès étaient incapables de motiver aucune condamnation contre les accusés ; et dès lors tombaient, en même temps, la sentence rendue contre eux et les arrêts qui en étaient la suite.

Le défenseur des enfans d'Hirtzel, M. Rœderer, présenta avec une sage éloquence les preuves de l'innocence des accusés, et les justifia jusqu'à la plus parfaite évidence. Voici quelle fut sa conclusion touchante : « Quelle que soit, dit-il, la justice que mes cliens sont en droit d'attendre, la cour ne rendra pas la vie au malheureux Hirtzel : qu'elle rende au moins à des enfans qui ont eu la douleur et la consolation de voir un père expirer sur la roue, en les assurant, jusqu'au dernier soupir, qu'il mourait innocent, qu'elle leur rende, dis-je, l'honneur de son état; qu'elle remette en liberté deux pères de famille qui languissent depuis huit mois, dans les fers, sous une accusation fausse et calomnieuse ; si elle diffère plus long-temps, que ce ne soit du moins que pour faire triompher avec plus d'éclat la vérité et l'innocence, de l'imposture et de la prévention qui ont fait tout leur crime. »

Le 26 juillet 1755, le parlement de Metz admit les enfans d'Hirtzel et les deux autres accusés comme appelans de la sentence rendue par le bailli de Ribeaupierre, les reçut à la preuve des faits justificatifs qu'ils avaient articulés, et ordonna en conséquence une nouvelle instruction.

Cette nouvelle information fournit la preuve complète des faits justificatifs, et le 24 septembre 1755 fut le jour heureux qui vit réhabiliter la mémoire d'un innocent, rendre l'honneur à toute sa famille, et la liberté à ses deux prétendus complices.

Par son arrêt, le parlement de Metz ordonna, entre autres dispositions réparatrices, que le corps de Hirtzel Lévy serait remis à ses enfans, pour être inhumé selon le rit judaïque, et les autorisa à se pourvoir, pour leurs dépens, dommages et intérêts, contre qui bon leur semblerait.

Cette sentence, qui expiait et réparait, autant qu'il était possible, l'erreur du premier jugement, fut reçue avec applaudissemens par tous les hommes éclairés de la France.

ATTENTAT DE DAMIENS.

L'esprit de secte produit le fanatisme, et le fanatisme ne recule devant aucun crime. Les prédications de la ligue enfantèrent les Jacques Clément, les Chastel, les Ravaillac : Damiens surgit du sein des querelles et des haines théologiques allumées en France par la fameuse bulle *unigenitus*.

Robert-François Damiens, né à Tieulloy dans le diocèse d'Arras, le 9 janvier 1715, était fils d'un petit fermier qui avait fait banqueroute. Dans son enfance, ses méchancetés l'avaient fait surnommer *Robert-le-Diable*. Après avoir été soldat, il entra, comme domestique, au collège des jésuites de Paris. En 1738, il se maria avec une des femmes de la comtesse de Crussol.

Après avoir servi dans différentes maisons de la capitale ; après avoir empoisonné un de ses maîtres dans un lavement, il fit un vol de deux cent quarante louis d'or à un Hollandais qu'il servait, et prit la fuite. Il rôda pendant quelques mois en Flandre, tantôt à Dunkerque, tantôt à Bruxelles, tenant partout des propos extravagans sur les disputes qui divisaient la France. A Poperingue, petite ville voisine d'Ypres, on l'entendit répéter à plusieurs reprises : « Si je reviens en France..... Oui, j'y reviendrai ; j'y mourrai, et le plus grand de la terre mourra aussi, et vous entendrez parler de moi. »

C'était dans le mois d'août 1756 qu'il débitait ces extravagances. Le 21 décembre de la même année, se trouvant à Falesque près d'Arras, chez un de ses parens, il y tint les propos d'un homme désespéré. Son esprit était aliéné lorsqu'il retourna à Paris, où il arriva le 31 du même mois. Il faut observer que son sang était dans une effervescence continuelle, et que, pour se calmer, il était obligé d'avoir recours à de fréquentes saignées. « C'était un homme, dit Voltaire, dont l'humeur sombre et ardente avait toujours ressemblé à la démence. »

Il se rendit à Versailles dans les premiers jours de 1757, avec le projet d'assassiner

Louis XV. Il prit de l'opium pendant deux ou trois jours. Ce misérable s'était muni d'un couteau à ressort, qui, d'un côté, portait une longue lame pointue, et de l'autre un canif à tailler les plumes, d'environ quatre pouces de longueur. Il attendit le moment où le roi devait monter en voiture pour aller à Trianon. C'était le 5 janvier; il était près de six heures, la nuit était venue; il faisait un froid excessif; presque tous les courtisans étaient enfoncés dans leurs manteaux. L'assassin, à l'aide du même costume, pénètre vers la garde, heurte en passant le dauphin, se fait place à travers les gardes-du-corps et les cent-suisses, aborde le roi, le frappe de son canif à la cinquième côte, remet son canif dans sa poche, et reste le chapeau sur la tête. Le roi se sent blessé, se retourne, et à la vue de cet inconnu, qui était couvert, et dont les yeux étaient égarés, il dit : « C'est cet homme qui m'a frappé; qu'on l'arrête, et qu'on ne lui fasse pas de mal. »

Tandis que tout le monde était saisi d'horreur et d'effroi, qu'on portait le roi dans son lit, qu'on cherchait les chirurgiens, qu'on se demandait si la blessure était mortelle, si le poignard était empoisonné, le parricide répéta plusieurs fois : « Qu'on prenne garde à monseigneur le dauphin, qu'il ne sorte pas de la journée. »

Ces paroles redoublèrent l'alarme universelle; on ne douta plus qu'il n'y eût une conspiration contre la famille royale; et chacun se figura que les plus grands crimes avaient été médités. Heureusement la blessure du roi était légère, mais le trouble public était considérable; et les craintes, les défiances, les intrigues se multipliaient à la cour. Le grand prevôt de l'hôtel, à qui appartenait la connaissance du crime commis dans le palais du roi, commença les procédures.

Damiens fut transféré à Paris et conduit dans la tour de Montgommery, où on lui avait préparé le même local que Ravaillac avait occupé autrefois. Le roi chargea la grand'-chambre du parlement d'instruire son procès. Malgré les tortures les plus cruelles, il fut impossible de lui arracher le moindre aveu qui pût faire penser qu'il avait des complices. Il protesta que, s'il avait été saigné aussi copieusement qu'il l'avait demandé le jour de l'assassinat du roi, il n'aurait pas commis ce crime. Il déclara qu'il n'avait point voulu tuer le roi; mais que, depuis l'exil du parlement, il avait formé le dessein de le blesser. Suivant une autre de ses réponses, la religion seule l'avait déterminé à cet attentat.

On lui fit subir la question dite des *brode-quins*, qui était la plus cruelle, et qui ne s'appliquait guère qu'à ceux dont le crime était évident, pour tâcher d'en tirer encore quelques éclaircissemens (voyez l'article d'Urbain Grandier). Pendant cette torture, il s'écria « qu'il avait cru faire une œuvre méritoire pour le ciel, » et persista constamment à dire que c'étaient l'archevêque de Paris, les refus de sacremens, les disgrâces du parlement, qui l'avaient porté à ce parricide; il le déclara encore à ses confesseurs.

Il fut condamné à mourir du même supplice que les assassins de Henri IV. Le 28 mars de la même année, jour de l'exécution, il arriva à la place de Grève à trois heures et un quart, regardant d'un œil tranquille le lieu et les instrumens de son supplice. On lui brûla d'abord la main droite avec un feu de soufre. La douleur lui arracha un cri terrible; ensuite il leva la tête et regarda assez long-temps sa main sans cris et sans imprécations. On l'entendit hurler lorsqu'il fut tenaillé aux bras, aux jambes, aux cuisses, aux mamelles, et qu'on jeta dans les plaies le plomb fondu, l'huile bouillante, la cire, la résine et le soufre brûlant. Enfin on procéda à l'écartèlement. Les quatre chevaux firent pendant cinquante minutes des efforts inutiles pour démembrer ce malheureux : au bout de ce temps, Damiens étant encore plein de vie, les bourreaux lui coupèrent avec des bistouris les chairs et les jointures nerveuses des cuisses et des bras ; ce qu'on avait été obligé de faire, en 1610, pour Ravaillac. Il respirait encore après que les cuisses furent coupées; et il n'expira que pendant qu'on lui coupait le second bras ; son supplice, depuis l'instant qu'il fut mis à l'échafaud jusqu'au moment de sa mort, dura près d'une heure et demie. Il conserva toute sa connaissance, et releva la tête sept ou huit fois pour regarder les chevaux et ses membres tenaillés et brûlés. Au milieu des tourmens les plus affreux de la question, il avait laissé échapper des plaisanteries.

Tout barbare qu'était le supplice de ce misérable, il était juste. On ne saurait en dire autant de la persécution qui pesa sur sa famille, déjà assez malheureuse d'avoir produit un pareil monstre. Son père, sa femme et sa fille furent bannis du royaume, avec défense d'y revenir, sous peine d'être pendus. Tous ses parens furent obligés, par le même arrêt, de quitter leur nom de Damiens, devenu exécrable. Par suite de ses déclarations, seize conseillers du parlement furent envoyés en exil ; et l'un d'eux, l'abbé de Chauvelin, fonda une messe à perpétuité pour remercier Dieu d'avoir conservé le roi qui l'exilait.

ÉCOLIER, AGÉ DE DIX-SEPT ANS,

QUI TUE L'HOMME CHARGÉ DE LUI DONNER LA CORRECTION.

L'usage barbare de faire fouetter les écoliers dans les colléges n'a été que trop longtemps en vigueur. Cette indécente punition, loin de corriger, ne faisait le plus souvent qu'irriter, que révolter celui qu'elle atteignait. Il en résultait quelquefois de terribles représailles, comme on va le voir. Grâce au perfectionnement de nos mœurs, depuis longtemps cette *ancienne méthode* n'est plus connue dans les écoles.

Jean-Baptiste Pilleron, marchand d'eau-de-vie en gros à Paris, ayant éprouvé des pertes considérables dans son commerce, prit le parti d'aller chercher dans d'autres pays des ressources contre la misère; mais avant de s'embarquer pour le Cap, il plaça son fils, alors âgé de cinq ans, au collége de La Flèche.

Comme on ne reçut aucune nouvelle du père, on se lassa au bout de trois ans de garder un enfant dont la pension n'était pas payée; en conséquence, on le rendit à sa famille, qui acquitta tout ce qu'on devait, et se chargea de l'éducation de l'enfant.

Le jeune Pilleron fut placé, au commencement de 1754, par un oncle maternel, son tuteur et son bienfaiteur, dans une pension située dans le faubourg Saint-Antoine, d'où il sortit deux ans après pour entrer au collége de Montaigu. Cet enfant était un bon écolier; jamais ses maîtres ne s'en étaient plaints, ni pour le caractère, ni pour le travail. Il fallut une circonstance toute particulière pour faire naître des récriminations de ce genre contre lui.

Le 1er août 1759 était un jour de congé. Le principal de Montaigu, nommé Germain, refusa au jeune Pilleron la permission d'aller voir son tuteur. Pilleron, sans égard pour cette défense, sortit; mais, pour réparer en quelque sorte sa faute, il rentra un des premiers au collége. Le lendemain, dès huit heures du matin, le trop sévère principal fit venir Pilleron, et lui annonça qu'il allait être fustigé. L'écolier s'humilia, demanda pardon, représenta son âge (il avait dix - sept ans), promit pour l'avenir la plus exacte soumission. Toutes ses protestations furent inutiles ; le principal fut inflexible, et fit monter le correcteur.

Pilleron déclara fermement qu'il ne subirait pas cette infâme punition. Le portier, qui était le correcteur, voulut le saisir ; il le repoussa avec force. Irrité de cette résistance, le principal donna ordre au portier d'aller chercher deux forts pour se faire assister, et il garda dans sa chambre Pilleron, qui, effrayé de l'ordre extraordinaire qu'il venait de donner, lui demanda de quitter à l'instant même le collége.

Cette demande fut aussi vaine que l'avaient été ses excuses. Le principal ne prenait plus conseil que de sa colère. Peu après le portier rentra, suivi d'un porteur d'eau nommé Boucher. Le principal avait demandé deux hommes ; mais Boucher lui garantit *qu'il en viendrait seul à bout.* Pilleron, désespérant d'échapper aux mains d'un si rude adversaire, essaya de l'arrêter en lui présentant de loin son couteau, et en le menaçant de s'en servir s'il osait le toucher. Mais le principal ordonna à Boucher de prendre une pelle à feu pour désarmer le rebelle.

Soumis aux ordres de qui le payait, Boucher lève la pelle à feu sur la tête du jeune homme ; celui-ci, pour parer le coup, hausse le bras ; Boucher profite du mouvement, saisit Pilleron au corps, le renverse sur un siége voisin, et tombe en même temps sur lui. L'écolier se raidit dans sa chute par un mouvement naturel. Le propre poids de l'agresseur lui fait entrer dans l'estomac la lame du couteau que tenait l'écolier. Comme ils s'agitaient l'un sur l'autre, Boucher fut percé en trois endroits, et ses blessures furent tellement l'unique effet de cette lutte, que le principal, si attentif à cette scène qu'il avait ordonnée, ne savait si le sang qu'il voyait couler venait du porte-faix ou de Pilleron, qui pouvait s'être blessé lui-même.

Boucher ne sentit qu'à son extrême faiblesse qu'il avait été frappé ; il fut transporté à l'Hôtel-Dieu, où il expira trois heures après.

Troublé de ce tragique événement, Pilleron s'enfuit du collége, erra pendant trois jours sans dessein et hors de lui-même. Il finit par s'enrôler pour le service de la compagnie des Indes, et se rendit au port de Lorient pour s'embarquer.

Cependant sa famille, instruite de ce malheur, sollicita sa grâce, et l'obtint sans peine. Mais la veuve Boucher présenta une requête contenant une demande en dommages-intérêts, qu'elle dirigea solidairement contre le supérieur de Montaigu et contre le jeune Pilleron. Pour repousser cette demande, le défenseur du jeune homme soutint que, s'il était dû à la veuve Boucher des dommages-intérêts, c'était le sieur Germain qui devait les supporter, parce que c'était à lui seul que la veuve devait imputer la mort de son mari.

Mais le Châtelet de Paris ne goûta pas cette opinion, toute fondée qu'elle fût, et il ordonna, par sentence du 29 mars 1760, que les lettres de rémission accordées au jeune Pilleron fussent entérinées, à la charge par lui de garder prison pendant un mois, et de payer à la veuve de Boucher douze cents livres de dommages-intérêts, par forme de réparation civile.

INFORTUNES DES CALAS.

Le retentissement qu'eut dans toute l'Europe l'histoire des malheurs de cette famille intéressante, victime des préjugés et du fanatisme, et les heureux efforts de Voltaire pour obtenir la réparation de ce crime juridique, ont porté le nom des Calas à la connaissance de tout le monde. On frémit encore en songeant à l'horrible persécution exercée contre eux, on s'indigne contre leurs juges, on s'étonne de leur ignorance et de leurs barbares préventions, surtout quand on songe que cette horrible aventure eut lieu dans la seconde partie du dix-huitième siècle, dans une des villes les plus éclairées et les plus considérables du royaume, à Toulouse enfin.

Quelque répandue que soit cette déplorable histoire, ce ne sera sans doute pas sans un vif intérêt que nos lecteurs en retrouveront ici les principaux détails.

Jean Calas était un négociant établi à Tou-

louse, et y exerçait sa profession avec honneur
depuis quarante ans. Sa femme, Anglaise de
naissance, tenait par son aïeule à la principale noblesse du Languedoc. Tous deux élevaient leurs enfans avec tendresse; jamais aucun d'eux n'en essuyait ni coups ni mauvaise
humeur. Élevé dans la communion protestante,
Calas était au-dessus des préjugés de secte,
ne gênait aucunement ses enfans sur le choix
d'une religion, et était si éloigné de ce zèle
outré qui nous fait voir des méchans dans
tous ceux qui pensent autrement que nous,
qu'il avait toujours eu dans sa maison une
servante catholique. Cette servante, très-atta-
chée à sa religion, contribua à la conversion
d'un des enfans de son maître, sans même
que celui-ci lui fît aucun reproche à ce sujet.
Bien plus, il la garda à son service, et fit une
pension de quatre cents livres à son fils con-
verti, disant que, pourvu que sa conversion
fût sincère, il ne pouvait la désapprouver,
parce que gêner les consciences ne sert qu'à
faire des hypocrites.

Ces particularités sont loin d'être indiffé-
rentes pour l'intelligence de la suite de ce
récit.

Cette famille respectable jouissait d'un bien honnête, comptait un grand nombre d'amis, n'avait ni procès ni querelle avec personne. Peut-être quelques marchands jaloux de la prospérité de leur maison de commerce, surtout à cause de leur différence de religion, excitaient sourdement la populace contre ces gens estimables; mais ceux-ci ne répondaient aux procédés haineux que par une constante modération.

Enfin un jour, c'était le 13 octobre 1761, un fils de M. Lavaisse, fameux avocat de Toulouse, arrivé de Bordeaux, est rencontré par hasard par Calas père et Marc-Antoine, son fils aîné, qui invitent ce jeune homme à souper. Le jeune Lavaisse accepte. On se met à table à sept heures; on fait un repas frugal au premier étage de la maison. La cuisine touchait presque à la salle à manger; la servante catholique, dont on vient de parler, servait à table, entendant et voyant tout. Marc-Antoine, le fils aîné, se lève de table un peu avant les autres, et passe dans la cuisine. La servante lui dit : « Approchez-vous du feu. — Ah! répondit-il, *je brûle !* » Après avoir proféré ces paroles étranges d'une voix som-

bre, il descend au magasin avec un air profondément pensif. La famille, avec le jeune
Lavaisse, continue une conversation paisible
jusqu'à neuf heures trois quarts sans se quitter
un seul instant. M. Lavaisse se retire : Pierre,
le second fils Calas, prend un flambeau pour
l'éclairer. Ils descendent.... Mais quel spectacle se présente à leurs yeux ! La porte du
magasin est ouverte, les deux battans rapprochés ; un bâton, fait pour serrer et rap-
procher les ballots, passé au haut des deux
battans, une corde à nœuds coulans, et le
malheureux Marc-Antoine Calas suspendu, en
chemise, à cette espèce de gibet ; sa chevelure
était arrangée avec soin , et son habit plié sur
le comptoir.

Que l'on juge de l'horreur des deux jeunes
gens à cette épouvantable vue ! Ils poussent
des cris d'effroi en remontant l'escalier ; ils
appellent le père : la mère toute tremblante
veut descendre aussi ; on l'arrête , on la supplie de rester. L'un vole chez le chirurgien,
l'autre chez les magistrats. Le père embrasse
son fils mort ; la corde cède au premier effort,
parce qu'un des bouts du bâton glissait aisément sur les battans de la porte, et que le

corps soulevé par le père n'assujétissait plus
ce billot. La mère veut faire avaler à son fils
des liqueurs spiritueuses ; la servante prodiguait aussi tous ses soins ; mais tout était inutile, le jeune Calas était mort.

Cependant la populace s'assemble ; elle in-
vestit la maison de Calas. Les conjectures
commencent à circuler. Les uns disent que
le jeune homme est mort martyr ; que sa famille l'avait étranglé pour prévenir son abjuration. D'autres ajoutent que cette abjuration
devait avoir lieu le lendemain. Suivant d'autres ignorans fanatiques , la religion protestante ordonne aux pères et mères d'égorger
ou d'étrangler leurs enfans lorsqu'ils veulent
se faire catholiques. Ce point de doctrine est
affermi par d'autres , qui ajoutent que dans
leur dernière assemblée les protestans ont
nommé un bourreau de la secte; que le jeune
Lavaisse est sans doute ce bourreau, et qu'il
est venu tout exprès de Bordeaux à Toulouse
pour pendre son ami. Voilà de quelles absurdités se forme souvent la voix du peuple,
que l'on veut bien appeler aussi la voix de Dieu.
Annoncez au peuple les choses les plus extra-
ordinaires, les plus surnaturelles, les plus im-

possibles ; il ne lui faut pas de preuves; il croira sans peine ce qu'on veut bien lui faire croire; comme une éponge, il aspire toutes les parties du récit merveilleux qu'on lui fait; il se passionne aveuglément pour soutenir que c'est la vérité; et toujours, sans s'enquérir des preuves, il braverait la mort pour son opinion. Tel est le fanatisme de la populace; mais des juges doivent-ils se laisser entraîner à partager de semblables erreurs, surtout quand il s'agit du sang d'un malheureux père accusé du meurtre de son fils, quand il s'a- git de décider du sort de toute une honnête famille?

Ceux qui avaient entendu les cris de Pierre Calas et du jeune Lavaisse, et les gémisse- mens du père et de la mère Calas, à neuf heu- res trois quarts, ne manquaient pas d'affirmer qu'ils avaient entendu les cris du jeune homme étranglé, lequel cependant était mort deux heures auparavant.

Pour comble de malheur, le capitoul, pré- venu par ces clameurs, arrive sur le lieu avec ses assesseurs, et fait transporter le cadavre à l'Hôtel-de-Ville. Au lieu d'être dressé dans l'endroit même où l'on a trouvé le mort,

comme le veut la loi, le procès-verbal est fait
à l'Hôtel - de - Ville.

Pour des personnes non prévenues, tout aurait annoncé que la mort du jeune Calas était
le résultat d'un suicide. Ce jeune homme était
d'une humeur sombre et mélancolique. Il
avait quelques talens ; mais n'ayant pu réussir à se faire recevoir licencié en droit, parce
qu'il eût fallu faire des actes de catholicisme,
ou acheter des certificats ; ne pouvant se faire
négociant, parce qu'il n'était pas propre au
commerce ; se voyant repoussé de toutes les
carrières, il se livrait à une douleur profonde.
Ses lectures favorites, puisées ordinairement
dans Plutarque, Sénèque ou Montaigne, rou-
laient presque toujours sur le suicide.

Toutes les conjectures de la populace entrèrent dans la tête des juges, et, quoiqu'il
n'y eût point de preuves contre la famille Calas, on eut seulement recours à un monitoire.
Avant que ce monitoire parût, quelqu'un ayant
avancé que le jeune Marc-Antoine Calas devait
entrer le lendemain dans la confrérie des pénitens blancs, aussitôt les capitouls ordonnèrent que le corps fût enterré pompeuse-
ment au milieu de l'église de Saint-Étienne.

Quarante prêtres et tous les pénitens blancs assistèrent au convoi. Quatre jours après, les pénitens blancs lui firent un service solennel dans leur chapelle : l'église était tendue en blanc ; on avait élevé au milieu un catafalque, au haut duquel on voyait un squelette humain, qu'un chirurgien avait prêté, et qui tenait dans une main un papier où l'on lisait ces mots : *Abjuration contre l'hérésie*, et de l'autre une palme, comme un saint martyr.

Toute cette momerie était échafaudée sur la supposition que le jeune Calas devait abjurer le lendemain même du jour qu'il était mort ; et cependant, lors de l'instruction, on ne put fournir aucune trace de ce changement de religion.

Un tel éclat acheva d'enflammer les esprits. Le parlement se saisit bientôt de cette affaire, et cassa la procédure des capitouls comme vicieuse dant toutes ses formes ; mais les préjugés qui avaient présidé à cette première procédure demeurèrent pour former le fond de la seconde. Tous les catholiques zélés voulurent déposer : l'un avait vu dans l'obscurité, à travers le trou de la serrure de la porte, des hommes qui couraient ; l'autre disait avoir entendu du fond d'une maison éloignée, à l'autre bout de la rue, la voix du jeune Calas, qui se plaignait d'avoir été étranglé. Un peintre, nommé Mattei, dit que sa femme lui avait *dit* qu'un nommé Mandrille lui avait *dit* qu'un inconnu lui avait *dit* avoir entendu les cris de Marc-Antoine Calas à une autre extrémité de la ville.

Cependant la justice avait arrêté M. et madame Calas, leur fils Pierre, le jeune Lavaisse et la servante catholique. Tous aux fers, tous séparément interrogés, ils avaient été unanimement d'accord sur tous les points essentiels : ils soutinrent la vérité sans varier un seul instant.

Cette unanimité parmi des accusés qui ne pouvaient s'entendre aurait dû ouvrir les yeux des juges ; mais les cris de la multitude, et cet entêtement fatal qui naît si souvent d'une première impression, l'emportèrent sur une vérité évidente. Enfin un expert, appelé dans la maison de Calas, pour juger si un homme pouvait se pendre aux deux battans de la porte du magasin, vint décider la perte de cette malheureuse famille. Cet expert était le bourreau : ne connaissant que ses exécutions, il répondit au capitoul, et à ceux qui l'accompagnaient , que la chose n'était pas praticable, et l'on ajouta foi à ses paroles. Vainement Lavaisse et la servante prouvaient l'innocence de la famille Calas ; Lavaisse et la servante étaient eux - mêmes accusés. Vainement on voyait l'impossibilité démontrée que Calas le père, âgé de soixante-huit ans, eût pu seul pendre un jeune homme de vingt-huit ans, d'une force prodigieuse ; les juges prétendaient qu'il était encore plus difficile de croire que le jeune Calas eût lui-même attenté à ses jours.

La pluralité des juges croyait toute la famille et Lavaisse également coupables du meurtre ; et, par une contradiction fort étrange, ils condamnèrent Calas père seul au supplice de la roue, croyant sans doute qu'il ne pourrait résister aux tourmens, et qu'il avouerait les prétendus compagnons de son crime dans l'horreur du supplice.

L'infortuné père entendit sa sentence avec calme, et marcha à la mort en prenant à témoin de son innocence le Dieu devant lequel il allait comparaître. Les deux dominicains qu'on lui donna pour l'assister dans ces mo-

mens cruels rendirent témoignage de sa résignation ; ils le virent pardonner à ses juges, et les plaindre ; ils souhaitèrent enfin de
mourir un jour avec des sentimens de piété
aussi touchans.

Bientôt après cette catastrophe, les juges
furent obligés de mettre en liberté madame
Calas, le jeune Lavaisse et la servante ; quant au
jeune Pierre, il fut banni. Pourquoi le bannir,
s'il était innocent ? s'il était coupable, pourquoi se borner au bannissement ?

Mise en liberté, la veuve de Calas se vit dé-
pouillée de ses biens ; abreuvée de malheur et
d'outrages, elle eut encore la douleur de se voir
enlever ses filles. Elle se retira dans une solitude, où elle se nourrissait de larmes, appelant la mort à son secours. Ce fut là que les
consolations et les secours de Voltaire vinrent
la trouver. Le patriarche de Ferney lui fit entreprendre le voyage de Paris pour qu'elle
pût s'aller jeter aux genoux du roi, et implo-
rer sa clémence. L'éloquent et généreux Élie
de Beaumont seconda les efforts de Voltaire,
et embrassa, devant le conseil du roi, la défense du malheureux Calas. Grâce à son courage, grâce à l'équité des nouveaux juges, la

mémoire de ce bon père, supplicié comme parricide, fut lavée et réhabilitée. Le roi, de son côté, traita avec beaucoup d'égards la veuve Calas, et n'oublia rien pour adoucir l'amertume de ses chagrins.

Quant à l'arrêt qui condamna Calas père à la plus horrible mort', il n'eut aucune publicité, et demeura un mystère impénétrable. On prit, dit Voltaire, autant de soin de le dérober à la connaissance des hommes que les criminels en prennent ordinairement de cacher leurs crimes. On assure même que l'arrêt du conseil qui justifia les Calas ne put jamais être affiché dans Toulouse.

PERSÉCUTIONS EXERCÉES

CONTRE LA DAME DELAUNAY

PAR LES RELIGIEUX DE CLAIRVAUX.

Loin de nous l'intention de renouveler, à l'occasion de cette histoire, les déclamations dont les ordres religieux ont été si souvent l'objet. Nous voulons uniquement retracer les tribulations d'une femme, d'une mère infortunée, qui fut long-temps victime de l'iniquité de plusieurs agens d'un ordre célèbre, iniquité dont l'ordre entier fut à la fin pécuniairement responsable, mais dont il serait injuste de faire retomber sur lui la responsabilité morale.

Catherine-Michelle Peuchet, née à Stenay en 1724, fut envoyée par ses père et mère à Paris, chez un parent nommé Langlois. Cette jeune personne joignait les charmes de la beauté à l'éclat de la jeunesse. Un homme nommé Castille , lié depuis long-temps avec le sieur Langlois , prit du goût pour la demoiselle Peuchet , la demanda en mariage , et obtint le consentement de ses parens.

Castille était connu depuis trente ans dans le monde , estimé d'une foule de négocians dont il avait tenu les livres. Son travail et son économie lui avaient fourni les moyens d'amasser une somme de trente-six mille livres. Le contrat de mariage fut signé le 6 octobre 1744. Il fut convenu qu'il y aurait communauté de biens. La demoiselle Peuchet apporta en dot une somme de dix mille livres , qui lui fut donnée par le sieur André , chapelain de la Sainte-Chapelle , l'un de ses oncles. Les bans furent ensuite publiés dans les paroisses des deux futurs époux , et le mariage fut célébré le 26 décembre à Saint-Gervais , en présence des témoins nécessaires qui signèrent l'acte de célébration.

Ce nouvel engagement de Castille était bien différent du premier état qu'il avait embrassé dans sa jeunesse. Né dans la ville de Luxembourg en 1692 , il avait fait le 1er novembre 1714 , à l'âge de vingt-deux ans , après un noviciat d'une année , profession religieuse dans l'abbaye d'Orval. Il était resté dans cette abbaye jusqu'en 1725; sa résidence et sa fuite paraissaient constatées par les pièces. Jamais on n'avait connu de sa part aucune réclamation contre ses vœux; du moins n'en trouvait-on aucune trace dans les écritures du couvent.

C'est ce religieux qui se trouvait être, en 1744, l'époux de la demoiselle Peuchet. Heureux de leur attachement mutuel, ils vécurent en paix pendant six années. Trois enfans naquirent de leur mariage, deux garçons et une fille. Le dernier né, Hippolyte-Louis, vint au monde à Paris, le 19 juillet 1750.

Cette année 1750 fut fatale aux deux époux, et les sépara pour jamais.

Le 4 novembre, un exempt se présente, porteur d'ordres du roi pour arrêter Castille et sa femme. La dame Castille était logée rue de la Verrerie, au troisième étage, dans une chambre dépendante d'un appartement occupé par une maîtresse couturière, nommée Delage. Elle relevait à peine de ses dernières couches; elle était seule, ou du moins n'avait auprès d'elle que sa petite fille, Reine-Michelle, âgée de quatre ans et demi. Son dernier enfant était en nourrice au village de Celle en Brie, et Castille était allé le voir.

L'exempt, ses ordres à la main, arrête la dame Castille. « Quel est mon crime ? dit cette femme toute troublée. C'est, répond l'homme de la police, votre commerce avec un moine, que vous donnez pour votre époux. » A cette réponse, la dame Castille jette des cris de saisissement. Sa voisine, la dame Delage, frappée du bruit, accourt. Quel spectacle pour une amie ! Elle se livre à toute l'impétuosité de son amitié, proteste à l'exempt qu'il se méprend, que la femme qu'il veut arrêter jouit de l'estime publique, qu'elle la connaît, qu'elle en répond sur sa tête. L'exempt est sourd à tous ses cris ; il ordonne à ses archers de se saisir de la dame Castille, qui est entraînée de force à Sainte-Pélagie.

Le lendemain, le même exempt, qui n'avait pu remplir à Paris que la moitié de sa mission, se transporte à la Celle en Brie avec une escorte de sbires nombreux. Castille était à Monsano, paroisse de la Celle. On l'arrête, on le dépouille de tous ses effets et papiers ; on le met en dépôt dans un couvent, d'où il est transféré, deux jours après, hors du royaume, à l'abbaye d'Orval. Quant à l'enfant, Hippolyte-Louis, il est laissé entre les mains de sa nourrice.

Cette arrestation avait été faite à la réquisition de l'abbé de Clairvaux. Mais dom Mayeur, procureur-général de son ordre, et frère du supérieur, chargé de ses pouvoirs à l'égard de Castille, paraissait avoir pris sur lui de faire enlever aussi la femme et l'enfant. Voici du moins ce que l'on a pu savoir sur ce point obscur de l'affaire. Un oncle de la demoiselle Peuchet, pauvre tabellion de Villette, petit village voisin de Sedan, parut dans le même temps sur la scène. On présume que, pensant que sa nièce vivait en concubinage avec un religieux, il s'était constitué le vengeur de l'honneur de sa famille, et avait sollicité l'ordre de faire arrêter la dame Castille. On penche à croire aussi qu'il avait pu, dans cette circonstance, agir d'après les suggestions de dom Mayeur. La découverte d'une copie d'un acte rédigé entre eux fit naître un violent soupçon de l'association de ces deux hommes contre le malheureux Castille et les siens.

Par ce traité, où dom Mayeur se disait chargé des pouvoirs de l'abbé de Clairvaux, et où il s'érigeait en propriétaire de la fortune de Castille, il cédait et transportait à Jean Peuchet tous les biens meubles et immeubles qui pouvaient appartenir à frère Balthasar Castille, à condition qu'il ferait tous les frais nécessaires pour opérer l'arrestation de Castille, et le faire conduire à l'abbaye d'Orval. En outre, le sieur Peuchet, d'après ce traité, ne pouvait frustrer sa nièce, prétendue femme dudit Castille, des sommes excédant celles que dom Mayeur aurait déboursées.

L'arrestation de la dame Castille avait eu lieu le 4 novembre. Les scellés ne furent apposés chez elle que le 6. Ce retard était contre toutes les règles; il eût fallu les apposer au moment même. On prétendit que l'on avait tiré parti de ce délai pour détourner, entre autres choses, tous les livres et l'argent comptant. D'ailleurs, le principal de la fortune de Castille était son portefeuille. Plusieurs personnes l'attestaient. Ce portefeuille contenait des billets sur particuliers, des effets royaux, et notamment pour vingt mille livres d'actions de la compagnie des Indes. Son

genre de vie, qui le mettait en relation continuelle avec des banquiers, lui avait toujours
fait préférer cette sorte de propriété. Son
contrat de mariage fournissait la preuve que
sa fortune consistait dès lors en papiers et
autres effets de pareille nature. Très-attentif
et rempli d'ordre, Castille, pour peu qu'il
s'absentât, portait toujours ce portefeuille sur
lui. Il en était nanti lors de son arrestation.

Quoi qu'il en soit, les scellés furent levés
le 30 janvier 1751. On dressa procès-verbal
des effets trouvés dans une malle. Peuchet fit
vendre les effets de Castille. La dame Delage
garda ceux de la femme pour les lui remettre
à sa sortie de Sainte-Pélagie, où elle avait été
déposée.

La dame Castille ignorait quel sort l'attendait dans cette humiliante prison. Elle ignorait aussi ce qu'étaient devenus son mari, son
fils et sa fille, tous objets de sa sollicitude et
de sa tendresse; ses inquiétudes bien légiti-
mes ajoutaient encore à ses souffrances per-
sonnelles. Elle se trouvait dans un isolement
complet. L'accès de sa prison était interdit
aux consolateurs, aux amis. La dame Delage
ayant un jour tenté de la voir : « Quel intérêt,

madame, lui dit la supérieure, pouvez-vous prendre à une fille qu'on a enlevée chez une femme de mauvaise vie ? »

Mayeur et Peuchet avaient seuls la liberté de visiter leur captive; mais chacun d'eux lui donnait des conseils bien différens; car, depuis l'arrestation des deux époux, ces deux hommes s'étaient brouillés. La cupidité, qui les avait unis, les avait eu bientôt divisés. Peuchet était chargé, par les ordres du roi, du paiement·de la pension de sa nièce. Il aurait bien voulu se décharger de cette commission, qui lui devenait onéreuse. D'un autre côté, persuadé de la nullité du mariage de sa nièce, il lui conseillait de l'attaquer par la voie de l'appel comme d'abus. Mayeur, au contraire, redoutait cette démarche; et, trouvant plus commode d'étouffer les plaintes de cette femme sous l'épaisseur des murs d'un cloître, il faisait tous ses efforts pour l'engager à se faire religieuse. Voyant qu'il ne pouvait l'y déterminer, il écrivit à l'abbé d'Orval. On ignore ce qu'il lui manda; mais la réponse qu'il en reçut fut l'extrait de mort de l'infortuné Castille.

Cependant Peuchet, chargé de payer la

pension de sa niéce, ne payait pas. Deux années venaient de s'écouler, sans que la supérieure de Sainte-Pélagie eût rien touché. Les
administrateurs de cette maison présentèrent
requête au lieutenant de police, le 27 janvier 1753. Le 27 mars, intervint une sentence qui condamna Peuchet au paiement
de la pension ; mais, comme celui-ci était
hors d'état de se conformer à cette sentence,
les religieuses ne voulurent plus se charger
d'une pensionnaire qui leur était à charge.
Leur poursuite occasiona une nouvelle information sur la conduite de la prisonnière;
son innocence fut reconnue ; et, après trois
années de détention, on lui rendit la liberté.

A peine fut-elle libre, qu'elle revint chez
la dame Delage, son amie, où son cœur
trouva une sorte de dédommagement de tout ce
qu'elle avait souffert dans l'accueil plein de
tendresse et d'empressement que lui firent
toutes les personnes de sa connaissance.

Un jeune homme, nommé Delaunay, logeait
depuis un an dans la maison de la dame
Delage. Il avait souvent entendu le récit des
malheurs de la dame Castille. Quand il eût
vu cette femme, dont l'infortune l'avait si

souvent ému, il conçut pour elle un intérêt
encore plus vif, et bientôt l'amour le plus
tendre vint s'y joindre. Il sollicita la main
de cette veuve intéressante, qui accepta avec
reconnaissance ce protecteur que lui envoyait
la Providence. La dame Castille était totalement ruinée par suite de ses malheurs. Le
jeune Delaunay n'avait pas de fortune, mais
il occupait un emploi à la compagnie des
Indes.

Les premières démarches des deux époux
pour obtenir réparation des torts que l'on
avait fait éprouver à la dame Castille furent
pleines de décence et de délicatesse. Ils s'a-
dressèrent directement au nouvel abbé de
Clairvaux, pour l'engager à prévenir le scandale qui pourrait résulter d'une contestation
judiciaire. Mais, après plusieurs années de
patience, de délais, de sollicitations, de promesses illusoires, ils se virent forcés de recourir à l'autorité de la justice. Ils donnèrent
requête le 30 décembre 1762, au sieur
lieutenant-civil, et firent assigner en dommages-intérêts les abbé et religieux de la fi-
liation de Clairvaux, en la personne de leur
procureur-général à Paris. L'abbé de Clair-

vaux se présenta sur cette assignation, comme supérieur immédiat de l'abbaye d'Orval, et fit évoquer l'affaire au grand conseil.

Alors s'engagèrent les débats d'une procédure des plus intéressantes. Tout l'intérêt public ne tarda pas à se déclarer en faveur de la veuve Castille. La prévention éclatait de toutes parts contre les religieux; disons, pour être juste, que cette prévention, était plutôt l'ouvrage de l'esprit de parti que celui-ci d'une conviction bien éclairée. Aussi les religieux employèrent-ils toutes sortes de moyens pour diminuer ce vif intérêt qu'inspirait la partie adverse, et enlever à la dame Delaunay ce triomphe prématuré.

Ils avaient découvert que le commerce de Balthasar Castille et de la demoiselle Peuchet avait précédé leur mariage, et qu'elle était enceinte de sept mois lors de la célébration du sacrement.

« Voilà cette femme, disaient les religieux par l'organe de leurs avocats, voilà cette femme qui vient vanter son innocence, sa vertu, sa bonne foi, et mettre à si haut prix ses trois années de retraite à Sainte-Pélagie! Elle a formé des liens illicites avec un reli-

gieux. Si elle a débuté si hardiment avec
lui par le vice, c'est à elle à s'imputer toutes
les suites qu'a produites cette association criminelle; elle s'est jetée volontairement dans
les bras d'un apostat : qu'elle cesse donc de
se plaindre de la séparation violente qui a été
occasionée par la juste poursuite de ce religieux parjure à ses premiers vœux. »

Ce reproche inattendu fit sur les esprits
une impression fâcheuse. Le public se repen-
tit un instant de l'intérêt qu'il avait fait éclater pour la dame Delaunay; il s'indigna d'a-
voir compromis trop précipitamment sa sensibilité, et il sortit de l'audience en répétant ces
mots : *L'affaire a bien changé de face.*

Mais cet artifice de malignité fut bientôt
anéanti, quand on en vint au fond de l'affaire;
quand l'avocat de la dame Delaunay demanda
la preuve constante de la profession religieuse
de Castille, et de la durée de son séjour dans
l'abbaye d'Orval. Les religieux ne purent produire qu'une pièce qui paraissait avoir été altérée. La surprise des assistans fut grande
lorsque, après une réplique concise et métho-
dique du défenseur des religieux, celui de la

dame Delaunay se leva tout-à-coup, et d'un
son de voix qui allait à l'âme, s'écria : *L'acte
est faux*, messieurs, *l'acte est faux : le par-
chemin est gratté, corrodé! l'acte est faux!* et
d'un seul mot renversa tout l'échafaudage de
raisonnemens et de conséquences qu'avait
élevé son adversaire sur cet acte ruineux; lorsque ensuite le ministère public développa toutes les irrégularités, tous les vices de la profession de Castille, tous les doutes, tous les nuages
accumulés sur ce fait, dès ce moment, au lieu
d'un religieux apostat, fugitif, parjure, Castille, environné de toutes les présomptions de
l'innocence et de la liberté, parut un citoyen
injustement persécuté et mort victime de
l'erreur mal fondée d'un ordre qui peut-être
n'avait jamais acquis sur sa personne aucun
droit, aucun empire légitime.

Dès lors, l'intérêt alla toujours croissant.
La vérité perçait de toutes parts; la calomnie était confondue. L'éloquence du célèbre Gerbier acheva de persuader tous les
esprits. L'avocat-général vint aussi plaider la
cause de l'innocence, et il le fit avec une éner-
gique indignation, réclamant des juges un ar-

rêt solennel et réparateur, tant dans l'intérêt de la justice que dans celui de la sécurité publique.

Le grand conseil, par arrêt du 7 septembre 1763, condamna les religieux en trente mille livres de dommages - intérêts envers Catherine-Michelle Peuchet, et en pareille somme de trente mille livres de dommages-intérêts au profit de Reine-Michelle Castille, sa fille. Cet arrêt contenait d'autres dispositions relatives à la profession des religieux.

Le jugement fut reçu du public avec applaudissement. On partagea vivement la joie de la dame Delaunay, et on la reconduisit en triomphe sous une pluie de fleurs que lui jetèrent des bouquetières mêlées dans la foule.

LEROI DE VALINES,

A PEINE AGÉ DE SEIZE ANS, EMPOISONNEUR DE TOUTE SA FAMILLE.

Ordinairement le crime ne procède que par degrés ; il suit plusieurs périodes avant d'arriver à la scélératesse qui ne connaît plus de frein.

> Un seul jour ne fait pas d'un mortel vertueux
> Un perfide assassin, un lâche incestueux ;
> Quelques crimes toujours précèdent les grands crimes.

L'adolescence est rarement l'âge des forfaits. Cette époque de la vie est presque toujours dominée par les passions grandes et généreuses ; elle repousse avec une noble indignation cette basse cupidité qui enfante tant d'actions criminelles.

Il faut donc regarder comme un malheureux écart de la nature, comme un phénomène monstrueux, l'enfant dénaturé qui, de sang-froid, et sans l'influence d'aucun conseil, débute dans le crime, à l'âge de seize ans, par l'empoisonnement de son père et de sa mère et par celui de ses autres proches qui pourraient le gêner dans la jouissance de la succession paternelle. Un monstre pareil devrait en quelque sorte effacer le souvenir de la Brinvilliers, devenue si odieusement célèbre.

Charles-François-Joseph Leroi de Valines n'avait pas encore atteint l'âge de seize ans, lorsque, au commencement d'avril 1762, il commit un vol avec effraction intérieure dans la maison d'un chanoine de la ville d'Aire en Artois. Il demeurait avec ses père et mère au château de Valines.

Le 30 juin de la même année, dans l'aprèsmidi, M. de Valines père, qui cependant n'avait déjeûné et dîné que très-légèrement, est subitement atteint de tranchées, de maux de tête violens, de déchiremens d'estomac. Des vomissemens affreux viennent encore aggraver son état. Vers minuit, son mal redouble encore; enfin, après s'être long-temps débattu contre d'horribles convulsions, il meurt le 2 juillet, à six heures du matin. Son fils l'avait exhorté à la mort, et lui avait plusieurs fois présenté un crucifix, en lui tenant des discours pieux.

La garde et ceux qui virent le cadavre de M. de Valines remarquèrent qu'il sortait de sa tête un sang noir et fétide.

Le 25 juillet, la dame de Valines tombe tout-à-coup malade; elle éprouve absolument les mêmes symptômes que son mari. On va chercher le médecin; il arrive, mais la dame de Valines venait d'expirer au milieu de crises épouvantables, et il fut impossible de juger du principe de la maladie. Ce qui a lieu de surprendre, ces deux morts, aussi précipitées, et accompagnées de symptômes aussi semblables, ne firent naître aucun soupçon, aucune curiosité. La dame de Valines fut inhumée suivant l'usage, sans autre formalité extraordinaire, et son fils se mit en possession de la succession.

Le 13 septembre suivant, le sieur Demay de Vieulaine, oncle maternel du jeune Leroi de Valines, invite à dîner chez lui le sieur de Riencourt, gentilhomme du voisinage, sa femme et son fils, qui était alors page de la reine. Les autres convives du sieur de Vieulaine étaient la demoiselle Demay de Bounelles sa sœur, le curé de la paroisse et Leroi de Valines; en sorte qu'en comprenant le maître et la maîtresse de la maison, il devait y avoir huit personnes à table.

Leroi de Valines se rend chez son oncle, mais il annonce qu'il ne dînera pas, parce qu'il veut aller à Longpré. On fait des efforts pour le déterminer à rester; on lui représente qu'il quitte toute sa famille et ses amis réunis pour aller dîner dans un lieu où il n'était pas attendu. Il persiste dans son refus, sous prétexte d'une affaire, et déjeûne avec le fils Riencourt, qui était obligé de partir avant le dîner pour Versailles, où l'appelait son service.

Il rôde ensuite dans la maison, s'introduit dans la cuisine, ordonne plusieurs fois à la cuisinière d'aller dans un jardin assez éloigné lui chercher de l'oseille pour nettoyer ses boucles de deuil, et reste seul dans cette cuisine, pendant que la domestique faisait sa commission. Elle lui apporte ce qu'il avait demandé; il fait semblant de frotter ses boucles, et part pour Longpré.

L'heure du dîner arrive; on se met à table au nombre de six; le sieur de Vieulaine sert la soupe. Le sieur de Riencourt souffrait de la faim ; il est servi le premier, et mange avec avidité. Les autres se récrient sur le goût âcre qu'ils trouvent à la soupe. Cette circonstance, jointe au souvenir de la mort si subite et si récente de sa sœur et de son beau-frère, effraie le sieur de Vieulaine; il s'abstient, ainsi que sa femme, de manger de cette soupe.

Bientôt le sieur de Riencourt se plaint de douleurs d'entrailles; les mêmes symptômes qui avaient accompagné le décès du sieur et de la dame de Valines, se manifestent rapidement. Les autres convives sont plus ou moins atteints du même mal, suivant l'ordre dans lequel ils avaient été servis et la quantité de potage qu'ils avaient mangée. Les soupçons naissent en foule; de tels accidens ne peuvent qu'être l'effet d'un poison actif; on court au remède; plusieurs sont soulagés. Mais le sieur de Riencourt meurt presque sur-le-champ dans les douleurs les plus aiguës.

La nouvelle de ce funeste événement ne tarde pas à se répandre. Le procureur du roi d'Abbeville rend plainte et requiert aussitôt la présence du juge à Vieulaine. On fait l'autopsie du cadavre; le corps de délit est constaté;

il est reconnu que le poison est la cause de ces funestes effets.

On informe; une multitude d'indices dénoncent le coupable. On découvre que Leroi de Valines a acheté du poison à différentes époques; on constate tous les détails de la conduite qu'il avait tenue dans la matinée du 13 septembre; il est décrété de prise de corps.

L'examen de la procédure fait surgir d'autres soupçons. Comment sont morts le sieur et la dame de Valines? On approfondit la conduite de leur fils, son goût pour la dépense, ses vols en différentes circonstances, ses nombreux achats de poison.

On exhume les corps du sieur et de la dame de Valines; leur état de décomposition ne permet pas de reconnaître les traces du poison, mais le témoignage du chirurgien qui avait été appelé pour les soigner prouvait que les symptômes qu'ils avaient éprouvés ne pouvaient provenir que d'un poison corrosif.

On interrogea Leroi de Valines sur quelques discours qui lui étaient échappés. Il convint avoir dit que sa mère avait été empoisonnée; mais il ajouta que c'était pour avoir pris du lait dans une casserole mal étamée. La fille de basse-cour, qui avait révélé ce propos, lui fut confrontée, et dénia le fait. Deux autres traits le chargaient de plus en plus. Un jour, depuis la mort du père, la dame de Valines ordonnait à son fils de s'aller coucher plus tôt qu'il ne le voulait ; il lui répondit brusquement : *Cela ne durera pas toujours, je serai bientôt mon maître.* Enfin sa mère expirante lui dit, dans les accès les plus violens de sa douleur : *Tu es un malheureux, tu es cause de ma mort.*

Pour tous ses crimes réunis, Leroi de Valines fut condamné, par sentence du lieutenant criminel d'Abbeville, du 27 mars 1764, à être rompu vif et jeté ensuite au feu.

Sur l'appel, le parlement de Paris, par arrêt du 22 août 1764, infirma la sentence d'Abbeville en certains chefs, pour éclaircir la vérité de plusieurs faits. Leroi de Valines fut appliqué à la question ; il avoua l'empoisonnement de son père et celui de sa mère ; et, après quelques contestations judiciaires, élevées par des parens qui se présentaient comme ses héritiers, il fut déclaré indigne des successions paternelle et maternelle, et remis entre les mains du bourreau.

MEURTRE INVOLONTAIRE.

ACTE SUBLIME DE GÉNÉROSITÉ.

Deux soldats du régiment des Gardes-Françaises, Savary et Lainé, entrèrent, le 13 novembre 1764, avec deux bourgeois de leurs amis, dans un cabaret qui formait le coin de la rue Saint-Marcel et de celle du Verbois. Un autre soldat, du même régiment, passa, vers les quatre heures après midi, devant ce cabaret. Ses camarades l'appelèrent; il entra, et, les trouvant pris de vin, ainsi que leurs deux amis, son premier mouvement fut de se retirer. Mais, comme eux-mêmes se disposaient à sortir, il attendit un instant pour prêter la main à ceux d'entre eux qui seraient le moins capables de se conduire. Les deux bourgeois demeuraient dans le voisinage. Lamet les remit d'abord à leur porte; puis il entra, par pure complaisance, avec ses deux camarades, au cabaret de la Providence, où ils burent,

entre eux trois, une chopine, sans s'asseoir.
Comme ils sortaient, ils rencontrèrent, dans
l'allée, une bande d'ouvriers qui sortaient
aussi. Deux de ces ouvriers étaient ivres;
Savary, et l'un d'eux, se coudoyèrent en tré-
buchant. L'ouvrier se retourna et injuria gros-
sièrement Savary. Savary voulut se faire justice par un soufflet que para le jeune Lamet,
qui était de sang-froid; mais l'ouvrier prit Savary aux cheveux; en même temps les cinq
autres artisans tombèrent sur lui, lui meur-
trirent le visage, et l'accablèrent de coups.

Lainé, furieux de voir battre son camarade,
mit l'épée à la main; mais Lamet, craignant
que son état d'ivresse ne lui fît porter quelques mauvais coups, se jeta au-devant de lui,
le saisit à bras-le-corps, le repoussa avec tant
de vigueur, qu'il le colla contre le mur de
l'autre côté de la rue. Cependant les six ouvriers continuaient à frapper Savary, qui luttait
seul contre eux. « Vois-tu donc, dit Lainé à
Lamet, qui le serrait toujours contre la mu-
raille; vois-tu comme ils traitent notre camarade? » Et en disant ces mots, il donne une
secousse si vive, qu'il échappe des mains de
Lamet. Mais celui-ci le ressaisit à l'entrée de

l'allée, et le tire si violemment par son ceinturon, qu'il manque de le renverser sur lui-même.

Alors Savary, se croyant abandonné, et craignant pour sa vie, tira son épée, non avec l'intention de commettre un meurtre, mais seulement pour épouvanter cette bande acharnée. A la vue de l'épée tirée, la colère des ouvriers redoubla. L'un d'eux, nommé Bulson, plus ivre que les autres, voulant saisir Savary au collet, se précipita de lui-même sur l'épée que le militaire agitait en tous sens et au hasard. Bulson expira sur le coup.

Cet événement rappela tout-à-fait Savary à la raison; il reconnut le danger qu'il courait, et au milieu de la bagarre il prit la fuite.

Alors Lamet lâcha Lainé, et le pressa de fuir avec lui. Le peuple s'amassait en foule, et criait : *A l'assassin! au meurtre!* Lamet était déjà loin, lorsqu'il s'aperçut que Lainé ne le suivait pas; il retourna pour tâcher de le rejoindre, mais, voyant que le peuple l'avait enveloppé, il eut peur pour lui-même, et prit le parti de gagner au large.

La garde de police du régiment accourut aux cris de la populace, qui lui livra Lainé.

Comme Savary avait disparu avant que la populace eût eu le temps de s'amasser, ce fut Lainé que la voix publique accusa d'avoir commis le meurtre, et, en conséquence, il fut conduit dans les prisons de l'Abbaye Saint-Germain.

Cependant Savary, dans sa fuite, n'avait rien dissimulé du malheur qui venait de lui arriver. Il le raconta à une fille nommée Lahaye, chez qui il s'était d'abord réfugié; ce fut même cette fille qui essuya son épée avec son mouchoir. Puis, en rentrant à la caserne, il en fit part à la sentinelle et à d'autres soldats. Ce fut donc sur sa propre déclaration qu'il fut conduit dans la même prison que Lainé.

On instruisit aussitôt le procès, selon toute la rigueur des ordonnances. Le point essentiel était de savoir lequel des soldats avait commis le meurtre. Aucun des témoins ne savait les noms des trois militaires. Il n'y avait donc que la voie de la confrontation qui pût conduire à la vérité. Mais les témoins ayant été confrontés avec Savary et Lainé, convinrent en présence de l'un et de l'autre qu'ils ne pouvaient dire si c'était l'accusé présent qui avait donné la mort à Bulson. Un seul porta un témoignage positif. Mais ce qu'il est nécessaire de remarquer, c'est que ce ne fut pas Savary, véritable auteur de l'accident, mais Lainé, qui n'y avait aucunement participé, que ce témoin unique accusa d'avoir porté le coup mortel. Ce témoin se nommait François Mercier, et était fondeur de profession.

Pendant cette instruction, M. de Biron avait sollicité et obtenu des lettres de grâce de la clémence du prince ; et, d'après la déposition du fondeur, le rédacteur de ces lettres avait mis sur le compte de Lainé le meurtre de Savary. Lorsqu'il fut question de l'entérinement de ces lettres, le lieutenant-criminel, chargé d'interroger les prévenus, demanda à Lainé s'il était vrai qu'il eût porté le coup qui avait donné la mort à Bulson. Lainé, innocent, allait répondre que non ; on lui suggéra qu'étant dénommé dans les lettres de grâce pour avoir tué Bulson, son désaveu ferait annuler les lettres. Croyant donc se procurer la liberté, ainsi qu'à ses camarades, il se chargea volontairement d'un meurtre qu'il n'avait pas commis, et dit qu'il en était l'auteur. Comme on le reconduisait dans les cachots, il rencontre, sur l'escalier, ses deux camarades; il leur dit en passant que le seul moyen de se sauver tous les trois, et de ne pas se rendre la clémence du souverain inutile, c'est de laisser le juge dans l'erreur, et de confirmer le mensonge qu'il venait de faire; Savary et Lamet déposèrent en conséquence.

Mais, bien loin de les sauver, cette erreur manqua de leur devenir funeste. En supposant que Lainé fût le meurtrier, les juges ne pouvaient le regarder que comme un assassin. D'après la déposition du fondeur, du premier moment de la rixe au crime, il s'était écoulé assez de temps pour qu'il y eût préméditation. Ses juges ne virent en lui qu'un meurtrier volontaire, sur qui devait se déployer toute la sévérité de la loi, qui prive de la faveur des lettres de grâce les homicides de sang-froid.

Le débouter de ses lettres de grâce, c'était lui annoncer le supplice.

A la nouvelle de ce jugement, Savary frémit plus que Lainé lui-même. Il vit l'erreur où le témoin Mercier allait entraîner les magistrats. Que fait ce courageux infortuné? Il

se hâte d'instruire, du fond de ses cachots,
ses supérieurs, de la vérité des faits; il écrit
au maréchal de Biron, son colonel, au mar-
quis de Cornillon, son major, à M. de Che-
nevière, conseiller au parlement. Savary ne
s'en tint pas là; il fournit contre lui-même
tous les témoins qui pouvaient désabuser les
juges. On sent bien que cette démarche fit
changer l'affaire de face. On ordonna qu'avant
de procéder au jugement définitif de Lainé,
Lamet, qui ne s'était rendu volontairement en
prison que pour profiter de ses lettres de
grâce, serait écroué, puis interrogé de nouveau. Il le fut le 1er octobre. Ce fut là qu'il
détailla tous les faits dans la plus exacte vérité.
Le lieutenant-criminel lui objecta que, lorsqu'il avait été amené à l'audience, il avait ré-
pondu que c'était Lainé qui avait donné le
coup d'épée. Lamet avoua, sans nul détour,
qu'il avait eu tort; que c'était par le conseil
de Lainé lui-même qu'il avait fait cette déclaration; que celui-ci leur avait recommandé,
dans l'escalier de la prison, de dire que c'était
lui qui était le coupable, parce que autrement
leurs lettres ne seraient point enregistrées.

Il intervint une seconde sentence qui porta,

« qu'avant de juger définitivement Lainé, de nouveaux témoins seraient entendus. »

La fille Lahaye, le sergent, et plusieurs soldats qui étaient de garde le jour du meurtre, déposèrent des aveux mêmes de Savary. Les trois accusés furent ensuite confrontés, tant entre eux qu'avec les témoins de la nouvelle information.

Ce fut alors que Savary confessa son meurtre involontaire. Il avoua, sous la foi du serment, que c'était sa main qui avait fait le coup, mais qu'il n'avait eu ce malheur qu'à son corps défendant, et après avoir été maltraité par Bulson et ses camarades. Il convint, à la lecture de chaque déposition nouvelle, qu'elle contenait la vérité. Lamet et Lainé en convinrent également.

Tout le monde admira cet effort de courage sublime avec lequel Savary préférait la mort à la douleur de laisser périr Lainé, qui était accusé, mais qui n'était pas coupable. « Le coup que j'ai porté, s'écriait-il, est involontaire; mais, si la mort est due à ce coup, que Lainé descende; c'est à moi de monter à l'échafaud. »

Savary était en droit d'éprouver les effets

de la clémence du monarque ; d'abord le meurtre dont il s'était rendu coupable, il ne l'avait commis que dans la chaleur d'une rixe et en défendant sa vie menacée. Il en était bien plus digne encore par le service qu'il avait rendu à la justice, en lui épargnant la douleur de faire périr un innocent ; et ce qui mettait le comble à la faveur qu'il méritait, c'était l'héroïque générosité avec laquelle il avait appelé le glaive de la loi sur sa tête, pour sauver un innocent qui allait périr à sa place. La moindre récompense que méritait un homme qui préférait la vérité à son honneur et à sa vie même, était qu'on lui conservât l'un et l'autre.

Aussi le maréchal de Biron sollicita-t-il de nouvelles lettres de grâce pour Savary ; les juges mêmes joignirent leurs sollicitations à celles de ce colonel ; et les lettres furent obtenues et entérinées, à la satisfaction du public, qui, juste appréciateur des belles actions, avait pris un vif intérêt à cette affaire.

ACCUSATION DE FRATRICIDE.

Claude-Henri de Lyon, commerçant dans la ville du même nom, avait deux fils, Benoît et Étienne. En 1752, songeant à quitter son commerce, il jeta les yeux sur Benoît pour lui céder son établissement. Il l'obligea de contracter un mariage auquel le jeune homme répugnait, attendu qu'il était attaché de cœur à une autre personne. Par le contrat de mariage, le père promit au fils vingt mille livres payables en argent ou en marchandises, et s'engagea à lui conserver en entier sa part héréditaire. Il promit de plus de lui céder la suite de son commerce, de lui confier la liquidation, ainsi que le recouvrement de ses créances, et de lui accorder, sur le montant, une gratification en récompense de ses soins.

Des circonstances qu'on ne pouvait prévoir vinrent empêcher l'exécution de ces conventions. Le père fut obligé de continuer son commerce, et, au lieu de payer à son fils la somme promise de vingt mille livres, il reçut de lui la dot de sa femme, qui lui servit à faire face à ses correspondans.

Le dégoût du fils pour la femme qu'il avait épousée presque malgré lui le jeta dans la dissipation, et lui fit totalement négliger ses affaires. Les deux époux se séparèrent après onze mois de mariage. Le père restitua la dot, et paya en marchandises ce qu'il avait promis à son fils. Peu de temps suffit à celui-ci pour tout dissiper; et, se voyant assailli par ses créanciers, il s'enfuit à Turin.

Habitué à l'oisiveté, il était fort embarrassé sur le choix d'une occupation. Après une année de séjour en Piémont, il entra dans la gendarmerie, où il servit un an.

Il quitta la gendarmerie en 1757, et vint à Paris. Là il reçut la nouvelle du mariage de son frère Étienne avec la demoiselle Flachat. De Lyon père, en mariant son second fils, ne lui constitua en dot que dix mille livres. Comme l'autre en avait reçu vingt mille, il supposa, et la chose paraissait assez vraisemblable, que, pour les égaler l'un à l'autre, il avait précompté au cadet une somme de dix mille livres, qu'il lui avait remise plusieurs années auparavant, pour commencer son commerce.

Benoît, fatigué de sa vie errante, et désirant rentrer en grâce auprès de son père, et reprendre, s'il était possible, son commerce, forma le projet de retourner à Lyon. Mais comment oser se présenter à son père irrité, et dans une ville où il ne pourrait faire un pas sans rencontrer quelqu'un de ses créanciers? Il lui fallait donc un médiateur, un ami. Cet ami fut son frère, qui avait toujours correspondu avec lui, qui lui avait même prêté plusieurs fois de l'argent dans sa détresse, et qui l'avait aidé à subsister pendant son séjour en Piémont.

Benoît de Lyon, se rendit donc auprès de son frère vers la fin de 1758. Celui-ci lui donna un asile dans sa maison, et fit tous ses efforts, mais inutilement, pour déterminer son père à lui pardonner ses erreurs. De Lyon père ne voulut même pas voir Benoît; et, comme ses créanciers avaient découvert qu'il était caché chez son frère, il fallut lui chercher une autre retraite, et ce fut encore ce frère qui la lui procura, en l'envoyant à

Saint-Chaumont, dans la famille de sa femme.

Pendant ce temps, Étienne de Lyon travailla à prendre des arrangemens avec les créanciers de son frère, lui obtint une surséance de trois ans, et l'engagea à revenir à Lyon. Benoît revint en effet, et avec le secours d'Étiénne, au bout de deux ans, il fut en état de traiter définitivement avec ses créanciers, et d'obtenir, en leur payant une partie de ce qu'il leur devait, et leur assurant le surplus, la liberté entière de travailler sous son nom.

Sur la fin de 1762 de Lyon père, consentit enfin à revoir Benoît, et il saisit cette occasion pour faire entre ses deux enfans un partage anticipé d'une partie de ses biens, dans la vue de faciliter à Étienne le succès des grandes entreprises qu'il avait formées.

Ce fut le commencement des infortunes de cette famille. Benoît fut jaloux des arrangemens projetés par son père. Il en résulta des disputes, des menaces entre les deux frères, qui furent même sur le point de se battre en duel. Ces différens s'apaisèrent: des amis communs vinrent à bout de les concilier. On leur donna des arbitres; on prépara une transaction qui devait terminer les débats. Benoît partit le 23 juin pour la campagne, avec le sieur Ganin, chez qui il demeurait, et il convint avec son frère, avant son départ, que la transaction serait signée le 27 ou le 28 à son retour.

Dès le 25, un particulier paraissant âgé d'environ dix-huit ou vingt ans, et portant une veste grise, vint dans la demeure de Benoît, et le demanda à plusieurs reprises. Il revint encore le 26, et le 27, faisant toujours la même demande. Le même homme se présenta chez Étienne, le 26, entre neuf et dix heures du matin. Étienne descendait alors son escalier pour aller faire plusieurs courses dans la ville. Il rencontre ce particulier à veste grise, portant une boîte de sapin, sur laquelle était l'adresse de Benoît, écrite en lettres moulées sur le bois. L'homme lui présente la boîte avec une lettre pour lui; le dessus était d'une écriture coulée; le dedans ne contenait que ces mots écrits en caractères moulés et majuscules : « *Vous recevré une bouate que vous fere remettre à son adresse sans l'ouvrir.* » La première idée qui vint à Étienne, en voyant cette boîte mystérieuse, fut que quelqu'un de

ses amis voulait peut-être lui jouer un tour.
Il voulut d'abord engager l'inconnu à porter
cette boîte lui-même; celui-ci refusa, et disparut précipitamment. Cette fuite le fortifia
dans sa première idée. Il voulut en charger un
marchand de ferraille, son voisin. Celui-ci se-
coua la tête, et partit pour lui chercher un
autre commissionnaire; enfin, après bien des
difficultés, la boîte fut remise à son adresse.

A son retour de la campagne, Benoît voulut voir le présent qu'on lui avait apporté la
veille; et, comme le dessus de la boîte était
cloué avec des pointes, il se leva pour aller
l'ouvrir sur une console placée entre deux
croisées; mais à peine soulevait-il le dessus,
qu'une explosion épouvantable, imitant le
bruit du canon, le frappe, et remplit la chambre de fumée. Heureusement les fenêtres et la
porte étaient ouvertes; tout le monde fuit,
se disperse; il n'y eut que Benoît qui fut grièvement blessé, et un jeune homme qui l'aidait à ouvrir la boîte.

Cette boîte de sapin, doublée de carton,
contenait environ sept à huit livres de pou-
dre; au fond étaient attachés et fixés par deux
écrous deux pistolets dont les talons avaient

été sciés, et dont on avait arraché les sous-gardes. Les détentes étaient attachées, par différens fils d'archal, au couvercle, qui était cloué à la boîte par des pointes de fer et de bois; en sorte que c'était presque un prodige que toutes les parties de cette machine eussent pu être ajustées et rassemblées à l'aide des clous et des marteaux sans exterminer le scélérat qui avait osé se charger de l'ouvrage.

Étienne accourut au bruit de cet accident funeste; la douleur était peinte sur son visage. Il s'accusait lui-même d'avoir fait apporter cette horrible machine. Il montrait la lettre fatale; son désespoir était bien sincère; on était alors bien éloigné de lui attribuer un fratricide. Les premiers soupçons de la famille tombèrent sur une comédienne avec laquelle Benoît avait vécu. On l'arrêta, et, sur les premières questions qu'on lui fit, elle convint qu'elle avait vécu long-temps avec Benoît de Lyon; mais elle ajouta que ses ennemis étaient dans sa propre famille, et qu'elle ne lui en connaissait pas *d'autres que son frère.*

Le croirait-on? ces derniers mots appellent tous les soupçons sur Étienne. Il est arrêté; la populace s'empare de cette histoire, et ne fait aucun doute de la culpabilité de ce malheureux. L'information tourna tout-à-fait à son désavantage ; des dépositions singulières furent entendues. Une jeune fille de dix-huit ans prétendit reconnaître l'accusé pour le même homme qui lui avait offert, dans la rue Pizai, de porter la boîte. Les experts, consultés sur l'écriture de l'adresse de la boîte et de celle de la lettre qui l'accompagnait, firent aussi un rapport défavorable à Étienne de Lyon.

Sur ces divers indices, la sénéchaussée de Lyon déclara l'accusé atteint et convaincu d'avoir attenté à la vie de son frère aîné, et le condamna à avoir les deux poings coupés, à être rompu vif et son corps jeté au feu : le tout après avoir été appliqué à la question ordinaire et extraordinaire.

Benoît fit imprimer un mémoire dans lequel il justifiait complètement son frère du crime qu'on lui imputait.

L'appel de la sentence de la sénéchaussée de Lyon fut porté à la Tournelle du parlement de Paris. Benoît, dans son mémoire, fit tous ses efforts pour éclairer la conscience des nouveaux juges. Il prouva que son frère n'avait eu aucun intérêt à commettre le crime qu'on faisait peser sur lui. Il chercha ensuite à présenter à la justice un autre coupable.

« Que nos juges apprennent, dit-il, et que le public le sache comme eux, que notre famille avait l'ennemi le plus implacable et le plus dangereux; que cet ennemi était Italien, et que plusieurs témoins déposeront l'avoir vu à Lyon dans le temps même de notre funeste catastrophe. Je suis obligé de tout dire : ce n'est point ici une délation, c'est un récit impartial que les magistrats ne peuvent trop peser.

« Encouragé par les ordres, et souvent par la protection d'un grand ministre, mon frère avait établi à Lyon une manufacture de vitriol, et se proposait d'en établir une de couperose. Celle de vitriol était l'unique qui fût dans l'Europe. Dans cette entreprise, il avait été secondé par un Turc très-intelligent que ce ministre lui avait donné, et qui, excellent chimiste et possesseur de plusieurs secrets, avait procuré à son travail le plus grand succès. Un Italien, domicilié en Savoie, avait voulu former une manufacture pareille, dans les états du roi de Sardaigne. Il y était parvenu jusqu'à un certain point, mais il lui manquait des ouvriers habiles, et il ne voyait qu'avec les yeux de la plus noire jalousie le succès d'un commerce qui devait enrichir notre famille. Argent, promesses, intrigues, il n'épargna rien pour enlever à mon frère ce Turc dont il tirait tant d'avantages. Il y réussit même à l'aide d'un nommé Robin, dit Nambot, qui travaillait avec mon frère, et dont le frère travaillait chez cet étranger. Le Turc, qui avait le secret du vitriol, déserta avec un autre ouvrier. Celui-ci fut arrêté sur la frontière. Le Turc se rendit en Piémont; mon frère n'épargna rien pour le faire revenir. Il obtint sa grâce, et lui fit remettre la peine prononcée contre ceux qui portent aux étrangers les secrets de nos manufactures. Ce Turc revint au bout de quelques temps, et arriva à Lyon au mois de mai 1763, environ un mois avant notre malheur. L'Italien irrité jura, dit-on, la perte de notre famille, et on assure qu'il était à Lyon au mois de juin. »

Le parlement de Paris, après avoir fait subir à Étienne de Lyon la question préparatoire, sans qu'il avouât rien, le condamna, par arrêt du 12 janvier 1765, au fouet, à être marqué sur les deux épaules des lettres G. A. L., aux galères à perpétuité, et à mille livres d'amende.

HISTOIRE

DU CULTIVATEUR MARTIN.

On ne saurait revenir trop souvent sur les erreurs de la justice ; c'est en donnant la plus grande publicité possible aux exemples de sang innocent répandu juridiquement que l'on peut espérer de les voir devenir plus rares.

Vers 1764 ou 1765, un bon père de famille, nommé Martin, cultivateur, habitant d'un village du Barois, ressortissant au parlement de Paris, fut accusé d'un meurtre et d'un vol commis auprès de sa maison, tandis qu'il dormait profondément entre sa femme et ses sept enfans. L'accusé est confronté avec un passant qui avait été témoin de l'assassinat. « Je ne le reconnais pas, dit le passant ; ce n'est pas là le meurtrier que j'ai vu, l'habit est semblable, mais le visage est différent. — Ah ! Dieu soit loué, s'écrie le bon vieillard, ce témoin ne m'a pas reconnu. »

Sur ces paroles , le juge s'imagine que le vieillard, plein de l'idée de son crime, a voulu dire : « Je l'ai commis, on ne m'a pas reconnu , me voilà sauvé. » Mais, au contraire, il est clair que ce vieillard, plein de son innocence, voulait dire : « Ce témoin a reconnu que je ne suis pas coupable ; il a reconnu que mon visage n'est pas celui du meurtrier. »

Le juge et ses assesseurs ne se donnent pas la peine de faire une plus ample enquête ; l'exclamation naïve et joyeuse du bon Martin leur suffit pour attester son crime. On n'interroge ni sa femme , ni ses enfans, ni ses voisins ; on ne va pas chercher si l'argent volé se trouve dans sa maison ; on ne tient aucun compte des précédens de l'accusé. On rend un arrêt qui condamne ce vieillard à la question ordinaire et extraordinaire, et à expirer sur la roue. La sentence est portée à Paris ; la Tournelle signe sans examen *bien jugé*. Le pauvre malheureux expire sur la roue devant sa porte ; son bien est confisqué ; sa femme s'enfuit en Autriche avec ses petits enfans.

Huit jours après, le scélérat qui avait commis le meurtre fut supplicié pour d'autres crimes, et il avoua, à et la potence, qu'il était coupable de l'assassinat pour lequel l'honnête Martin avait été rompu.

Une réclamation fut adressée au parlement de Paris. On promit de réparer ce malheur. Les temps ne le permirent pas, et la famille du malheureux Martin resta dispersée et mendiante dans le pays étranger!

BANQUEROUTE FRAUDULEUSE

D'UN NOTAIRE.

Tout ce qui porte atteinte à la confiance publique doit être sévèrement réprimé par les lois. Sans cette condition, l'existence de la société est en péril. Si l'on traite avec indulgence la violation flagrante des engagemens contractés, si l'on se fait un jeu de manquer à la foi jurée, alors plus de transactions possibles, plus d'affaires, plus de commerce. La probité, toujours dupée, craindra de se trouver aux prises avec la friponnerie et de succomber, même en présence de la justice. L'impunité de tant de fripons, leur triomphe scandaleux, le luxe insolent qu'ils étalent aux yeux des victimes qu'ils ont dépouillées, l'infâme rouerie dont ils font parade, déconcerteront l'honnête négociant, et toutes les propositions qu'on lui fera lui paraîtront suspectes. Or la défiance est le pire des maux dans un état; et un gouvernement se doit à lui-même, doit à là société entière, de pourvoir par des mesures sages et protectrices aux moyens de le combattre avec succès et de le faire disparaître le plus vite possible.

« Il est important, dit Beccaria, de ne pas confondre le banqueroutier frauduleux avec celui qui est de bonne foi. Le premier devrait être puni comme les faux monnayeurs, parce que le crime n'est pas plus grand de falsifier le métal monnayé qui est le gage des citoyens entre eux que de falsifier ces obligations mêmes. » Mais de tous les banqueroutiers ceux qui méritent le châtiment le plus rigoureux sont les notaires et tous les gens d'affaires, parce qu'ils sont investis d'un ministère presque sacré qui les met de droit en possession de la confiance publique. Si l'intérêt des familles exige quelquefois qu'un notaire se charge d'argent, ces fonds ne lui sont confiés que par forme de dépôt qu'il ne peut dénaturer sous aucun prétexte. Un officier public de cette espèce qui détourne les sommes remises entre ses mains ne peut jamais alléguer des pertes propres à le mettre à l'abri des poursuites de ses créanciers. C'est un voleur

public qu'il faut punir, un monstre qu'il faut
étouffer, et non un négociant malheureux
qu'il faille plaindre. Vainement dira-t-il qu'il
a prêté imprudemment ces fonds à des personnes devenues insolvables. Vainement allé-
guera-t-il quelque entreprise malheureuse où
il a échoué. Ces assertions mêmes le condam-
neraient. Il doit répondre du moindre des dépôts dont il s'est chargé; et l'ouverture seule
des sacs qu'on a remis entre ses mains, sous
la garantie de son ministère et de sa bonne
foi, est une audace criminelle qui mérite un
châtiment.

Il n'est malheureusement que trop d'exemples récens auxquels on puisse faire l'appli-
cation de ces réflexions. Voici le fait qui nous
les a suggérées.

Deshayes était entré dans la compagnie des
notaires en l'année 1728. Il paraît qu'il était
né avec un esprit souple et insinuant, et qu'il
joignait à l'adresse la plus perfide l'art de
s'offrir aux yeux du public avec tous les
dehors de la probité la plus sévère. Il parvint
donc facilement à s'attirer la plus grande confiance. Ce qui augmenta encore son crédit,
ce fut sa nomination à une place d'échevin de

la ville de Paris. On sait que ces fonctions n'étaient ordinairement confiées qu'à des citoyens honnêtes et irréprochables. Deshayes s'en servit pour tromper le public.

Ce vil fripon avait choisi ses victimes dans la classe la moins éclairée de la société. Il avait attiré dans son cabinet une foule innombrable de domestiques, d'artisans et de gens du peuple, qui lui portaient le fruit de leurs travaux et de leurs épargnes, sous prétexte d'emplois qu'il leur annonçait sur le domaine de la ville.

Ayant ainsi usurpé la confiance publique pendant plusieurs années, et acquis de cette manière des sommes considérables qui étaient le fruit de ses brigandages, Deshayes prit tout-à-coup la fuite, à la fin de l'année 1763, laissant une foule de malheureux en proie au désespoir.

Une conduite aussi criminelle excita une explosion de murmures et d'indignation dans Paris. Le ministère public, instruit de l'évasion de l'infâme notaire, et des circonstances de son crime, rendit plainte, et fit informer. Les preuves de fraude, de mauvaise foi, et de friponnerie criante, ne furent que trop faciles à acquérir. Non seulement ce misérable avait supposé des emplois de fonds, mais encore il avait souvent trahi la confiance de ses cliens, en abusant des dépôts volontaires, et leur avait fait souscrire des billets à son profit, sous prétexte de leur avancer de l'argent pour compléter l'emploi qu'il leur avait proposé.

Il fallait un exemple éclatant pour faire renaître la confiance au milieu du public, alarmé par cette fraude dangereuse. Le Châtelet rassura la capitale par une condamnation aussi juste que propre à effrayer ceux qui seraient capables de vouloir imiter Deshayes. Par sentence du 24 février 1764, qui déclara la contumace bien et valablement instruite, le Châtelet condamna Deshayes à faire amende honorable devant la principale porte du grand Châtelet, où il serait mené dans un tombereau, par l'exécuteur de la haute justice, ayant écriteau devant et derrière, portant ces mots : *Notaire, banqueroutier frauduleux.* Deshayes devait ensuite être pendu et étranglé à la place du pont Marie, et ses biens étaient confisqués.

Le coupable sut se soustraire à l'exécution de cette sentence ; mais sa condamnation par coutumace dut imposer pour un temps aux déprédateurs de la fortune des particuliers.

« Il serait facile, dit le philosophe que nous avons déjà cité, il serait facile au législateur prévoyant d'empêcher la plupart des banqueroutes frauduleuses, et de remédier au malheur de l'homme laborieux qui manque à ses engagemens sans être coupable. Que tous les citoyens puissent consulter à chaque instant des registres publics où l'on tiendra une note exacte de tous les contrats ; que des contributions sagement réparties sur les commerçans heureux forment une banque dont on tirera des sommes convenables pour secourir l'industrie malheureuse. »

Le législateur devrait aussi rechercher minutieusement les causes de ces catastrophes commerciales, qui ébranlent et finissent par ruiner le crédit des états. « Ce n'est pas sans raison, dit à ce propos un jurisconsulte, que l'on prétend que le luxe est la cause la plus commune des banqueroutes. Le luxe des voitures en a surtout occasioné un grand nombre, depuis que les négocians, les gens d'affaires, et même les marchands, n'ont pas plus tôt acquis un crédit un peu étendu qu'il leur faut une voiture et des chevaux. Il n'est que trop ordinaire de voir des hommes avides de jouir, et assez indiscrets pendant qu'ils sont heureux dans leurs opérations, pour ne s'occuper que de plaisirs, au lieu de poser, dans une sage obscurité, les fondemens d'une fortune solide. Mais qu'arrive-t-il ? Si le moindre revers vient déranger leurs spéculations, il ne leur reste plus la ressource d'une prudente économie ; ils sont obligés de manquer à leurs engagemens, et souvent ils font payer à leurs créanciers le plaisir qu'ils ont eu d'étaler en public un luxe impudent. »

Ces lignes écrites en 1785, qui ne les prendrait pour un extrait de l'histoire de nos dernières années ?

CRIMES PRÉTENDUS,

CONDAMNATION ET SUPPLICE DU CHEVALIER DE LA BARRE.

Encore une erreur, ou plutôt encore un crime de la justice des hommes! Au moins, dans l'histoire de la famille d'Anglade, des indices qui semblaient marqués du sceau de l'évidence pouvaient, jusqu'à un certain point, justifier l'horrible condamnation de deux innocens. Mais le délit imputé au chevalier de la Barre ne fut même pas constaté. Il n'existait pas en France de loi qui prononçât la peine de mort contre aucune des actions dont on l'accusait, et pourtant la vengeance, aidée du fanatisme religieux, parvint à le faire expirer dans d'affreux tourmens. Ce jugement souleva d'indignation tous les honnêtes gens, tous les hommes éclairés, d'un bout de l'Europe à l'autre. Voyons les faits.

Il y avait à Abbeville, en Picardie, une ab-

besse, fille d'un conseiller d'état très-estimé;
femme aimable, de mœurs régulières, bienfaisante, d'une humeur douce et enjouée. Un
habitant de la même ville, nommé Duval de
Saucourt, âgé de soixante ans, vivait avec elle
dans une grande intimité; il était chargé de
quelques affaires du couvent, et remplissait
les fonctions de lieutenant du tribunal de l'é-
lection. Cet homme se prit d'une belle passion
pour l'abbesse; celle-ci ne le repoussa d'abord
qu'avec sa douceur ordinaire; mais plus tard,
fatiguée de ses importunités sans mesure, elle
fut forcée de lui témoigner son aversion et son
mépris.

Dans ce temps-là, en 1764, elle fit venir
auprès d'elle un de ses neveux, le chevalier
de la Barre, petit-fils d'un lieutenant-général
des armées, mais dont le père avait dissipé
une fortune de plus de quarante mille livres
de rente; elle prit soin de ce jeune homme
comme de son propre enfant, et elle était sur
le point d'obtenir pour lui une compagnie de
cavalerie. Le chevalier de la Barre fut logé
hors du couvent, et sa tante lui donnait souvent à souper, ainsi qu'à quelques jeunes gens
de ses amis. Le sieur Duval, exclu de ces sou-

pers, suscita à l'abbesse quelques affaires d'intérêt, pour se venger d'elle.

Le jeune de la Barre prit chaudement la défense de sa tante, et parla à cet homme avec une hauteur qui le révolta. Il résolut d'en tirer vengeance. Ayant appris que le chevalier de la Barre, et le jeune d'Étallonde, fils du président de l'élection, avaient passé depuis peu devant une procession sans ôter leur chapeau, il chercha dès ce moment à faire regarder cet oubli momentané (de bienséance comme une insulte préméditée faite à la religion. Quelques jours après, le 9 août 1765, il arriva que l'on s'aperçut que le crucifix de bois posé sur le Pont-Neuf d'Abbeville était endommagé, et l'on soupçonna de cette impiété quelques soldats ivres, sortant du cabaret.

L'évêque d'Amiens, qui était aussi évêque d'Abbeville, donna à cette aventure un éclat et une importance qu'elle ne méritait pas. Il fit lancer des monitoires, et vint faire, en expiation, une procession solennelle auprès de ce crucifix. Pendant une année entière, il ne fut bruit dans Abbeville que d'impiétés et de sacriléges. On disait qu'il se formait une nouvelle secte qui brisait tous les crucifix, qui foulait aux pieds toutes les hosties qu'elle pouvait se procurer, et les perçait à coups de couteau. On assurait que ces hosties, ainsi percées, avaient répandu beaucoup de sang. Il se trouva des femmes qui crurent avoir été témoins de ce miracle. Enfin on renouvela, dans cette circonstance, toutes les absurdités, toutes les fables calomnieuses débitées contre les Juifs dans tant de villes de l'Europe.

Voyant les esprits ainsi préparés, le sieur Duval jugea le moment propice pour ourdir la trame qu'il avait déjà commencée, et assurer l'exécution de ses projets de vengeance. Il confondit malicieusement ensemble l'aventure du crucifix et celle de la procession, qui n'avaient pas le moindre rapport, du moins quant aux personnes. Il fit une enquête sourde sur toute la vie du chevalier de la Barre; appela auprès de lui valets, servantes, manœuvres, et leur dit, d'un ton d'inspiré, qu'ils étaient obligés, en vertu des monitoires de l'église, de révéler tout ce qu'ils avaient pu apprendre à la charge de ce jeune homme;

ils répondirent tous qu'ils croyaient le chevalier de la Barre innocent de l'endommagement du crucifix.

On ne découvrit aucun indice touchant cette prétendue profanation, et même alors on pencha généralement à croire qu'elle n'était que l'œuvre du hasard. On supposa même, ce qui était assez vraisemblable, que cet accident avait été causé par quelque charrette chargée de bois.

Cependant Duval, qui n'était pas homme à abandonner ainsi sa proie, intimidant, par ses discours et par ses menaces, ceux qu'il avait intérêt de faire parler, leur persuada qu'ils étaient obligés, sous peine de péché mortel, d'accuser le chevalier d'avoir passé dans une rue, avec deux de ses amis, à trente pas d'une procession, sans ôter son chapeau, et d'avoir chanté une fois des chansons libertines.

Après ces préliminaires, Duval se rendit lui-même chez le premier juge de la sénéchaussée d'Abbeville, y fit sa déposition, et força ce magistrat à entendre les dénonciateurs. Une fois la procédure entamée, les délations vinrent en foule. Chacun disait ce qu'il avait vu ou cru voir, ce qu'il avait entendu ou cru entendre. Duval fut un moment sur le point d'être puni de sa perversité. Les témoins qu'il avait suscités lui-même contre le chevalier de la Barre dénoncèrent son propre fils comme l'un des principaux complices des impiétés secrètes que l'on cherchait à dévoiler. Duval fut d'abord atterré, mais bientôt, inspiré par l'esprit de la vengeance, il fit évader secrètement son fils, et n'en poursuivit qu'avec plus d'acharnement cette affreuse procédure.

Les dépositions des témoins n'offrirent qu'un tissu d'assertions sans preuves, de ouï-dire ridicules, de propos de jeune homme envenimés par la mauvaise foi, de folies sans doute très-blâmables, mais nullement justiciables des tribunaux. Pas un seul fait public dans les accusations portées contre les accusés, qui étaient au nombre de cinq, de la Barre, Moinel, d'Étallonde, Douville de Maillefeu et le fils Duval.

Il était bien constant qu'il n'y avait eu aucun scandale public, puisque La Barre et Moinel ne furent arrêtés que sur des monitoires lancés à l'occasion de la mutilation du crucifix, mutilation dont ils ne furent chargés par aucun témoin. On rechercha toutes les actions de leur vie, leurs conversations secrètes, des propos tenus un an auparavant ; on accumula, on amalgama une foule de choses qui n'avaient pas le moindre rapport entre elles ; on fit enfin une procédure atrocement informe. C'était le résultat des menées de Duval.

On n'interrogea que La Barre et Moinel, enfant d'environ quinze ans. Étourdi par les mots d'attentat contre la religion que prononçait le juge, Moinel fut si hors de lui qu'il se jeta à genoux, et fit une confession générale comme devant un prêtre. Le chevalier de la Barre, d'un esprit plus ferme, touché de la situation du jeune Moinel, le disculpa entièrement, et persista jusqu'au dernier moment dans cette généreuse conduite, qui prouvait qu'il avait une belle âme, et qui eût dû frapper les juges d'admiration.

Il n'y avait point, en France, de loi expresse qui condamnât à mort pour des blasphèmes. L'ordonnance de 1666 prescrivait une amende, pour la première fois ; le double, pour la seconde, etc. ; et le pilori, pour la sixième récidive. Cependant les juges d'Abbeville, par une ignorance et une cruauté inconcevables, condamnèrent le jeune d'Étallonde, âgé de dix-huit ans, à souffrir le supplice de l'amputation de la langue jusqu'à la racine, à avoir la main droite coupée à la porte de la principale église de la ville, enfin à être attaché, avec une chaîne de fer, à un poteau, sur la place du marché, et à être brûlé à petit feu.

Heureusement d'Étallonde, en prenant la fuite, avait épargné à ses juges l'horreur de cette exécution.

Le chevalier de la Barre étant en leur pouvoir, ils le condamnèrent à avoir la tête tranchée avant d'être jeté dans les flammes; mais s'ils diminuèrent le supplice d'un côté, ils l'augmentèrent de l'autre, en le condamnant à la question ordinaire et extraordinaire pour lui faire déclarer ses complices. « Comme si, dit Voltaire, des extravagances de jeune homme, des paroles emportées, dont il ne reste pas le moindre vestige, étaient un crime d'état, une conspiration. »

Cette sentence fut rendue le 28 février de l'année 1766.

Comme la sénéchaussée d'Abbeville était

du ressort du parlement de Paris, le chevalier de la Barre y fut transféré. Son procès y
fut instruit, et la sentence des premiers juges
confirmée. La France entière apprit ce jugement avec horreur. Le chevalier de la Barre
fut renvoyé à Abbeville pour y être exécuté.
On fit prendre à ceux qui le conduisaient des
chemins détournés. Ce triste cortége passa par
Rouen. Le malheureux de la Barre était dans
une chaise de poste, au milieu de deux
exempts, et escorté de plusieurs archers dé-
guisés en courriers : on craignait qu'il ne fût
délivré sur la route par ses amis.

Enfin, le premier juillet 1766, Abbeville
fut témoin de la barbare exécution de cet infortuné. On lui fit subir la question, supplice
horrible dont on a vu les détails révoltans dans
l'article d'Urbain Grandier. Le chevalier s'éva-
nouit; mais il revint bientôt à lui, à l'aide de
quelques liqueurs spiritueuses, et déclara, sans
se plaindre, qu'il n'avait point de complices.

Son confesseur, religieux dominicain, ami
de sa tante l'abbesse, ne pouvait retenir ses
larmes, et le chevalier le consolait. Après la
question, on leur servit à dîner; le dominicain, le cœur brisé, ne pouvait manger.

« Prenons un peu de nourriture, lui dit le chevalier, vous aurez besoin de force autant que moi pour soutenir le spectacle que je vais vous donner. » Après le dîner le plus paisible, et quelques heures avant son exécution, le chevalier proposa de prendre du café, ajoutant : *Il ne m'empêchera pas de dormir.*

Le spectacle de l'exécution fut terrible. On avait envoyé, à cet effet, cinq bourreaux de Paris. L'arrêt du parlement portait qu'on lui couperait la langue, c'est-à-dire qu'on la percerait avec un fer rouge. Le chevalier de la Barre s'y étant refusé, les bourreaux ne furent pas assez impitoyables pour le vouloir exécuter à la lettre : ils en simulèrent l'action. Le chevalier monta sur l'échafaud avec un courage tranquille, sans plainte, sans colère, sans ostentation ; tout ce qu'il dit au religieux qui l'assistait se réduit à ces paroles : « Je ne croyais pas qu'on pût faire mourir un jeune gentilhomme pour si peu de chose ! »

Lorsque la nouvelle de sa mort arriva à Paris, le nonce du pape dit publiquement que ce jeune homme n'eût pas été traité aussi durement à Rome, et que, s'il avait avoué ses fautes à l'inquisition d'Espagne ou de Portugal, il n'eût été condamné qu'à une pénitence de quelques années. Et l'on sait pourtant combien étaient sévères encore à cette époque ces puissans tribunaux de l'église.

L'exécution du chevalier de la Barre répandit dans Abbeville une telle consternation, et remplit tous les esprits d'une telle horreur, qu'on n'osa pas poursuivre le procès des autres accusés.

Voltaire, qui avait déjà vengé la mémoire de l'infortuné Calas, ne s'éleva pas avec moins de force contre le jugement du chevalier de la Barre, et publia sous le nom de M. Casen, avocat, la relation de la mort du chevalier de la Barre, écrit remarquable par la chaleur et la simplicité du style, et dont nous avons emprunté les principaux traits de notre narration.

PROCÈS DU GÉNÉRAL LALLY.

Le lieutenant-général comte de Lally fut
envoyé en 1757, dans l'Inde, pour y défendre Pondichéry et les autres établissemens
français menacés par les Anglais. Lally était
un Irlandais, de ces familles qui se trans-
plantèrent en France avec celle du roi dé-
trôné Jacques II. Il s'était distingué à la ba-
taille de Fontenoy, où il avait péri de sa main
plusieurs officiers anglais. C'était lui qui avait
formé le plan, plus audacieux qu'exécutable,
de débarquer en Angleterre avec dix mille
hommes, lorsque le prince Charles-Édouard
y disputait la couronne. La haine qu'il avait
vouée aux Anglais fut ce qui détermina le
cabinet de Versailles à le choisir pour aller
les combattre dans l'Inde. Malheureusement
il ne joignait pas à sa valeur la prudence, la
modération, la patience nécessaires dans
une commission aussi délicate. Il s'était fait

des idées fausses sur la situation du pays où on l'envoyait, sur l'esprit et le caractère de ses habitans. Il croyait qu'Arcate était encore le pays de la richesse, que Pondichéry était encore bien pourvu de tout, qu'il serait parfaitement secondé de la Compagnie et des troupes. Il fut trompé dans toutes ses espérances. Il ne trouva point d'argent dans les caisses, que très-peu de munitions, que des troupes composées de noirs et de Cipayes, et nulle subordination. Ces découvertes l'irritèrent, et lui firent faire des sottises, qui plus tard, firent tomber sa tête sous la hache du bourreau.

Il aurait pu, en partie, remédier au mal, rétablir l'union, et mettre en sûreté Pondichéry ; mais pour cela il lui aurait fallu ménager le conseil et caresser les principaux officiers. Mais la Compagnie des Indes l'avait conjuré de réformer les abus sans nombre, la prodigalité et les grands désordres qui absorbaient tous les revenus. Lally se prévalut trop de cette prière, et se fit des ennemis de tous ceux qui devaient lui obéir.

Il obtint d'abord quelques succès. Il prit aux Anglais le fort Saint-David, à quelques

lieues de Pondichéry, et en rasa les murs.
Pour bien connaître la source de la catastrophe de Lally, il faut lire la lettre qu'il écrivit,
du camp devant Saint-David, à Duval Leyrit,
qui était gouverneur de Pondichéry pour la
Compagnie. « Cette lettre, Monsieur, sera un
secret éternel entre vous et moi, si vous me
fournissez les moyens de terminer mon entreprise. Je vous ai laissé cent mille livres de
mon argent pour vous aider à subvenir aux
frais qu'elle exige. Je n'ai pas trouvé, en
arrivant, la ressource de cent sous dans votre bourse, ni dans celle de tout votre conseil.
Vous m'avez refusé les uns et les autres d'employer votre crédit. Je vous crois cependant
tous plus redevables à la Compagnie que moi,
qui n'ai malheureusement l'honneur de la
connaître que pour y avoir perdu la moitié
de mon bien, en 1720. Si vous continuez à
me laisser manquer de tout, et exposé à faire
face à un mécontentement général, non seulement j'instruirai le roi et la Compagnie du
beau zèle que ses employés témoignent ici
pour leur service, mais je prendrai des mesures efficaces pour ne pas dépendre, dans
le court séjour que je désire faire dans ce

pays, de l'esprit de parti et des motifs personnels, dont je vois que chaque membre paraît occupé, au risque total de la Compagnie. »

Une pareille missive n'était pas de nature à lui faire des amis, à lui procurer de l'argent. Toutes les opérations du service en souffrirent; on lit dans un journal de l'Inde, fait par un officier principal : « Il (Lally) ne parle que de chaînes et de cachots , sans avoir égard à la distinction et à l'âge des personnes. Il vient de traiter ainsi M. de Moracin lui-même. M. de Lally se plaint de tout le monde, et tout le monde se plaint de lui. Il a dit à M. le comte de.... : Je sens qu'on me déteste, et qu'on voudrait me voir bien loin. Je vous engage ma parole d'honneur , et je vous la donnerai par écrit, que, si M. de Leyrit veut me donner cinq cent mille francs, je me démets de ma charge, et je passe en France sur la frégate. »

La plus grande confusion régnait dans la colonie ; plus de discipline, plus de respect pour la propriété. Lally, nullement secondé, était désespéré : « L'enfer m'a vomi dans ce pays d'iniquités, écrivait-il, et j'attends, comme

Jonas, la baleine qui me recevra dans son sein. » Dans un semblable désordre, toutes les opérations devaient échouer, malgré le courage opiniâtre du chef. Les Français essuyèrent des pertes considérables, et il fallut enfin se retirer dans Pondichéry. Lally voulait soutenir le siége jusqu'à la dernière extrémité, et il avait publié un ban par lequel il était défendu, sous peine de mort, de parler de se rendre. Mais ayant été forcé d'ordonner une recherche rigoureuse des provisions dans toutes les maisons de la ville, et cette recherche ayant été faite sans ménagement jusque chez l'intendant, chez tout le conseil, et chez les principaux officiers, cette démarche acheva d'irriter tous les esprits, déjà trop aliénés. Il traitait tout le conseil avec mépris et dureté. Il avait dit, dans une de ses expéditions : « Je ne veux pas attendre plus longtemps l'arrivée des munitions qu'on m'a promises ; j'y attellerai, s'il le faut, le gouverneur Leyrit et tous les conseillers. »

Le caractère violent et altier de Lally lui avait fait autant d'ennemis qu'il y avait d'officiers et d'habitans à Pondichéry. On lui rendait outrage pour outrage ; on affichait à sa porte des placards plus insultans encore que ses lettres et ses discours. Il en avait de si terribles accès de fureur, que l'on aurait pu croire que sa cervelle était dérangée. Un fils du nabab Chandasaeb était alors réfugié dans Pondichéry auprès de sa mère. Ce jeune Indien ayant vu souvent le général français, absolument nu sur son lit, chantant la messe et les psaumes, demanda sérieusement à un officier si c'était l'usage en France que le roi choisît un fou pour son grand-visir. L'officier, étonné, lui dit : « Pourquoi me faites-vous une question si étrange ? —C'est, répliqua l'Indien, parce que votre grand-visir nous a envoyé un fou pour rétablir les affaires de l'Inde. »

Cependant Pondichéry, bloqué par les Anglais, fut obligé de se rendre à discrétion. Bientôt les fortifications, les murailles, les magasins, tous les principaux logemens furent rasés. Les habitans voulurent tuer le général. Le commandant anglais fut obligé de lui donner une garde. On le transporta malade sur un palanquin. Il avait deux pistolets dans ses mains, et il en menaçait ceux qui voulaient l'immoler.

Pendant qu'on le conduisait à Madras, des employés de la Compagnie obtinrent, à Pondichéry, la permission d'ouvrir ses coffres, comptant y trouver des trésors en or, en diamans, en lettres de change; ils n'y trouvèrent qu'un peu de vaisselle, des hardes, des papiers inutiles, et ils n'en furent que plus acharnés; ces mêmes effets furent saisis par la douane anglaise, jusqu'à ce que Lally eût satisfait aux dettes qu'il avait contractées en son nom pour la défense de la place.

Accablé de chagrins et de maladies, Lally, prisonnier dans Madras, demanda vainement qu'on différât son transport en Angleterre : il ne put obtenir cette grâce. On le mena de force à bord d'un vaisseau marchand, dont le capitaine le traita inhumainement pendant la traversée. On ne lui donnait pour tout soulagement que du bouillon de porc.

Le général Lally fut transporté en Angleterre avec plus de deux mille prisonniers. Dans ce long et pénible voyage, ils s'accusaient encore les uns et les autres de leurs communs malheurs. Arrivés à Londres, ce fut un déluge de pamphlets, tant de la part de Lally et de ceux qui lui étaient restés

attachés, que de celle de ses nombreux ennemis. Il était tellement convaincu de son
innocence, qu'il vint à Fontainebleau, tout
prisonnier qu'il était encore des Anglais, et
qu'il offrit de se rendre à la Bastille (novembre 1762). On le prit au mot. Dès qu'il
fut enfermé, la foule de ses ennemis s'accrut
de tous ceux qui jusque là n'avaient pas osé
l'attaquer. Il fut quinze mois en prison, sans
qu'on l'interrogeât.

Lally fut d'abord traduit au Châtelet, et
bientôt après devant le parlement. L'instruction du procès dura deux années. On
ne pouvait pas l'accuser raisonnablement de
trahison, puisque, s'il eût été d'intelligence
avec les Anglais, s'il leur eût vendu Pondichéry, il serait resté parmi eux, et ne serait
pas venu lui-même se constituer prisonnier.
Les Anglais, d'ailleurs, n'auraient pas acheté
une place qu'ils étaient assurés de prendre.

On ne pouvait pas davantage l'accuser de
péculat, puisqu'il n'avait jamais été chargé ni
de l'argent du roi, ni de celui de la Compagnie. Il n'y avait donc que des duretés, des
abus de pouvoir, des oppressions, sur lesquels
on pût raisonnablement le juger.

Le jésuite Lavaur, qui avait été forcé, comme tant d'autres, de quitter Pondichéry, était alors à Paris ; il sollicitait du gouvernement une modique pension de quatre cents francs. Il mourut, et on lui trouva douze cent cinquante mille livres dans sa cassette, en or, en diamans, en lettres de change. Cette aventure, par le scandale qu'elle fit en France, prépara la perte de Lally. On trouva dans la cassette du jésuite deux mémoires, l'un en faveur du comte, l'autre qui le chargeait de tous les crimes. Il devait faire usage de l'un ou l'autre de ces écrits, suivant que les choses tourneraient. Le mémoire hostile fut remis au procureur-général.

L'accusé étant prévenu de haute trahison, et de lèse-majesté, selon la teneur de la plainte du ministère public, on lui refusa un conseil. En conséquence, il n'eut d'autre défenseur que lui-même. Toujours fermement convaincu de son innocence, il eut l'imprudence d'insulter, dans les mémoires qu'il écrivit pour sa justification, des officiers qui jouissaient de l'estime universelle, et qui lui répondirent avec véhémence. Ses emportemens inconsidérés achevèrent de tourner tous les esprits contre lui. A la clameur publique se joignaient les plaintes des directeurs de la Compagnie des Indes, des actionnaires de Paris, des employés, des commis, de leurs parens, de leurs amis, qui accusaient tous Lally d'être l'auteur de leur ruine. On lui faisait des crimes de toutes ses opérations militaires. Toutes ces accusations, faites souvent par des gens tout-à-fait étrangers à la stratégie, figurèrent dans l'interrogatoire que l'on fit subir au général.

On accumula aussi les chefs d'accusation sur sa conduite privée. On lui reprochait de s'être mis en colère contre un conseiller de Pondichéry, et d'avoir dit à ce conseiller, qui se vantait de donner son sang pour la Compagnie : *Avez-vous assez de sang pour fournir du boudin aux troupes du roi qui manquent de pain?* On l'accusait d'avoir dit des sottises à un autre conseiller; d'avoir condamné un perruquier, qui avait brûlé de son fer chaud l'épaule d'une négresse, à recevoir un coup du même fer sur son épaule; de s'être enivré quelquefois; d'avoir fait chanter un capucin dans la rue; d'avoir dit que Pondichéry ressemblait à un lieu de prostitution, où les uns caressaient les filles, et où les autres les vou-

laient jeter par les fenêtres; d'avoir rendu
quelques visites à madame Pigot, qui s'était
échappée de chez son mari; d'avoir fait donner du riz à ses chevaux, dans le temps qu'il
n'avait pas de chevaux; d'avoir donné une
fois aux soldats du punch fait avec du coco;
de s'être fait traiter d'un abcès au foie, sans
que cet abcès eût crevé.

Ces griefs, presque tous plus ou moins ridicules, étaient mêlés d'accusations plus importantes: la plus forte était d'avoir vendu
Pondichéry aux Anglais; et l'on en donnait
pour preuve que, pendant le blocus, il avait
fait tirer des fusées sans qu'on en sût la raison, et qu'il avait fait la ronde, la nuit,
tambour battant.

Il y eut cent soixante chefs d'accusation
contre lui; par ceux que nous venons d'énu-
mérer, on peut juger des autres. Pourtant,
malgré cette forme grotesque, ce procès devenait de plus en plus sérieux.

L'avocat-général Séguier, ayant lu toutes
les pièces du procès avec une grande attention, fut pleinement convaincu que l'accusé
devait être absous. Il était si persuadé de l'innocence du comte, qu'il s'en expliquait hau-

tement devant tous les juges et dans tout Paris; néanmoins le parlement condamna l'accusé à la peine capitale, le 6 mai 1766. Le malheureux Lally avait soixante-huit ans et cinquante années de service.

« On a cru, dit Voltaire, à qui nous avons emprunté presque tout cet article, on a cru que le parlement, aigri par ses fréquentes querelles avec des officiers généraux chargés de lui annoncer les ordres du roi ; exilé plus d'une fois pour sa résistance, et résistant toujours ; devenu enfin, sans presque le savoir, l'ennemi naturel de tout militaire élevé en dignité, pouvait goûter une secrète satisfaction en déployant son autorité sur un homme qui avait exercé un pouvoir souverain. Il humiliait en lui tous les commandans. On ne s'avoue pas ce sentiment caché au fond du cœur; mais ceux qui le soupçonnent peuvent ne pas se tromper. »

Quand Lally entendit son arrêt, l'excès de son indignation fut égal à celui de son étonnement. Il s'emporta contre ses juges, comme il s'était emporté contre ses accusateurs, et tenant à la main un compas qui lui avait servi à tracer des cartes géographiques dans sa prison, il s'en frappa vers le cœur ; le coup ne pénétra pas assez pour lui ôter la vie. Cette tentative de suicide fit accélérer l'exécution de quelques heures, parce qu'on craignit que le général ne mourût auparavant ; on le traîna à la Grève dans un tombereau de boue. On lui avait mis dans la bouche un large bâillon, qui, débordant sur ses lèvres et défigurant son visage, offrait un spectacle affreux. On le bâillonnait ainsi de peur que sa voix ne s'élevât contre ses juges, étant sur l'échafaud. « Une curiosité cruelle, dit Voltaire, attire toujours une foule de gens de tout état à un tel spectacle. Plusieurs de ses ennemis vinrent en jouir, et poussèrent l'atrocité jusqu'à l'insulter par des battemens de mains. »

L'arrêt portait que Thomas-Arthur Lally était condamné à être décapité comme dûment atteint et convaincu d'avoir trahi les intérêts du roi, de l'état, de la Compagnie des Indes, d'abus d'autorité, vexations et exactions.»

Cet arrêt confisquait ses biens, en prélevant une somme de cent mille écus pour les pauvres de Pondichéry. Mais, après bien des recherches, on trouva qu'il n'avait laissé qu'une fortune médiocre. Il ne se trouva même pas de quoi payer cette somme, dettes préalables acquittées. Cependant le conseil de Pondichéry avait, dans ses requêtes, fait monter ses trésors à dix-sept millions.

Trois jours après la mort de Lally, un homme très respectable ayant demandé à un des principaux juges sur quel délit avait porté l'arrêt : « Il n'y a point de délit particulier, répondit le juge en propres mots, c'est sur l'ensemble de sa conduite qu'on a assis le jugement. »

« Lally, disait Voltaire, est un homme sur lequel tout le monde avait le droit de mettre la main, excepté le bourreau. »

Les hommes sages et compâtissans de toutes les opinions regardèrent ce jugement du général Lally comme un des meurtres commis avec le glaive de la justice. Quoi de plus atroce que le fait du bâillon ! on a peine à concevoir un aussi abominable raffinement de barbarie. Il est à remarquer que personne n'osa s'en avouer l'auteur. Du reste, cette cruelle infraction aux lois existantes méritait une punition exemplaire, et demeura impunie.

Le comte de Lally laissa un fils né d'un

mariage secret. Ce jeune homme apprit en même temps sa naissance, la mort horrible de son père, et l'ordre qu'il lui donnait de venger sa mémoire. Forcé d'attendre sa majorité, tout ce temps fut employé à se rendre digne de ce glorieux mandat. Enfin l'arrêt fatal fut cassé, au rapport de M. Lambert, par le conseil du roi, qui fut effrayé de la foule de violations des formes légales qui avaient précédé et accompagné ce jugement. Voltaire, cet illustre redresseur de tant d'injustices en tous genres, lui qui, le premier, avait élevé la voix en faveur de Lally, apprit cette nouvelle avec une sorte de ravissement : quoique mourant, il écrivit au jeune comte de Lally : *Je meurs content, je vois que le roi aime la justice.*

Le procès fut porté devant le parlement de Rouen, qui confirma l'arrêt du parlement de Paris. Le conseil du roi fut forcé de casser ce nouvel arrêt, et de renvoyer le jugement au parlement de Dijon, qui confirma aussi celui de Paris, le 23 août 1783, et même avec plus de dureté.

Le fils du général, le comte de Lally-Tollendal, défendit lui-même, dans tous les tribunaux, la cause de son père, avec une éloquence simple, noble et pathétique. Sa piété filiale en fit un jurisconsulte et un orateur; et, quoique le succès de ses efforts ne répondît pas à ses plus chères espérances, l'estime et le respect de toutes les âmes honnêtes furent sa récompense; et d'ineffaçables regrets furent adoucis par ce sentiment consolant, que du moins il avait vengé la mémoire de son père. L'opinion publique, qui, à la longue, se montre juste appréciatrice des actions généreuses, couvrit de sa faveur le jeune homme qui avait fait connaître un rare talent dans une cause si légitime et si belle; et la noblesse de Paris récompensa sa piété filiale en chargeant son éloquence de défendre les droits du pays aux États-Généraux.

INFANTICIDE.

———

L'adultère, la débauche, quelquefois l'extrême misère, sont les principales causes de l'infanticide. Nos mauvaises institutions sociales commettent le reste du crime.

Dès long-temps on a travaillé à prévenir ce genre de forfaits, qui semble si antipathique avec le cœur d'une mère. Mais ces louables efforts ont presque toujours été funestement neutralisés par de malheureux préjugés. Peut-être n'est-il pas hors de propos de jeter un coup d'œil sur ce qui a été fait dans divers temps pour améliorer le sort de ces petits êtres si intéressans destinés à être orphelins en naissant, et pour les empêcher d'être victimes de la barbare honte de leurs mères.

Une des obligations des anciens seigneurs féodaux était de nourrir les enfans trouvés. L'évêque de Paris s'acquitta de cette obligation, en destinant à ces pauvres créatures une maison située près du port Saint-Landry,

qu'on nomma la *Maison de la couche*. Il était
en usage de faire placer dans l'intérieur de son
église un vaste berceau où l'on mettait quelques-uns de ces enfans, afin d'attirer les libé-
ralités publiques, et de diminuer les dépenses
qu'il faisait pour eux.

Sans doute ces enfans étaient fort mal soi-
gnés. Une dame veuve, touchée de leur malheureux état, se chargea de leur donner un
asile dans sa maison, voisine de celle de la
couche ; mais le zèle de cette dame, n'étant
pas secondé, se refroidit. Le sort des enfans
trouvés, au lieu de devenir meilleur, devint
peut-être pire. Les servantes de la veuve, lassées
des fatigues que leur causaient ces enfans, et
ennuyées de leurs cris, en firent un objet de
trafic. Elles vendaient ces nouveau-nés à des
mendiantes qui s'en servaient pour émouvoir
la sensibilité du public et s'attirer des au-
mônes. Elles les vendaient à des nourrices qui
avaient besoin de se faire téter ; plusieurs donnaient à ces enfans achetés un lait corrompu
qui leur causait des maladies ou la mort. Elles
en vendaient à des nourrices pour remplacer
leurs nourrissons morts ; et par cette voie des
enfans étrangers se trouvaient introduits dans

les familles. Elles en vendaient aussi à ceux qui, adonnés à la magie, sacrifiaient ces enfans dans des opérations absurdes et criminelles. Le prix de ces victimes était fixé à vingt sous par tête.

Ces abus révoltans durèrent jusqu'au moment où saint Vincent de Paule vint consacrer à ces enfans toute la chaleur de son zèle. Il stimula si efficacement la charité des fidèles et la bienfaisance des gouvernans, qu'à force de prières, de sollicitations, de persévérance, il parvint à asseoir le sort des orphelins sur des bases stables. Gloire éternelle à cet homme évangélique, dont la vie entière fut sacrifiée au bonheur de ses semblables !

Le fait qui a donné lieu à cette digression n'est malheureusement que trop commun. Les fastes judiciaires sont fréquemment souillés par des infanticides.

En 1766, deux enfans qui avaient été exposés pendant la nuit furent trouvés morts près de la ville de Mantes. Chacun de ces enfans était porteur d'un billet qui annonçait qu'ils n'avaient pas reçu le baptême. Le ministère public, instruit de cet événement, en rendit plainte.

Une jeune femme, qui était mariée depuis un mois, fut désignée, dans l'information, comme étant la mère de ces deux enfans. Les soupçons étaient bien véhémens, puisqu'elle fut décrétée de prise de corps. Cette affaire fit du bruit dans la ville de Mantes. Il paraît que l'accusée avait été malade pendant plusieurs mois, et que les chirurgiens avaient cru reconnaître dans sa maladie tous les symptômes de l'hydropisie. Il paraît encore qu'à l'époque où les enfans furent exposés, cette femme avait éprouvé un changement notable dans sa manière d'être; les signes extérieurs de l'hydropisie avaient disparu, et, peu de temps après elle, avait joui d'une meilleure santé.

Il y avait dans ces présomptions des indices suffisans pour appeler l'attention de la justice. Mais les premiers juges n'y trouvaient pas d'assez fortes preuves pour prononcer la peine de mort contre l'accusée.

Cependant ces juges, après une longue instruction, crurent que cette femme était coupable, parce qu'il résultait d'un rapport de médecins et de chirurgiens, qu'elle était réellement accouchée. Ainsi ils décidèrent qu'elle devait subir la peine prononcée par les lois, et ils la condamnèrent à être pendue.

Pendant l'instruction de l'appel de cette sentence, l'accusée se fondant sur ce qu'il n'y avait aucune preuve du crime qu'on lui imputait, demanda la cassation de l'arrêt. Pour prouver l'injustice de la peine prononcée contre elle, elle soutint que le rapport des hommes de l'art qui avait déterminé les premiers juges ne méritait aucune considération; et, pour en détruire l'effet, elle produisit une consultation d'un des médecins les plus célèbres de la capitale, qui avait décidé qu'au moment où la visite avait eu lieu, il était impossible de constater si l'accusée était accouchée, ou si elle avait eu une hydropisie. Sa défense fit la plus forte impression. Les magistrats, né trouvant point dans la procédure de preuves positives du crime, n'hésitèrent pas à infirmer la sentence.

Par arrêt du parlement de Paris du mois d'août 1767, la femme fut déchargée de l'accusation, et il fut seulement ordonné qu'il serait plus amplement informé contre les auteurs de l'exposition des enfans.

CLAUDINE ROUGE,

DE LYON.

Voici le récit d'une de ces horribles et absurdes accusations, telles que la calomnie et la prévention seules peuvent en fabriquer. Une jeune fille disparaît tout-à-coup de la maison de ses parens. On la cherche partout inutilement. A-t-elle été la proie d'un ravisseur, ou la mort a-t-elle terminé ses jours? Sans que ce point important fût juridiquement constaté, l'aveuglement d'une famille injuste et passionnée, entrètenu par les manœuvres d'un scélérat condamné depuis au dernier supplice, osa former et suivre, pendant six mois entiers, une plainte portant que deux femmes et quatre hommes, sous les yeux d'un peuple nombreux, avaient attenté à la pudeur et à la vie de cette infortunée. On suborna contre une mère son pro-

pre fils, âgé de cinq ans et demi; on fit entendre, comme témoin, la femme du bourreau;
on donna pour certains des faits absolument
destitués de preuves; en un mot, le fanatisme de préjugés et de passions voulut
traîner ces six accusés à l'échafaud.

Passons au détail des faits principaux qui
servirent de base à l'accusation. Claudine
Rouge, âgée de dix-huit ans, l'une des trois
filles d'un ouvrier en soie de la ville de Lyon,
sortit, en déshabillé, de la maison de ses père
et mère, le 25 juin 1767, jour de la petite,
Fête-Dieu, à neuf heures du soir. Ses parens
demeuraient dans la rue de la Grande-Côte,
rue extrêmement peuplée d'ouvriers et d'artisans de toute espèce. On dit que Claudine
Rouge était allée chercher un chat qu'elle
aimait beaucoup, et qui s'était égaré dans le
voisinage. On prétendit en même temps que
ce chat avait été détourné par une femme
qui voulait, par ce moyen, attirer la jeune
fille chez elle.

Quoi qu'il en soit, on disait, dans le public,
qu'on avait vu cette jeune personne, le 25 juin,
entre neuf et dix heures du soir, sur le pont
Saint-Vincent, qui est à plus d'un quart de

lieue de la maison de son père. D'autres personnes, au contraire, disaient avoir rencontré Claudine, après neuf heures du soir, dans les escaliers de la maison où elle demeurait.

Quand la femme Rouge s'aperçut de la disparition de Claudine, elle alla faire des recherches dans tout le voisinage. La femme Fay, sa belle-sœur, s'occupa aussi à prendre des informations dans le quartier. La femme d'un marchand chandelier, nommé Forobert, ayant remarqué, de sa porte, l'air d'inquiétude empreint sur son visage, lui demanda ce qu'elle cherchait.—*Une de nos filles*, lui dit la femme Fay, *ne l'auriez-vous pas vue? Oui*, répondit là femme Forobert, *elle est entrée dans une de ces allées, où elle a dit qu'elle allait se cacher*. Puis elle se mit à rire de toutes ses forces, comme on le fait quelquefois quand on attrape quelqu'un. Du reste, cette plaisanterie bien innocente coûta cher à celle qui l'avait faite.

La mère de Claudine étant venue quelque temps après chez la Forobert, lui fit part de son inquiétude. Celle-ci en fut vivement touchée, et se prêta avec amitié à aider cette pauvre mère dans la recherche de sa fille.

Après avoir fait perquisition dans plusieurs allées voisines, Claudine ne se retrouvant pas, la femme Forobert, dont le mari était absent, rentre chez elle, et y trouve la fille Prunier, et le sieur Perra, qui l'attendaient. Aussitôt rentrent sur ses pas la femme Rouge, la femme Fay et une voisine. La première lui dit : *Madame Forobert, nous ne trouvons point notre fille; elle sera peut-être entrée chez vous, sans que vous vous en soyez aperçue.* La femme Forobert consentit volontiers à faire, avec sa voisine et ses deux assistantes, une recherche minutieuse dans son logement, sans que l'on pût y trouver le moindre vestige de Claudine. Jusque là la femme Forobert, compatissant à la douleur de la femme Rouge, n'avait rien vu de désobligeant dans sa démarche.

Mais une heure après la première visite, et à minuit, on frappe de nouveau à la porte de cette femme. Ne croyant pas que sa porte fût fermée, elle crie de pousser; on redouble avec force, elle va ouvrir. Neuf personnes entrent chez elle, savoir : les trois femmes qui étaient venues d'abord, le sieur Rouge père, le sieur Fay, son beau-frère, et quatre de leurs amis. Ce fut alors que la maîtresse du logis s'offensa, avec raison, de la violation de son domicile. Mais on n'en tint aucun compte ; le père dit qu'il fallait bien que sa fille fût chez quelqu'un. Muni d'un ordre du capitaine du quartier, il visita, avec sa troupe, boutique, chambre, cour, arrière-boutique, le grenier situé au-dessus, le berceau de l'enfant Forobert, qui était endormi, et jusqu'à une armoire située près du lit, et aux vêtemens qui s'y trouvaient ; mais on ne trouva ni indice, ni vestige, en un mot, rien qui pût autoriser le moindre soupçon.

Le lendemain 26 juin, à cinq heures du matin, un voisin chercha avec des crochets dans un puits, situé entre l'allée de la maison du sieur Rouge et la maison attenante. On conjecturait que Claudine pourrait y être tombée par accident, ou s'y être précipitée dans quelque accès de folie. Déjà deux de ses frères avaient été renfermés pour aliénation mentale. Mais trois quarts d'heure de recherches ne produisirent rien. Le 30 du même mois de juin, trois jeunes pêcheurs trouvèrent dans le Rhône, près de la petite ville de Condrieux, à huit lieues de Lyon, un cadavre féminin flottant sur les eaux ; ils le déposèrent sur le rivage, et le dépouillèrent. Ce cadavre avait le ventre très-gonflé. Il rendait beaucoup de sang par la bouche. A peine eut-il resté une heure sur le rivage, qu'il devint extrêmement noir. Un chirurgien passa ; sans descendre de cheval et sans examen, il se hasarda de dire que c'était une fille qu'on avait étranglée et jetée dans le fleuve. Du reste, on ne fit aucun procès-verbal de l'état de ce cadavre ; le curé ne voulut pas inhumer le corps, parce qu'il ne portait aucune marque de catholicité. Sur la fin du jour, les pêcheurs l'enterrèrent au pied des saules, et se partagèrent les hardes dont il était revêtu.

La nouvelle de cette découverte parvint promptement à Lyon. On perd cinq jours entiers, et, le 5 juillet seulement, le sieur Reverdi, oncle de Claudine, accompagné du sieur Dumontant, ami de ses parens, partent de Lyon et se rendent à Condrieux, pour examiner le cadavre trouvé sur les bords du Rhône. Mais comment reconnaître, dans les plus grandes chaleurs de l'été, un corps déjà noirci par la mort, qui était enterré depuis six jours, et que l'on supposait être resté cinq

jours dans l'eau ? C'était là du moins le moment d'appeler les officiers de justice; on
n'en fit rien. Le sieur Reverdi et son ami
firent exhumer, par un mendiant, un cadavre absolument méconnaissable. Ils prétendi-
rent avoir trouvé, sur une chemise qu'ils
s'étaient fait remettre, les deux lettres ini-
tiales qui, selon eux, marquaient le linge de
la demoiselle Rouge. C'est avec ces renseignemens que les sieurs Reverdi et Dumontant voulurent faire reconnaître le cadavre.
Ils allèrent trouver le curé de Saint-Michel,
lui payèrent son droit d'enterrement, et obtinrent enfin pour la défunte les honneurs de
la sépulture. Ils firent plus; sur leur assertion
sans preuve, l'acte mortuaire porta que ce
cadavre, qu'il avait été impossible de reconnaître, était *celui de Claudine Rouge, que des*
malheureux avaient jetée dans le Rhône, le
25 juin, après l'avoir saisie sur sa porte sur les
neuf heures du soir ou environ.

De retour à Lyon, Reverdi et Dumontant
racontent à leurs amis, à leurs connaissances,
à la nombreuse populace de leur quartier,
qu'ils ont reconnu Claudine à ses traits; qu'elle
avait seulement la bouche un peu agrandie;

qu'ils ont reconnu ses vêtemens; qu'elle est morte assassinée; qu'elle avait la corde au cou et les mains attachées derrière le dos; que sa langue sortait de sa bouche; qu'il ne faut pas douter qu'elle n'ait été la victime de quelques malheureux, et qu'elle a été peut-être en même temps l'objet de leur brutalité. Ce récit calomnieux, où l'on dénonçait deux grands crimes, le viol et l'assassinat, monte les têtes. Déjà la famille Rouge, aveuglée sans doute par sa douleur, désigne la femme Forobert comme un des principaux auteurs de l'attentat, et lui donne plusieurs personnes de ses amis pour complices.

Il existait alors à Lyon un scélérat, nommé Constant, qui, en qualité de premier huissier de la cour des monnaies, avait les prisons sous sa dépendance. Il était la terreur de la populace; il emprisonnait par voie de police et élargissait à son gré les prisonniers. Cet homme avait voulu plaire à la femme Forobert; mais, rebuté plusieurs fois par elle, quand il apprit l'événement de Claudine et les soupçons de ses parens, il vint offrir ses vils services à la famille Rouge, qui les accepta. Soit qu'il voulût se venger de celle qui avait repoussé ses hommages, soit qu'espérant pouvoir, quand il le voudrait, arrêter l'instruction faute de preuves, il cherchât à se prévaloir, auprès d'elle, de l'avoir délivrée d'un grand danger, il vint appuyer ses accusateurs, et leur prêter le secours de ses horribles manœuvres.

La femme Forobert avait un fils de cinq ans et demi. Par les conseils de Constant, on attira ce petit garçon, tantôt dans la cour du Soleil, tantôt dans le jardin des dames de la Déserte, sous le prétexte d'y jouer avec d'autres enfans; on voulait, par un raffinement de séduction, l'amener à être l'accusateur de sa mère. Il est curieux de suivre les détails de cette infâme machination.

D'abord le petit Rouge, frère de Claudine, âgé de neuf ans et demi, et le petit Gayet, âgé de treize ans, qui avaient été bien endoctrinés, commencèrent par dire au petit Forobert que sa mère avait tué la demoiselle Rouge, et l'enfant le répétait à sa mère par forme de question : *Est-il vrai que tu as tué la dodon Rouge?*

Puis on le menaçait, pour lui-même, d'un sort pareil de la part de sa mère; et aussitôt il venait répéter à sa mère, avec sa naïveté enfantine : *On m'a dit que tu avais tué la dodon Rouge, et que tu m'en ferais bien autant.*

Ensuite, par degrés, en lui rappelant quelque scène, où la bienséance n'aurait pas été assez respectée devant lui, on le conduisait à croire en avoir vu une semblable à l'égard de Claudine Rouge, et l'on y joignait l'idée d'assassinat dont on l'avait entretenu, qu'on lui avait rendue propre, et que de fréquens récits avaient imprimée dans ses faibles organes. Une tante de la demoiselle Rouge lui donna une fois six sous, une autre fois vingt-quatre sous, pour le récompenser des rapports qu'on lui avait suggérés à lui-même. On joignait à ces récompenses des bonbons et des caresses, ce qui lui plaisait bien davantage. L'enfant avait un oncle, qui avait un bateau sur le Rhône, où son père le menait quelquefois promener, et dont il connaissait le chemin. Pour ne pas fatiguer sa mémoire par une route plus courte, mais qu'il n'eût pas connue, on le familiarisa avec ce même chemin, pour qu'il pût le placer à propos dans les détails qu'on lui apprenait, et qu'on lui faisait répéter, en lui recommandant de *dire toujours de même.*

Les séducteurs ne s'en tinrent pas là : ils

sentirent qu'il fallait fortifier un rapport si incroyable par des gestes, par des attitudes qui pussent inspirer quelque croyance. Ces misérables ne craignirent pas de corrompre d'avance ce malheureux enfant, et d'outrager la pudeur, pour assurer leur triomphe.

Dans le même temps, on prépare, on travaille l'esprit grossier de la populace, en accréditant, en certifiant les rumeurs qu'on avait répandues; on en fait circuler de nouvelles; on les fait parvenir avec perfidie à la femme Forobert pour la déterminer à fuir, afin de se ménager par là quelque charge contre elle. Forte de son innocence, la femme Forobert demeure dans sa maison. Ayant échoué de ce côté-là, on fait donner le même avis à son amie, la fille Prunier, afin que son évasion pût compromettre gravement la femme Forobert, avec qui elle avait passé la soirée du 25 juin. L'huissier Constant, secondé par les parens de Claudine Rouge et de quelques affidés, accréditait peu à peu auprès de la populace, l'idée des attentats horribles qu'on voulait imputer à la femme Forobert et à ses amis. Pendant six jours, les détails les plus révoltans, les bruits les plus sinistres furent propagés à cet effet. Enfin, le 7 juillet, le sieur Rouge père remit au procureur du roi une dénonciation de la disparition de sa fille, qu'il déclarait être entrée chez la femme Forobert, et n'avoir plus reparu.

Le même jour, Constant, en vertu du pouvoir exorbitant qu'il s'était arrogé dans la ville de Lyon, vient avec appareil arrêter la femme Forobert, et la traîne en prison, sans aucun décret, à travers une populace ameutée contre elle. Il enlève en même temps son fils, après l'avoir tenu en chartre privée pendant sept heures chez un fabricant de soie, où on lui avait bien fait répéter sa leçon; puis on conduit cet enfant devant le juge, qui l'interroge aussitôt.

Le petit Forobert déposa que, le 25 juin, Claudine Rouge était entrée, à neuf heures un quart, chez la femme Forobert, sa mère, pour y demander un chat qu'elle avait perdu; qu'elle y avait été violée par le sieur Antoine Perra l'aîné, et ensuite étranglée par les sieurs Perra le cadet, Metra, la femme Forobert et la fille Prunier; que, pendant qu'on exerçait toutes ces violences, la fille Claudine Rouge avait poussé de grands cris et dit:

J'en avertirai mon père; que, cette même nuit,
les mêmes personnes avaient porté le cadavre
de Claudine dans l'allée de la maison où demeurait la femme Fay, sa tante, et l'avaient jeté
dans un puits situé dans la même allée. Que,
dans la nuit du samedi 27 juin au dimanche 28, le sieur Metra, l'un des complices,
était descendu dans le puits au moyen d'une
corde, laquelle corde on avait passée dans
une poulie attachée au haut du puits; qu'il
en avait retiré le cadavre de Claudine Rouge,
dont le visage était entièrement noir et meurtri; mais qu'on ne retrouva point la coiffe
qu'elle avait lorsqu'elle y fut jetée; qu'ensuite
ils avaient transporté ce cadavre dans la boutique de la femme Forobert, où ils l'avaient
enveloppé d'un mauvais drap; qu'Antoine
Perra ayant pris ce cadavre sur ses épaules,
ils allèrent, au nombre de cinq, et lui, enfant
Forobert, faisant le sixième, porter ce cadavre dans le Rhône, et passèrent dans les rues
les plus fréquentées de la ville; qu'arrivés
dans un bateau vis-à-vis la rue Basseville, ils
jetèrent le cadavre dans le Rhône.

Telle est, en abrégé, la déposition que l'on
fit faire à cet enfant. Or toutes ces choses,

dans le cours de l'instruction, furent démon-
trées fausses et impossibles ; en sorte que.
l'enfant, en circonstanciant les faits, servit
précisément à innocenter les accusés.

A la première nouvelle de cette déclaration,
Antoine Perra et la fille Prunier vinrent d'eux-
mêmes se constituer prisonniers.

Cependant le lieutenant-criminel de Lyon
chargea les juges de faire exhumer le cadavre
trouvé au bord du Rhône, et d'en dresser
procès-verbal en conséquence du rapport qui
serait fait par les chirurgiens-jurés. L'huissier
Constant voulut porter lui-même cette commission, qui ne fut exécutée que le 10 juillet.
Rouge le père se transporta aussi à Condrieux ;
mais le cadavre était dans un tel état de décomposition, que le sieur Rouge ne put assurer que ce fût sa fille ; qu'il reconnut seulement, comme étant à elle, les vêtemens qui
lui furent présentés, parce que sa femme et
une autre de ses filles en avaient de semblables. Les chirurgiens déclarèrent que l'état
de putréfaction dans lequel se trouvait le cadavre ne leur permettait pas de reconnaître
si cette fille avait été violée et étranglée avant
d'être jetée dans l'eau. Le procès-verbal fut dé-

posé au greffe de Lyon avec les vêtemens attribués à Claudine, et devint la base du procès.

L'enfant Forobert, dont on espérait tirer un si grand parti dans cette affaire, eût dû être mis en des mains sûres et respectables ; on l'arracha de celles de son père pour le livrer à une guichetière, l'amie et la commensale de Constant.

Néanmoins, après ce premier feu de la calomnie, les esprits commençaient à se calmer, et les premiers nuages de la prévention se dissipaient. Mais l'accusation était trop engagée pour que la famille Rouge crût pouvoir reculer, sans s'exposer aux plus justes réparations ; sa douleur lui faisant d'ailleurs illusion, on continua de suivre l'affaire, et l'on n'oublia rien pour acquérir des preuves ou des indices.

Constant se chargea de donner les assignations aux témoins. Il en assigna à dessein un très-grand nombre d'inutiles, afin de pouvoir omettre, dans une sorte de confusion, ceux qui auraient pu être à la décharge des accusés. Les sieurs Jean Perra et Metra furent décrétés et arrêtés avec des circonstances infamantes.

Cependant les accusés se défendaient avec

fermeté, avec précision, avec ce ton de vérité que ne saurait imiter le crime. La femme
Forobert confessa naïvement aux juges que,
fatiguée et outrée des propos qu'on semait dès
le 26 et le 27 juin, et ayant appris de quelqu'un le nom d'un devin réputé très expert
dans l'art de découvrir les choses cachées,
elle était allée chez lui, le dimanche 28, au
lieu nommé *Gorge - de - Loup*, à quelque
distance de Lyon; qu'elle était allée le
chercher à la messe; qu'elle lui avait offert
douze sous et ses boucles d'argent; qu'elle
lui fit encore mille autres promesses, s'il
pouvait lui donner des nouvelles de Claudine Rouge; que cet homme refusa de rien
recevoir d'elle jusqu'à ce qu'il lui eût donné
une réponse; qu'il demanda le nom de baptême de *Dodon Rouge;* qu'il vint chez elle le
30 juin; qu'il y fit des divinations nocturnes;
qu'il lui répondit le lendemain qu'il avait de
bonnes nouvelles à lui donner : à une heure
après minuit, un papillon était venu voltiger
autour de sa chandelle, ce qui voulait dire
que Claudine n'était par morte, et qu'elle
reparaîtrait dans la semaine. Cet homme promit ensuite de revenir le dimanche suivant,

pour s'informer si elle avait reparu. Il revint
en effet : elle lui donna vingt-quatre sous et
à déjeûner, et ne le revit plus depuis ce jour-là.

L'instruction ne fournissant aucune preuve,
on entrevoyait l'acquittement des accusés.
Mais Constant ne se rebuta pas ; il suscita,
comme témoin, la femme du bourreau, amie
intime de la guichetière, gardienne de l'enfant.

Puis on imagine de faire faire, en plein jour,
au petit Forobert une procession publique,
afin qu'il puisse indiquer lui-même à la justice les rues par lesquelles le cadavre aura
passé. En conséquence, l'enfant est conduit
en grand cortége chez sa mère : là on lui représente la corde dont elle se servait pour
tirer de l'eau au puits ; il prétend que c'était
la même dont on s'était servi pour y descendre le sieur Metra, et en tirer Claudine
Rouge. Le juge en dresse procès-verbal, la reconnaît saine et entière, en constate la longueur. On va voir un peu plus loin quelle
lumière cette corde servit à répandre sur
l'innocence des accusés. L'enfant sort de la
maison de son père comme en triomphe, accompagné du magistrat et du greffier, avec
une nombreuse escorte d'archers. Une foule

immense de curieux l'environne et le précède,
d'après la route que l'on avait prise pour porter le cadavre au Rhône, et que depuis long-
temps on avait eu le soin de faire connaître
dans toute la ville. L'enfant paraît marcher
de son propre mouvement, et cependant il
suit le tourbillon qui le guide, et va droit au
Rhône, vers le bateau de son oncle, où son père
l'avait mené promener plusieurs fois. Cette
course pompeuse exerce une grande influence
sur les esprits, et ranime leur fougue ralentie.
Bientôt les monitoires affichés aux portes des
églises viennent y mettre le comble.

Ces monitoires furent une violation criante
de toutes les lois, en ce que les personnes
que l'on voulait trouver coupables y étaient
désignées de la manière la plus positive.
On y lisait, article par article, la déclaration que l'on avait fait balbutier par le petit
Forobert.

Cependant un avocat habile, un défenseur
éloquent de l'humanité, Élie de Beaumont se
chargea de plaider pour les infortunés menacés de succomber sous le poids de la plus absurde des accusations. Il réduisit au silence la
prévention aveugle et la calomnie atroce des

accusateurs ; prouva qu'il n'y avait point de corps de délit, puisqu'il n'était pas constaté que le corps retrouvé fût celui de Claudine ; fit tomber, une à une, les diverses circonstances de la déposition de l'enfant Forobert ; et, après avoir réduit au néant toutes les allégations de ses adversaires, n'eut plus de peine à faire briller l'innocence de ses cliens aux yeux des juges déjà presque convaincus.

Nous ne pouvons le suivre dans le cours de son éloquente argumentation. Arrêtons-nous seulement à cette corde retrouvée saine et entière au logis de Forobert. Le juge avait mesuré, sur l'indication de l'enfant, la corde que celui-ci déclarait avoir vue employer à descendre le sieur Metra dans le puits. L'enfant avait déposé que la corde avait été passée dans la poulie de la voûte du puits pour suspendre le sieur Metra sous les aisselles. Il eût été à désirer que le juge, faisant attacher un corps dur à l'extrémité de cette corde, eût sondé avec elle la profondeur du puits, pour juger si on avait pu l'employer à l'usage allégué. Que l'on aurait épargné par là de calomnie et de scandale ! Mais, ce qu'il n'avait pas fait, l'avocat avait cru devoir le faire. Le puits mesuré s'était trouvé avoir trente-six pieds neuf pouces de sec, huit pieds dix pouces d'eau, ce qui faisait quarante-cinq pieds sept pouces. Ajoutez ce qu'il avait fallu pour l'entourage du corps, pour atteindre du bord du puits à la poulie, pour redescendre de la poulie dans les mains de ceux qui auraient tenu la corde, pour la prise des mains de cinq personnes; vous aurez au moins soixante pieds de corde. Or la corde mesurée par le juge n'avait, y compris deux pieds de chaîne de fer, que six toises demi-pied, c'est-à-dire trente-six pieds et demi. Donc il s'en serait fallu de plus de vingt pieds que le sieur Metra, avec cette corde, eût pu atteindre le cadavre. Voilà une imposture démontrée.

Enfin, ce qui porta le dernier coup aux accusateurs, ce fut la rétractation formelle du petit Forobert, circonstance dont l'avocat se servit comme d'une massue. Le sieur Forobert père avait enfin obtenu d'avoir une entrevue avec son enfant. Le jour indiqué pour cette entrevue, il se rendit dans la prison de Saint-Joseph. Le magistrat était présent; il fut témoin des larmes et de l'attendrissement de ce malheureux père, qui ne pouvait parler, suffoqué qu'il était par les sanglots. Le père n'employa point de menaces à l'égard de son enfant; et, loin de chercher à l'intimider, il l'interrogea d'un ton affectueux , et ne lui fit même des questions qu'en tremblant, dans la crainte qu'il ne confirmât tout ce qu'il avait dit. Heureusement la vérité reprit ou fit valoir ses droits sur le cœur de l'enfant; il avoua plusieurs fois *qu'il n'avait parlé qu'à l'invitation de deux enfans.* Sa réponse à plusieurs questions fût celle-ci : *Non, mon père , c'est le petit Gayet et le petit Rouge qui me l'ont dit..... qui m'ont dit de le dire.* Cette réponse fut consignée dans le procès-verbal; il y persévéra malgré les menaces que lui fit le juge de lui faire donner le fouet pour le punir comme un menteur. Cette menace n'ébranla pas ce jeune enfant. Il avoua aussi, dans cette entrevue, qu'une parente de la demoiselle Rouge l'avait visité deux fois, lui avait donné, la première, vingt-quatre sous, et la seconde, six sous, *en lui recommandant de dire toujours la même chose.*

Après une rétractation aussi positive, aussi explicite, il ne restait plus même le mérite de découvrir l'innocence à des juges dignes de la venger ; aussi tout annonçait son triomphe prochain. En effet, le 23 décembre 1767, le tribunal rendit une sentence qui prononçait l'acquittement des accusés, et leur permettait de faire imprimer et afficher le jugement partout où bon leur semblerait. Par le même arrêt, le jeune Forobert devait être confié à l'un de ses plus proches parens paternels, chez lequel il resterait pendant l'espace de trois mois, durant lequel temps il serait permis aux père et mère dudit enfant de le voir en présence dudit parent, qui le leur rendrait à l'expiration du terme prescrit.

Le principal promoteur de toute cette procédure inique ne tarda pas à être puni de ses nombreuses forfaitures, lorsque la mesure en fut comblée ; et la conduite qu'il tint dans l'affaire de Claudine Rouge ne contribua pas peu à soulever le voile qui cachait toutes ses criminelles turpitudes. Par sentence du tribunal même auquel il était attaché, confirmée par arrêt de la cour du 8 août 1769, il fut condamné à être pendu. Cette sentence le déclarait atteint et convaincu de toutes sortes de prévarications dans son état d'huissier : d'avoir abusé de la confiance que les magis-

trats avaient en lui ; d'avoir favorisé les voleurs, soit en ne les arrêtant pas malgré les
ordres qui lui en étaient donnés, et en recevant
d'eux de l'argent pour leur laisser la liberté,
soit en détournant les preuves lorsqu'il se
voyait forcé de les constituer prisonniers ; d'a-
voir conseillé des vols à plusieurs voleurs,
et d'avoir partagé le butin avec eux ; d'avoir
souvent fait arrêter des étrangers sans en avoir
reçu aucun ordre ; de les avoir conduits dans
son domicile, et, après les y avoir fouillés, de
s'être emparé de l'argent et des bijoux qu'ils
pouvaient avoir ; de les avoir engagés à sortir de la ville sans rendre compte aux magistrats ; d'avoir employé de fausses signatures
dans ses procès-verbaux, et mille autres in-
famies et iniquités semblables. De même que
le prevôt Taperet, il reçut, à la satisfaction
générale, le salaire de tous ses crimes.

PARENS DÉNATURÉS ET INHUMAINS,

PUNIS.

Le sieur le Fiot, notaire à Nevers, avait épousé en secondes noces, le 10 février 1750, Marie Dufour, jeune personne d'une honnête famille, à peine âgée de ving-trois ans. Il eut trois enfans de ce nouveau mariage, un fils et deux filles.

L'aînée de ces filles, au sortir des mains de sa nourrice, en 1755, fut portée chez la dame Dufour, son aïeule maternelle, qui la réclamait avec instance. La tendresse de la dame Dufour pour cette petite fille fut portée à un tel excès, comme c'est assez l'ordinaire de la part des grands parens, que le sieur le Fiot reprit son enfant en 1757.

La petite fille, âgée alors de cinq ans, ne trouva, dans la maison paternelle, ni la même indulgence, ni la même bonté, ni les mêmes soins. Il paraît, au contraire, que les mauvais traitemens de tous genres lui furent prodigués. Dès l'âge de dix ans, cette jeune personne, déjà travaillée secrètement par les symptômes de puberté qui se manifestent toujours plus tard chez les personnes de son sexe, tomba assez rapidement dans un état de dépérissement et de marasme, digne de pitié. Son humeur devint triste, sombre, farouche; une indolence insurmontable, qui tenait sans doute de son extrême faiblesse, s'empara de toute sa personne; elle était quelquefois tourmentée par une faim si dévorante, que rien ne pouvait la rassasier. Les rigueurs de ses parens à son égard n'étaient pas de nature à rétablir la santé de cette pauvre enfant.

Une circonstance dont nous allons rendre compte vint ajouter encore à la dureté de ces mauvais traitemens. Le sieur le Fiot avait été contraint de recevoir dans sa maison, à titre de logement militaire, quelques gendarmes, alors en garnison à Nevers.

Ces militaires occupaient un appartement au premier étage; ils y étaient servis par de vieilles femmes et par de jeunes filles, qui donnaient, dans la maison, les exemples les plus scandaleux de crapule, de libertinage et de friponne-

rie. Toutes connaissaient l'état déplorable de
la jeune le Fiot, et cette affreuse faim que le
genre de sa maladie lui faisait éprouver ; et dès
qu'elles avaient commis quelque vol dans l'office ou dans la cuisine des gendarmes, elles
ne manquaient pas de le lui attribuer.

Un vol de ce genre, plus considérable que
les larcins ordinaires, excita cependant les
justes craintes de la femme Piat, qui s'en était
rendue coupable. Elle en accusa la petite le
Fiot. Joignant ensuite à cette noire calomnie
la plus insolente audace, elle osa, le 20 mai
1767, sur les trois heures du soir, se saisir
elle-même de la prétendue coupable et l'enfermer dans un cabinet situé dans le jardin
dépendant de la maison. La dame le Fiot, que
l'on instruisit de ce prétendu vol, crut devoir
elle-même punir sa fille. Elle se rendit aussitôt avec la femme Piat dans le cabinet du jardin, et ordonna à cette misérable d'attacher
l'enfant à un vieux lit qui était depuis long-
temps dans ce cabinet. Cette punition excita
d'autant plus l'humeur de la demoiselle le
Fiot qu'elle était innocente du fait qu'on lui
imputait, et qu'il paraît qu'on n'eut pas la
justice d'entendre sa justification. Aussi, dès

qu'elle se vit seule, son premier soin fut de rompre les liens qui la retenaient; elle sortit ensuite du cabinet par une ouverture qu'elle pratiqua dans le pignon du mur mitoyen. Ce mur portait huit à neuf pieds d'élévation; elle descendit à l'aide de joints dégradés qu'elle y trouva, et, traversant le jardin, qui favorisait sa fuite, elle alla se blottir dans l'escalier qui conduit à la cave dépendante de ce jardin. Elle y respirait à peine librement, se croyant à l'abri de nouveaux mauvais traitemens, lorsque la femme Piat vint la reprendre dans son asile, et la ramena dans la maison de ses père et mère, où, en présence de cette dernière, et sans doute de son aveu, ou même par son ordre, la femme Piat conduisit la petite fille au grenier, et l'attacha, pour la seconde fois, à un pilier qui en soutenait le tirant.

Ce nouvel acte de rigueur aigrit de plus en plus la jeune fille. Pour briser ses nouveaux liens, elle profite du premier moment qu'on lui laisse, et va, au fond du grenier, se cacher dans l'obscurité d'un grand coffre. La femme Piat remonte, et ne voit pas sa victime où elle l'avait attachée; elle appelle; on vient

à ses cris ; le sieur et la dame le Fiot cherchent eux-mêmes leur fille, et, l'ayant trouvée
dans sa nouvelle retraite, l'un d'eux lui dit :
« Vous êtes bien là ; » met une échelle entre
le coffre et le couvercle du coffre, et place
sur le tout de vieux châssis de fenêtre.

Quelques jours après, le vol de la femme
Piat fut reconnu, et cette femme fut ignominieusement chassée de la maison.

Cependant l'état de la jeune le Fiot empi-
rait sensiblement ; le marasme et la consomp-
tion laissaient voir les traces de leur marche.
La dame le Fiot, obligée de partir pour surveiller la moisson qu'on allait faire dans la
ferme de Lurcy, emmena la plus jeune de ses
filles, et laissa l'aînée en proie à la maladie
qui la dévorait.

Enfin, le 23 juillet, on annonça la mort
de la jeune fille. On fit appeler la femme Jacob, qui ensevelit la défunte. D'un autre côté,
on donna avis de son décès à la paroisse ; et,
sur le soir du lendemain, le convoi et l'enterrement eurent lieu suivant l'usage.

Mais, en même temps que la nouvelle de
cette mort se répandait, une rumeur sourde

débitait que la petite le Fiot avait été renfermée dans une cave, et qu'elle y avait péri de
misère et de besoin.

Cette accusation fermente aussitôt d'une
manière extraordinaire; elle passe de bouche
en bouche; les interprétations de la femme
Jacob semblent même lui donner un air de
vraisemblance. L'attention du ministère public se réveille; et dès le 26 une plainte est
rendue contre le sieur et la dame le Fiot.

Cette plainte portait en substance : qu'Anne
le Fiot avait été trouvée morte dans une cave;
que la femme Jacob avait remarqué, à un des
jarrets du cadavre, une blessure de la longueur du doigt; que la mort arrivée dans
cette cave et le silence du sieur le Fiot paraissaient suspects, qu'il était important d'en
connaître la cause; que le procureur-général-
fiscal avait d'ailleurs appris que le sieur et la
dame le Fiot exerçaient de mauvais traitemens
sur leur fille; qu'ils ne l'aimaient pas, sous
prétexte qu'elle avait été changée en nourrice;
qu'il avait su que, pendant les dernières fêtes
de Pâques, ils l'avaient attachée avec des cordes dans un cabinet, qu'elle s'était détachée
elle-même, et avait fait une ouverture au pi-

gnon construit en planches au-dessus du mur;
qu'elle s'était ensuite jetée dans le jardin du
sieur Parmentier, où elle avait été trouvée ensanglantée; qu'on l'avait ramenée, conduite
au grenier, et attachée, avec des cordes, à un
poteau; puis, que la jeune fille s'étant détachée et ayant cherché une retraite dans un
coffre, le sieur le Fiot avait mis du bois dessus le coffre pour l'empêcher d'en sortir;
qu'elle y était restée pendant trois ou quatre
jours sans boire ni manger; qu'on l'avait ensuite menée à la cave, et qu'elle y était restée
renfermée, manquant de nourriture, jusqu'au
23 juillet, jour auquel elle avait été trouvée
morte.

Sur cette plainte, on donne permission
d'informer; on ordonne en même temps l'exhumation du corps de la demoiselle le Fiot
et, un rapport des hommes de l'art.

Bientôt quatorze témoins furent entendus,
et sur le vu des charges et informations, le
sieur le Fiot fut décrété de prise de corps ainsi
que son épouse. Le 27 juillet, le décret fut
mis à exécution sur la personne du mari, qui
fut conduit en prison. Quant à la dame le
Fiot, elle prit la fuite.

Le 4 août, il y eut un supplément de plainte, relatant d'autres mauvais traitemens des époux le Fiot à l'égard de leur fille. Cette nouvelle plainte donna lieu à une nouvelle informatiun : sept autres témoins furent entendus. Enfin, après les récollemens, les confrontations et un dernier interrogatoire de six heures consécutives, le sieur le Fiot fut condamné à un bannissement perpétuel, par jugement définitif du 10 mai 1768.

Le procureur fiscal de Nevers appela de cette sentence au parlement de Paris, attendu qu'il ne trouvait pas les peines proportionnées au délit. Pierre le Fiot interjeta pareillement appel, concluant à être déchargé de l'accusation, élargi des prisons de la Conciergerie, avec permission de prendre à partie le juge, le procureur fiscal de Nevers et tous autres qu'il appartiendrait.

Par arrêt du 28 juillet 1768, la première sentence fut mise au néant. Pierre le Fiot fut condamné à être attaché au carcan, pendant trois jours consécutifs, dans la place publique de la ville de Nevers, et à y demeurer chacun des trois jours, depuis dix heures jusqu'à midi, ayant écriteaux devant et derrière, portant ces mots : *Père inhumain et dénaturé envers sa fille* ; et le dernier jour, battu et fustigé de verges par l'exécuteur de la haute justice, ayant la corde au cou, dans les places et carrefours de Nevers ; puis à être flétri d'un fer chaud sur les deux épaules, pour être conduit aux galères à perpétuité, après confiscation de tous ses biens.

Marie Dufour, sa femme, fut bannie à perpétuité du ressort du parlement, et, attendu son absence, il fut ordonné, à son égard, que l'arrêt serait exécuté en effigie, avec confiscation de biens et amende, comme pour son mari.

ASSASSINATS

COMMIS AU CHATEAU DE RÉVILLE,

EN NORMANDIE.

Les personnes riches qui habitent des maisons isolées à la campagne peuvent faire leur profit des détails de cet horrible attentat, en se précautionnant avec le plus grand soin contre les plans audacieux que la cupidité pourrait suggérer à des malfaiteurs pour s'emparer de leurs richesses.

Le 10 février 1769, neuf scélérats se réunirent chez le nommé Étienne Leroi, l'un d'entre eux, qui demeurait dans le voisinage du château de Réville près Montreuil. Sur les neuf heures du soir, s'étant tous noirci le visage pour ne pas être reconnus, ils se rendirent au château sous la conduite de Leroi. Mais pour s'y introduire il fallait un prétexte. L'un d'eux se chargea de dire qu'il avait une lettre à remettre à la dame de Réville; et, laissant ses complices aux environs jusqu'à ce que le moment fût favorable pour entrer dans le château, il se présenta seul à la porte, énonçant son message. Mais ces précautions furent inutiles : la saison et l'heure avancée inspirèrent aux personnes qui habitaient le château la sage précaution de ne pas ouvrir la porte, et de dire au prétendu messager de revenir le lendemain à une heure moins suspecte. Les brigands, voyant leur coup manqué, se retirèrent, mais avec l'intention de revenir après avoir mieux pris leurs mesures.

Ces neuf scélérats se nommaient : François-Antoine et Jean-Joseph Cotis, Jean Benjamin et Augustin Lecomte, Simon Bernais, père, Jean Dumoutier, Thomas Énaut, Charles Pannier et Étienne Leroi.

Le 25 du même mois, à huit heures du soir, l'attentat, qui avait échoué le 10, fut renouvelé ; mais on avait pris des précautions en cas du refus d'ouvrir la porte, et la troupe n'était pas entièrement composée des mêmes individus : Thomas Énaut, Charles Pannier et Étienne Leroi, avaient abandonné la partie ; mais aux six complices restans s'en adjoignirent cinq autres : Charles Cotis, Robert

Bernais, fils de Simon, Adrien Perrier, Jean Lejeune, dit Lajeunesse, et Pierre Vavasseur, dit Carrière.

Armés de fusils, de pistolets, de sabres, d'épées, de haches, et le visage noirci, ils marchent contre le château; trois gardent les avenues pour empêcher tout secours, bien déterminés à tuer à coups de fusil tous ceux qui approcheraient; les huit autres se chargent de l'expédition de l'intérieur. Comme il n'était pas encore tard, et qu'il y avait lieu d'espérer que quelqu'un pouvait sortir, ils se mettent en embuscade pour attendre que la porte soit ouverte, et empêcher aussitôt qu'on ne la referme. Le sieur de Réville, lui-même, ayant besoin de sortir, ouvre la porte. Aussitôt les huit scélérats se précipitent sur lui et le repoussent dans sa cuisine. En y entrant ils tirent plusieurs coups de pistolet; le sieur de Réville est blessé au bras; Jacques Hermey, son berger, est frappé à la tête et tombe; François Chevreuil, son cocher, renversé, meurt sur la place; et Catherine Goujon, servante de la maison, reçoit quelques blessures. Le sieur Réville est frappé, en outre d'un coup de hache sur la tête, qui le terrasse.

Cependant les coups de feu, les cris des blessés, les imprécations des assassins, jettent l'épouvante dans toute la maison. La maîtresse et ses domestiques, ne se croyant pas en force pour pouvoir faire résistance, prennent la fuite, et vont se tapir dans les recoins les plus cachés de la maison.

Malgré l'état où se trouvait le sieur de Réville, les voleurs le conduisirent de force dans tous les appartemens du château pour qu'il leur indiquât où était son argent. Sur son refus, ils brisent portes, buffets, coffres, commodes et armoires. Ils volent environ six à sept mille livres, tant en or qu'en argent, nombre de meubles et effets, comme montres, tabatières, étui d'or, boucles d'oreille et bagues de diamant, vaisselle d'argent, et une foule d'autres objets ; enfin, après avoir enlevé tout ce qu'ils pouvaient emporter, ils achèvent de tuer le sieur Réville d'un coup d'épée dans le bas-ventre, et se retirent chez Jean-Joseph Cotis pour y faire le partage du butin.

La nouvelle de cet épouvantable crime se

répandit en peu d'heures. Les domestiques de la maison, qui avaient eu le bonheur d'échapper au massacre, coururent aussitôt à Orbec pour avertir la maréchaussée de ce qui venait de se passer.

La maréchaussée se transporta sur-le-champ sur les lieux, et commença par constater le corps de délit. Dès le lendemain, procès-verbal fut dressé de l'état des deux cadavres, des blessures faites au berger et à la servante, des dégâts qui avaient été faits dans la maison, et des vols qui y avaient été commis. D'après ces procès-verbaux, la procédure requise fut poursuivie à la requête du procureur du roi de la maréchaussée. Jean-Benjamin Lecomte, Adrien Perrier, Charles Pannier et Thomas Énaut, furent arrêtés et conduits dans les prisons d'Orbec, où ils furent interrogés, décrétés et écroués par les officiers de la maréchaussée.

Cependant la justice du bailliage de Montreuil, dans le ressort duquel est situé le château de Réville, s'y transporta dès le 26, le lendemain des crimes commis, remplit toutes les formalités prescrites en pareille occurrence, et décréta les accusés de prise de corps.

Dans le même temps, la police de Paris, à laquelle on avait envoyé le signalement des accusés échappés aux recherches de la maréchaussée, trouva et arrêta les trois Cotis, et les fit conduire au Châtelet. Le lieutenant-criminel du tribunal procéda contre eux jusqu'à leur interrogatoire et leurs confrontations respectives. Ainsi trois tribunaux étaient saisis à la fois de la même procédure. Mais, pour mettre fin à ce conflit de juridiction, l'affaire fut évoquée au conseil et renvoyée à la chambre de la Tournelle du parlement de Normandie, pour y être jugée en première et dernière instance, avec injonction de transférer les accusés arrêtés et ceux qui pourraient l'être par la suite dans les prisons de la conciergerie de cette cour. Toutes les procédures faites dans les trois différens tribunaux furent portées au greffe de celui qui devait juger; l'instruction y fut continuée, et l'arrêt définitif prononcée le 11 juillet 1769.

Par cet arrêt, les onze complices des assassinats et vols, commis le 25 février, furent condamnés à être rompus vifs sur la place publique de Bernay, siége du bailliage d'Orbec et de Montreuil. Il fut ordonné que leurs corps seraient portés et exposés en différens endroits, chacun dans le voisinage du lieu de sa résidence.

De ces onze scélérats, cinq seulement furent réellement exécutés, les trois Cotis, Benjamin Lecomte et Adrien Perrier. Les six autres avaient pris la fuite, et il ne paraît pas qu'ils tombèrent sous la main de la justice ; leur procès leur fut fait par contumace, et ils furent exécutés en effigie. Quant aux trois qui n'avaient été coupables que de la tentative hasardée dans la nuit du 10 février, Thomas Énaut et Charles Pannier furent condamnés aux galères pour neuf ans, et Leroi aux galères à perpétuité, pour avoir présidé à l'entreprise du 10 février, et avoir même prêté sa maison pour l'assemblée où elle avait été concertée.

DUEL-ASSASSINAT.

Le 18 juillet 1769, un cadavre percé de coups d'épée fut trouvé dans un des faubourgs de la ville de Romans en Dauphiné. C'était le corps du sieur Jacques-Thomas-Suel-Lambert Béguin, capitaine dans la légion de Flandre. Le même jour, le juge de la seigneurie de Peyrins, sur le territoire duquel le crime avait été commis, accompagné de deux chirurgiens et d'un médecin, dressa un procès-verbal de la reconnaissance et de l'état du cadavre, d'où il résultait que le sieur Béguin avait reçu quatre coups d'épée mortels, et un cinquième qui traversait de part en part le carpe de la main gauche. A côté du cadavre étaient trois morceaux d'une lame, qui furent reconnus par des experts pour faire partie de la même épée.

Le lendemain, 19 du même mois, le père du défunt rendit plainte, demandant réparation de l'assassinat commis sur la personne

de son fils; et le 28 août, par une autre requête présentée au parlement de Grenoble,
il demanda que l'assassin fût condamné en
desdommages-intérêts, résultant, en sa faveur,
de cet assassinat.

De son côté, le procureur - général obtint,
le 20 juillet, un arrêt qui l'autorisa à rendre plainte en crime de duel et d'assassinat
contre le sieur du Chélas, conseiller au même
parlement, et contre Jacques Deveau, son
domestique. Celui-ci fut constitué prisonnier;
le maître était en fuite. Dès le 22 du même
mois, on commença l'information, composée
de soixante-huit témoins. Sur le vu des dépositions, le procureur-général requit que le
procès fût fait à la mémoire du sieur Béguin,
comme coupable du crime de duel, s'étant
rendu sur le cartel que le sieur du Chélas lui
avait envoyé au lieu où le combat s'était
donné. Cette plainte fut reçue par arrêt
du 12 août, et André - Suel Béguin fut
nommé curateur à la mémoire de son frère.

La procédure fut suivie avec toute l'attention qu'exige un procès criminel. Mais les juges surent allier à cette scrupuleuse exactitude
toute l'ardeur, toute l'activité et toute la cé-

lérité qu'exige la prompte punition d'un crime aussi atroce par lui-même, et que les circonstances aggravaient encore.

Le sieur du Chélas fut convaincu de s'être rendu au lieu du combat, l'estomac et la poitrine garnis d'une plaque de fer qui le garantissait des coups que pourrait lui porter son adversaire. Le sieur Béguin, dont l'épée se brisa par la résistance de cette garniture qui la repoussait, fut terrassé, et son antagoniste, le voyant à terre et sans défense, se précipita sur lui, et le tua de quatre coups d'épée.

Éclairé sur tous ces faits, le parlement de Grenoble rendit, le 16 septembre 1769, un arrêt qui condamna le sieur du Chélas, par contumace, à être dégradé, à être déclaré infâme, à être livré entre les mains de l'exécuteur de la haute justice, à faire amende honorable, et à mourir sur la roue pour avoir méchamment et traîtreusement assassiné le sieur Béguin de plusieurs coups d'épée, à terre et hors de défense.

Cet arrêt fut imprimé et répandu dans tout le royaume, afin de donner la plus grande publicité possible à cet exemple de la vindicte des lois.

LES SIRVEN

ET LEURS PERSÉCUTEURS.

On n'a vu que trop d'enfans dénaturés tremper leurs mains dans le sang de leurs pères. Mais les annales du crime fournissent peu d'exemples de pères qui aient égorgé leurs enfans. A Rome, même à Rome, qui donnait à ses citoyens un pouvoir absolu dans leurs familles, à part les fils de Brutus et celui de Manlius, pourrait-on citer beaucoup d'enfans mis à mort par leurs pères? et quand ce crime a été si rare chez un peuple qui ne le punissait pas, doit-on le présumer si facilement dans une nation dont les lois, les mœurs douces, le caractère aimant et sensible le repoussent avec horreur? La calomnie et la prévention ne sont point, il est vrai, arrêtées par de semblables considérations. Elles avaient déjà traîné l'infortuné Calas à l'échafaud dans la ville de Toulouse; elles voulurent aussi une victime , à Castres. « Il semble , écrivait Voltaire, qu'il y ait dans le Languedoc une furie infernale, amenée autrefois par les inquisiteurs, à la suite de Simon de Montfort, et que, depuis ce temps , elle secoue quelquefois son flambeau ».

Pierre-Paul Sirven, établi depuis plus de vingt ans à Castres, sa patrie, y exerçait les fonctions de commissaire à terrier. Il épousa, en 1734, Toinette Léger , dont il eut trois filles.

Sirven et sa femme , nés tous deux protestans, élevèrent leurs enfans dans la même croyance; ce fut la cause de leurs infortunes.

Le 6 mars 1760, Élisabeth, leur seconde fille, disparut tout-à-coup de la maison paternelle. Qu'était-elle devenue? Le père , inquiet sur le sort de son enfant, fait d'actives recherches : il découvre enfin que, sans aucun ordre, et contre toutes les lois , on lui avait enlevé sa fille pour la conduire au couvent des dames Régentes. Sirven gémit de cet odieux arbitraire, mais il dévora son chagrin en silence.

Le but de cet enlèvement était de convertir la jeune Élisabeth. On mit tout en œuvre pour y parvenir , promesses , menaces , mauvais traitemens ; on ne fit que troubler sa raison et la réduire à un pitoyable état d'imbécillité et de démence. Il y avait sept mois que Sirven et sa femme pleuraient la perte de leur fille , lorsqu'on vint leur annoncer qu'elle allait leur être rendue. A cette nouvelle inespérée , soudain toute la famille est dans la joie ; le père et la mère s'embrassent avec transport ; ils vont donc revoir leur fille chérie. Madame Sirven bénit le ciel avec transport ; car, comme dit le poète ,

> L'enfant que la mère préfère
> Est celui qu'on veut lui ravir.

Tous ils ouvrent leurs bras pour y recevoir , pour y presser Élisabeth..... Elle arrive , la pauvre malheureuse..... Mais quel spectacle douloureux !

C'est un spectre pâle et décharné , une pauvre insensée qui reçoit leurs caresses avec une stupide insensibilité ! Le père et la mère ont le cœur brisé ; les pleurs amers du désespoir succèdent aux larmes de la joie. Cependant une lueur d'espérance vient ranimer leur courage : peut-être que les soins de ses pa-

rens, les efforts de l'art pourront opérer sa
guérison. Malheureux père, mère infortunée!
L'état de leur fille était désespéré.

Bientôt la démence d'Élisabeth tourna en
fureur; dans ces momens de crise, on l'entendait pousser des hurlemens horribles, et
elle retombait dans un accablement qui ne
tardait pas à être suivi de nouveaux accès de
frénésie. Sirven, effrayé des dangers que courait sa fille, fut contraint, pour l'en garantir,
d'avoir recours aux précautions que l'on em-
ploie contre les insensés. Il assujétit ses bras
au moyen d'un habillement étroit et qui lui
ôtait la liberté d'abuser de ses mains furieu-
ses; il fit fermer les volets de sa chambre avec
un cadenas; enfin il éloigna de sa portée
tout ce qui pouvait compromettre sa propre
sûreté et celle des autres.

Mais bientôt la calomnie lui imputa à crime
toutes ces précautions que lui inspiraient la
prudence et la tendresse paternelle; on l'accusa auprès de l'intendant de la province de
tenir sa fille renfermée depuis six mois, de
l'*avoir mise dans un sac*, et de l'accabler de
mauvais traitemens pour l'empêcher de se
faire catholique; ces imputations tombèrent

devant l'évidence, lorque Sirven eut fait visiter sa fille par des médecins désignés par
l'intendant.

La calomnie ne se rebuta pas pour cet
échec ; elle suscita tribulations sur tribulations à la famille. Sirven était déterminé à réduire ses calomniateurs à l'impossibilité de
l'accuser désormais de s'opposer aux intentions pieuses d'Élisabeth; il prit le parti d'é-
loigner de sa maison cette malheureuse fille
qui en troublait si cruellement le repos, et
de la déposer entre les mains de l'évêque de
Castres. Avant de mettre ce projet à exécution, il voulut consulter la dame d'Esperan-
dieu, dont il faisait le terrier, et se rendit à
cet effet au château d'Ayguefondes qu'habitait cette dame.

Mais pendant sa courte absence, le génie
du mal conspirait sa perte dans sa maison.
Au moment où Sirven se disposait à quitter
le château d'Ayguefondes, tout-à-coup arrive
à la hâte un exprès qui lui annonce qu'Élisabeth s'est évadée pendant la nuit, et qu'on
l'a vainement cherchée.

Alarmé de cette nouvelle, Sirven part
sans délai, arrive chez lui, trouve sa femme

et ses deux filles éplorées. Tous les habitans de Saint-Alby, lieu de sa nouvelle résidence, lui apprennent qu'on n'a fait que d'inutiles recherches. Il donne de nouveaux ordres; il fait partir de toutes parts des gens de confiance pour découvrir les traces de sa fille; tous reviennent sans en rapporter aucune nouvelle; elle avait disparu.

Qu'on se figure la consternation du père, de la mère, des deux sœurs! ces infortunés passaient les jours et les nuits dans les angoisses et dans les larmes. Sirven se flattait quelquefois que sa fille avait été enlevée par ordre supérieur et conduite dans quelque maison religieuse.

Plus de quinze jours s'étaient écoulés depuis la disparition d'Élisabeth, lorsque des enfans qui cherchaient des oiseaux près du puits de Saint-Alby, aperçurent un cadavre flottant sur l'eau; à cette vue, ils jettent des cris d'alarme. On court avertir le juge de Mazamet; il arrive; il fait retirer du puits le cadavre; on l'entoure; on regarde; on reconnaît la fille de Sirven. Le cri général fut qu'elle s'était précipitée elle-même dans le puits. Quelques personnes se rappelèrent alors que le jour même de la disparition de cette fille , on l'avait vue se tourner vers le puits , en faisant des grimaces comme une folle , et comme si elle eût annoncé son funeste dessein. Tout le monde , d'un commun accord , plaignait les parens d'Élisabeth , et personne ne les soupçonnait alors d'avoir eu la moindre part à la mort de leur fille.

Les ennemis de Sirven surent peu de temps après donner un autre tour à l'opinion publique. Calas , aussi protestant , venait de perdre son fils par un événement à peu près semblable , et sa famille était plongée depuis deux mois dans les cachots de Toulouse. Le fanatisme accréditait , chez les catholiques de la province , qu'un des points capitaux de la religion protestante est que les pères et mères sont tenus de pendre , d'égorger ou de noyer tous leurs enfans qu'ils soupçonnent avoir quelque penchant pour la religion catholique. On en vint à dire publiquement que c'était Sirven et sa femme qui avaient précipité leur fille dans un puits. Tous ces récits absurdement atroces furent accueillis avec avidité par une populace crédule et superstitieuse , et l'opinion que Sirven avait fait périr sa fille

devint bientôt générale. Le juge de Mazamet
se conduisit dans cette circonstance, non
comme un magistrat loyal et intègre, mais
comme un bourreau qui demande une victime, comme un assassin qui tend des piéges
à celui qu'il veut égorger. On avait dressé sur
la découverte du cadavre d'Élisabeth un rapport d'experts, conforme à la vérité; on en
produisit un second qui détruisait le premier
presqu'entièrement, et où tous les faits étaient
altérés ou changés. On osa y insérer que la
tête du cadavre paraissait ébranlée, qu'on
avait trouvé du sang caillé à la nuque du cou;
qu'il n'y avait point d'eau dans l'estomac, et
que la fille était dans un parfait état de vir-
ginité. Donc, ajoutait-on, elle n'avait eu aucune faiblesse qui, par la crainte des suites,
l'eût forcée de recourir au suicide; donc ce
n'étaient point des scélérats qui lui avaient
ainsi donné la mort, après lui avoir ravi l'honneur. Elle n'avait point d'eau dans l'estomac,
donc ses meurtriers l'avaient étouffée avant
de la jeter dans le puits; donc il n'y avait eu
ni assassinat ordinaire, ni suicide; donc ce
ne pouvait être que son père....... Telle était
pourtant la conséquence atroce que l'on cher-

chait dans cet étrange abus du raisonnement ;
telles étaient les absurdes conjectures à l'aide
desquelles on prétendait prouver le plus in-
vraisemblable, le plus incroyable des crimes.

Sirven, alors, se porte partie civile, poursuit l'instruction avec chaleur, fait constater
la démence de sa fille, et prouver son *alibi*
par une foule de témoins. Il commençait à reprendre sa tranquillité, et, par suite des nombreux témoignages qu'il avait produits, se
croyait désormais à l'abri des attaques de ses
fanatiques calomniateurs ; déjà il les bravait et
se promettait de faire tomber sur eux tout l'opprobre de l'horrible accusation qu'ils avaient
voulu faire peser sur lui, lorsque par l'effet
d'une machination ourdie par le procureur-
fiscal et le juge de Mazamet, un décret de
prise de corps fut lancé contre lui, contre sa
femme et ses deux filles.

Le 21 janvier 1761, de grand matin, Sirven voit entrer dans sa chambre sa femme et
la plus jeune de ses filles, toutes deux pâles et
consternées. « Mon mari ! mon père ! s'écrient-
elles en se jetant dans ses bras, nous sommes perdus. On nous accuse d'avoir assassiné..... » Les sanglots étouffaient leur voix.

« Ma fille? reprend Sirven. — Oui, votre fille.
— Ma sœur! — Le juge a lancé contre nous
un décret de prise de corps. — Le juge! est-
il possible ? — La maréchaussée est comman-
dée, et va marcher contre nous..... » Le premier mouvement de ce père indigné fut de
marcher à la rencontre de ces sbires, et de
présenter ses mains à leurs chaînes. « Que voulez-vous faire? s'écria sa femme. — Que peu-
vent-ils contre moi? ne suis-je pas innocent?
— Tremblez, lui dirent ses amis, il n'y a plus
de sûreté pour l'innocence quand son juge
est aveuglé par la passion. Ne voyez-vous pas
que tout est arrangé pour votre perte? A quoi
vous sert la pureté de votre conscience? Un
décret de prise de corps n'est-il pas déjà lancé
contre vous? Cet acte n'annonce-t-il pas assez
que l'on vous poursuit comme un coupable?
Défiez-vous de votre innocence; fuyez! —
Quoi! fuir! fuir, chargé d'une accusation de
parricide! Sauver ma vie pour la réserver à la
honte! Un cri général va s'élever contre nous.
Le juge inique qui nous poursuit triomphera
dans son iniquité; c'est la justifier nous-mêmes,
que de lui dérober notre tête. Qui voudra
croire à notre innocence si nous fuyons,

comme des criminels, devant la justice?—Quoi!
lui répondit-on, vous appelez justice les passions de vos ennemis, l'oubli total des lois les
plus sacrées? La fuite est un devoir quand on
se dérobe à une mort infâme et imméritée.
Vivez plutôt pour manifester un jour votre
innocence, pour faire trembler à son tour le
juge qui triomphe aujourd'hui. L'erreur, la
prévention, le fanatisme, n'ont qu'un temps:
la vérité finit toujours par l'emporter. »

Ces remontrances, les larmes de sa femme,
celles de ses filles, déterminèrent Sirven à
prendre la fuite. Il abandonne sa maison; il
va cacher sa famille chez un honnête gentilhomme du faubourg de Castres. Dès le lendemain, il apprend que l'on a saisi ses meubles
et effets à Saint-Alby, et qu'on le cherche
partout, Le péril redouble; la ville de Castres n'est plus un lieu de sûreté: il faut partir
sans délai.

Il était nuit. Un ouragan affreux troublait
l'atmosphère; des torrens de pluie inondaient
la terre..... Mais il n'y avait pas à balancer. On
était à leur poursuite. Ils prennent à la hâte
congé de leur hôte, et recommencent à fuir,
au milieu des ténèbres les plus épaisses, pen-

dant le choc terrible de tous les élémens.
Qu'on se représente un père accablé de douleur, une mère âgée de soixante-trois ans qu'il
fallait soutenir à chaque pas, une de ses filles,
mariée depuis un an, dont la grossesse avancée se décélait par de fréquentes faiblesses;
qu'on se représente ces tristes voyageurs,
tremblans au moindre bruit, se traînant à
pied dans des chemins impraticables, et cher-
chant à travers l'obscurité quelque asile
ignoré où l'innocence fût en sûreté.

Cependant les amis de Sirven lui ayant fait
savoir que sa femme et ses deux filles seraient
en danger tant qu'il serait avec elles, il se résigna à un nouveau sacrifice; il s'arracha des
bras de sa famille en pleurs, et disparut au
milieu des rochers. La mère et ses deux filles
errèrent de retraite en retraite; bientôt même
elles furent contraintes de se séparer aussi.
Personne n'osait plus recueillir ces trois femmes ensemble. La mère se sépara donc de ses
deux filles. Elles suivirent des routes différentes; la jeune femme enceinte accoucha sans
secours, sur le chemin, au milieu des glaçons;
il fallut que, toute mourante, elle emportât
son enfant mourant dans ses bras. Ce ne fut

qu'après bien des peines, bien des dangers,
après un voyage long et pénible dans des chemins impraticables, sur des montagnes cou-
vertes de neige, et presque inaccessibles,
qu'elles arrivèrent en Suisse, l'une au commencement d'avril, les autres au mois de
juin 1762. Dans ce pays hospitalier, une foule
de personnes de distinction leur donnèrent
des marques consolantes du plus vif intérêt.
Voltaire, surtout, ce généreux défenseur des
Calas, s'éleva courageusement contre l'injustice qui opprimait les Sirven. Voici ce que cet
apôtre de l'humanité écrivait à Damilaville, à
ce sujet : « Le même hasard qui m'amena les
enfans de Calas veut encore que les Sirven
s'adressent à moi. Figurez-vous, mon ami,
quatre moutons que des bouchers accusent
d'avoir mangé un agneau ; voilà ce que je vis.
Il m'est impossible de vous peindre tant d'innocence et de malheur. Que devais-je faire,
et qu'eussiez-vous fait à ma place ? Faut-il s'en
tenir à gémir sur la nature humaine ? Je prends
la liberté d'écrire à M. le premier président du
Languedoc, homme vertueux et sage ; mais
il n'était point à Toulouse. Je fais présenter,
par un de vos amis, un placet à M. le vice-

chancelier. Pendant ce temps-là on exécute vers Castres, en effigie, le père, la mère, les deux filles; leur bien est confisqué, dévasté; il n'en reste plus rien. Voilà tout une famille honnête, innocente, livrée à l'opprobre et à la mendicité chez les étrangers; ils trouvent la pitié sans doute, mais qu'il est dur d'être, jusqu'au tombeau, un objet de pitié! »

En effet, les ennemis de Sirven, après le départ de la famille, avaient continué leurs poursuites acharnées; et, condamnés par contumace à être pendus et étranglés, les Sirven furent exécutés en effigie, à Mazamet, le 11 septembre 1764.

Sirven, en apprenant ce jugement rendu contre lui et les siens, fut saisi d'indignation. Il fit serment de laver cet affront, fut-ce même de son sang, et il eut le courage d'aller se remettre dans les prisons de Mazamet. L'apparition soudaine de ce prétendu coupable fit trembler le juge qui l'avait condamné. La procédure recommença le 2 septembre 1769. Le 26 novembre suivant, une nouvelle sentence fut rendue, qui mettait les parties hors d'instance, et rendait à Sirven ses biens et sa liberté. Sirven appela de cet arrêt, qui n'était point une réparation assez éclatante de l'iniquité exercée contre sa famille. L'affaire fut portée au parlement, qui déclara la famille Sirven innocente des crimes dont elle avait été accusée.

Le célèbre avocat Élie de Beaumont, qui avait déjà défendu la cause sainte de l'humanité et de la justice dans la personne des Calas, venait de publier en faveur des Sirven un mémoire qui toucha et convainquit tous les lecteurs, et dut faire impression sur l'âme des juges. Il avait paru aussi vers le même temps une consultation, signée de dix-neuf célèbres avocats de Paris, qui était aussi décisive en faveur de cette famille innocente que respectueuse pour le parlement de Toulouse.

ACCUSATION DE MEURTRE,

FONDÉE SUR DES PRÉSOMPTIONS ET DES CALOMNIES.

En matière criminelle, des présomptions souvent téméraires, et suggérées par la malignité, ont souvent égaré la sagesse des juges, et fait commettre plus d'un crime juridique, en appelant sur la tête d'un innocent la vengeance des lois réservée aux seuls coupables. Les magistrats, les jurés, appelés à prononcer sur le sort de tant d'individus, ne sauraient marcher avec trop de prudence dans la voie des présomptions. S'ils veulent être les équitables dispensateurs de la justice, s'ils ne veulent pas être regardés comme les tyrans de leurs concitoyens, ils ne doivent appliquer la loi que sur des preuves, et ne jamais considérer les présomptions que comme de simples accessoires qui, pris isolément, ne peuvent être d'aucune valeur, ni avoir aucune influence snr la conscience d'un bon juge.

A quatre lieues de Reims, est une petite ville qu'on appelle Cormicy. Le sieur M..., ancien bourgeois de Paris, Américain d'origine, ci-devant gendarme de la garde du roi, y avait transporté son domicile. Le 21 octobre 1768, il y avait cinq mois révolus qu'il y habitait une maison située à peu près au milieu de la ville, lorsque dans la nuit du 21 au 22, entre une heure et une heure un quart du matin, une voix qui partait de cette maison fit retentir ces cris effrayans : *Au vol! au meurtre! à l'assassin!* On entendit ensuite la détonation d'une arme à feu. A ces cris, à ce bruit, les voisins s'éveillent, s'élancent hors du lit, accourent en désordre. On entre : quel spectacle! Un homme, dans son lit, nageant dans son sang, la gorge ouverte et percée de trois coups de poignard.....

Toutefois l'homme assassiné n'était pas le sieur M... Il y avait environ un mois que la chambre où le crime avait été commis était occupée par un de ses amis intimes, l'abbé Bérard, chapelain du roi, au château de Madrid ; on n'a pas su positivement quelle était la fortune de cet ecclésiastique, ni sur quel genre d'intérêt était fondée sa liaison avec le sieur M.... Cet abbé Bérard était la victime.

Sa chambre était située au rez-de-chaussée; aucune des fenêtres, donnant sur les dehors, n'avait été ouverte. Sur l'oreiller d'un lit qui était dans un cabinet voisin de cette chambre, on trouva l'empreinte d'une main ensanglantée. Du reste, quelques tiroirs forcés, des armes chargées, des portes fracturées, un désordre qui sentait l'apprêt et la combinaison, auraient dû fixer l'attention de la justice, et la rendre au moins plus circonspecte dans ses démarches. Les rideaux du lit étaient à demi ouverts. Le cadavre était couché sur le côté gauche, et sa tête penchait du côté de la ruelle. Les coups mortels n'avaient été ni frappés au hasard, ni portés dans l'obscurité. De trois coups donnés à la gorge, chacun dans une direction différente, l'un coupait la veine jugulaire du côté droit, déchirait la trachée-artère, et pénétrait jusqu'à la poitrine; l'autre, au-dessous de la mâchoire inférieure, aboutissait au palais. Enfin le troisième, dans la partie la plus basse du cou, pénétrait jusqu'à l'épaule ; chacune de ces ouvertures était d'environ trois doigts de largeur.

On détourna bientôt les yeux avec horreur ; mais qu'aperçut-on ? A terre, et près du lit, un couteau à manche long et plat , et à lame large ; cette lame était ouverte ; cinq à six personnes la voient en même temps. On l'examine , on observe du sang au bout du manche et près de la lame, qui était encore grasse , et comme imparfaitement essuyée. La fille Lévêque , servante du sieur M..., interrogée sur ce fait , répondit qu'il n'était pas étonnant qu'il y eût du sang à ce couteau , qu'elle s'en était servie la veille pour dépouiller un lièvre. On le porta dans la salle à manger, où le sieur M..., assis dans un fauteuil, s'abandonnait à la douleur. « Ah ! les malheureux ! s'écria-t-il à la vue de l'instrument du crime, ils se sont servis de mon couteau ! Pourquoi faut-il que mon couteau ait fait une pareille chose ? Ils l'ont pris dans le buffet pour assassiner mon ami. »

Les dépositions du sieur M... et de sa servante, à l'occasion de ce tragique événement, offraient un mélange de circonstances qui semblaient arrangées et calculées, mais qui, cependant, n'étaient pas toutes vraisemblables. Ainsi la servante avait dit qu'au premier bruit elle était entrée dans la chambre de son maître en criant : « Les gueux ont tué M. l'abbé! » Comment le savait-elle? De plus, elle n'avait vu d'abord que deux assassins; puis, dans un autre interrogatoire, elle en avait vu un troisième, courbé et chargé de quelque chose. Quel pouvait être ce fardeau? Dans toute la maison, il ne manquait que quinze pièces d'argenterie et une bouteille de liqueurs. Est-il vraisemblable qu'on emporte l'un ou l'autre de ces objets sur ses épaules?

Différens autres témoins firent des dépositions contradictoires sur diverses circonstances, qui, comme les précédentes, ne servirent qu'à mettre en défaut la sagacité des juges, et à leur faire perdre la trace des coupables.

Notez que les quinze pièces d'argenterie enlevées de la maison avaient été retrouvées à un quart de lieue de là.

Quel mélange incroyable d'atrocité et de bizarrerie, de fureur et de calme, d'imprudence et de succès! Des voleurs qui emportent de l'argenterie à un quart de lieue de là, mais qui, dès qu'ils sont hors de danger, se débarrassent de leur butin; des voleurs qui, trouvant une clef à la serrure d'une malle, préfèrent la forcer, et égarent à plaisir cette clef dans la cour; qui commettent un grand nombre d'effractions nécessairement bruyantes et tumultueuses, mais uniquement pour les faire, et sans rien prendre; qui laissent l'or, l'argent, les bijoux qui étaient sous leurs mains, et emportent une bouteille de liqueurs! Mais aussi quels assassins! Sans prévoyance, sans précaution, tout leur réussit; les portes semblent s'ouvrir mystérieusement et comme d'elles-mêmes devant eux; ils vont se livrer au plus affreux brigandage, et ils laissent entr'ouverte celle qui donne sur la rue, qui, cette nuit-là, était fréquentée à cause des travaux de la vendange; ils entrent dans une cuisine que gardaient deux chiens, et ils ont l'art de les corrompre; ces animaux, symbole de la fidélité, démentent leur instinct, et restent muets à la vue des brigands, qu'ils ne connaissaient pas. Munis d'inutiles armes, de pistolets d'arçon, dont les canons et la batterie sont couverts de rouille, d'un couteau de chasse, et d'un ceinturon, qui semblent n'avoir été apportés que dans le dessein d'être oubliés, ils se procurent dans la maison même l'instrument fatal de la mort. Enfin, dans le sein d'une ville presque entièrement éveillée, ils égorgent; et au milieu du sang, à côté du cadavre, ils se livrent à une débauche de liqueurs, comme si, redoutables encore, ils étaient dans leurs cavernes, au centre d'une épaisse forêt. Toutes ces circonstances vraiment singulières mettent l'esprit à la torture; et, loin d'éclairer, elles confondent la prudence humaine.

Le procureur-fiscal fut le seul qui rendit plainte. On continua d'informer, et quelque jours après trois particuliers des environs de Château-Thierry, qui étaient venus dans le voisinage de Cormicy, furent arrêtés dans leurs maisons. Ces trois malheureux, chargés de fers, furent traînés d'abord à Cormicy; là, sur une charrette, dans la rigueur du plus grand froid, ils demeurèrent pendant deux heures exposés sur la place de la ville aux regards avides d'un peuple indigné, qui se repaissait du spectacle de leur supplice; quelques jours après, ils furent conduits à Reims, et jetés dans des cachots séparés, les fers aux pieds et aux mains; en un mot, on les traita avec une rigueur inflexible, qui ressemblait plutôt à une peine qu'on inflige à un coupable avéré qu'aux moyens simples et naturels de s'assurer de la personne d'un accusé qui peut être innocent. Le juge ducal de Reims leur fit subir plusieurs interrogatoires. Enfin, après un mois de la captivité la plus dure, il intervint une sentence qui ordonna un plus ample informé, et qui fit rendre la liberté aux trois accusés.

Voici ce qui avait donné lieu à cette vexation préliminaire. Lorsqu'on avait apporté en présence du juge les pistolets trouvés dans la cuisine, le sieur M... s'était écrié : « Voyez-vous, messieurs? ces pistolets, ils étaient pour me tuer. Qu'il est malheureux d'avoir un ami tué en ma place! » Ces premières impressions furent adoptées témérairement par la multitude : on crut, on publia bientôt de toutes parts qu'en assassinant l'abbé Bérard on s'était trompé, qu'on en voulait au sieur M..., dans le lit duquel, disait-on, cet ecclésiastique était couché.

Enfin, ce prétendu assassin du sieur M... qui, le flambeau à la main, s'était trompé

sur le choix de sa victime, c'était le chevalier
de C....., d'une famille honorable, ancien
militaire très-distingué, d'une rare probité,
d'un caractère très-libéral, de mœurs douces
et polies; ce chevalier de C...., qui habitait son
château de Grisolles, situé à dix lieues de Cormicy, avait été pendant quelque temps le propriétaire du sieur M..., qui, par suite de mauvaises chicanes, lui avait intenté et gagné un
procès au tribunal de Château-Thierry. Depuis ce procès, ouvrage de la mauvaise foi du
sieur M..., toute relation avait cessé entre
lui et le chevalier. Mais le sieur M... n'en
était pas moins l'ennemi secret de son ancien
propriétaire. Or les trois particuliers qui
avaient été arrêtés n'avaient pas d'autres
torts que d'être des voisins du chevalier de
C..... Leurs affaires de famille les avaient appelés dans le voisinage de Cormicy à l'époque
de l'assassinat; donc ils étaient les assassins
de concert avec le chevalier.

Cependant cette grossière calomnie allait
tomber d'elle-même, sans un nouvel incident
qui fut mis en jeu par le sieur M... et ses
adhérens.

Le samedi, 22 octobre, deux particuliers

qui voyageaient à pied passèrent, à six heures du matin, la rivière d'Aisne, sur le bac d'OEuilly, à trois lieues de Cormicy. Les bateliers déposèrent que l'un de ces deux voyageurs était bossu. Bientôt on se persuada que cet inconnu était le même que le troisième assassin dont la servante du sieur M... parlait dans sa déposition. Puis on en vint à défigurer le chevalier de C..... pour établir quelque ressemblance entre lui et le bossu. Les esprits s'échauffent, l'erreur et la séduction font des progrès rapides; enfin on publie un monitoire rempli de faits faux ou hasardés. On fait plus, on se permet de diriger ouvertement le monitoire contre le chevalier de C..... En effet, il y était dénoncé d'une manière sensible.

Ce fut parce qu'on s'attachait moins à poursuivre l'assassin véritable du malheureux abbé Bérard, que le prétendu meurtrier du sieur M..., que l'on osa enfreindre si patemment la loi qui défend non seulement de nommer les personnes dans les monitoires, mais même de les désigner.

La calomnie ne connut plus de bornes dans sa marche. Voici la fable dont elle satura le public. Les trois premiers particuliers arrêtés commettaient le crime ; le chevalier et son domestique gardaient les chevaux, et se sauvaient par Guyancourt : puis ils allaient à pied passer, sur un bac, une rivière qui n'était point sur leur route. Au lieu de se rendre chez eux, à Grisolles, du côté de Lafère et de Château-Thierry, ils venaient à Œuilly prendre les routes de Laon et de Soissons. L'un disait que l'on avait trouvé le nom du chevalier de C..... écrit sur le couteau de chasse ; l'autre, que ses armes étaient empreintes sur les pistolets. Un troisième ajoutait qu'on avait reconnu son écriture sur la bourre de ces pistolets. Tels et plus absurdes encore étaient les propos qui faisaient la matière des conversations de tout le pays.

Il ne survint aucune charge : tout le résultat de ces immenses informations fut que le chevalier de C..... avait fait de prétendues menaces contre le sieur M....

Cependant, le 25 juin 1769, à six lieues et un quart de Reims, le chevalier de C..... fut ignominieusement arrêté et mis en prison. Son domestique n'était point alors avec lui ; dès qu'il fut instruit de la captivité de son maître, il partit du château de Grisolles, et vint de lui-même se présenter devant sa prison. Le chevalier de C..... supportait constamment son ignominieuse disgrâce ; mais à la vue de ce pauvre garçon qui, par dévouement, venait se constituer prisonnier, son courage l'abandonna, et il ne put retenir ses larmes.

Nouvel incident. Les trois particuliers dont nous avons déjà annoncé l'arrestation et l'élargissement sont arrêtés de nouveau, et replongés dans les horreurs d'une prison. L'instruction recommence aussi ardente que périlleuse. Les interrogatoires se succèdent rapidement. Ces témoins sont confrontés aux accusés. Ceux-ci présentent au juge leur requête pour être admis à prouver leur *alibi*. Il était de notoriété publique que le chevalier de C..... avait passé le mois d'octobre tout entier à Grisolles, sans sortir de la paroisse de Beuvardes.

Enfin, le 12 août 1769, les amis du chevalier entrent dans sa prison, l'embrassent, lui annoncent sa mise en liberté ; il sort. Mais quelle nouvelle foudroyante ! il est déshonoré ! Les cinq accusés sont tous mis hors de cour, sans qu'on ait daigné seulement les admettre à la preuve de leurs faits justificatifs. Le chevalier désespéré accourt à Paris pour interjeter appel de la sentence, et demander l'échafaud ou l'honneur. Quant au sieur M..., il prit ce temps pour aller recueillir une succession en Allemagne.

Cette affreuse persécution, exercée contre l'innocence la plus avérée, ne pouvait être que l'effet d'une haine adroite et implacable. Le sieur M... avait su trouver des auxiliaires parmi les parens du chevalier, entre autres un sieur de la P....., qui avait épousé une de ses cousines, et qui le détestait pour des motifs d'intérêt. Les calomniateurs parvinrent à tromper les magistrats. Il serait impossible de flétrir assez les lettres infâmes, écrites sous le voile de l'anonyme, à M. de Choiseul et au procureur-général, et les démarches de toute espèce que l'on fit pour suborner des témoins. Tout annonçait un complot exécrable, formé secrètement entre des scélérats, pour faire perdre à un innocent l'honneur et la vie sur un échafaud.

Mais on ne voit pas sur quoi purent se fonder les juges en mettant hors de cour les parties, puisque toutes les preuves qu'on ac-

quit par l'instruction du procès concouru-
rent à manifester l'innocence du chevalier et
celle des autres accusés.

Le même arrêt ordonnait que l'on conti-
nuât les informations et procédures contre
les auteurs de l'assassinat de l'abbé Bérard;
mais nous ignorons quel en fut le résultat.
Au lieu d'aller chercher si loin des coupables,
peut-être aurait-on trouvé l'assassin parmi les
accusateurs.

INTRIGUES

ET INIQUITÉS CLAUSTRALES.

On a vu, par plusieurs faits de l'histoire d'Abeilard, que la vie du cloître avait aussi ses orages, que ces lieux, consacrés à la paix et à la piété, étaient souvent troublés par des crimes et des attentats monstrueux. Il ne faut pas se le dissimuler, les couvens recélaient les mêmes passions qui, tous les jours, portent le désordre dans la société, avec cette différence que, plus comprimées par la sévérité des règles claustrales, elles éclataient parfois avec une violence extraordinaire.

L'histoire de l'abbé Desbrosses, qui occupa fortement les esprits lors de sa nouveauté, offre un tissu d'intrigues et de manœuvres coupables bien propres à fortifier notre assertion. Cette histoire sera toujours un problème difficile à résoudre. La justice elle-même n'a pu en fournir la solution. Car, malgré les condamnations successives que deux cours souveraines prononcèrent contre l'abbé Desbrosses, il est encore bien des jurisconsultes qui pensent que cet infortuné vieillard fut la victime des formes juridiques, et que c'est à ces formes seules qu'il dut les malheurs sous le poids desquels il traîna une vie déplorable.

Pascal-Brigaud Desbrosses, né à Paray en Bourgogne, dans le Charolais, fit profession, en 1718, chez les Picpus de Lyon. Il avait à peine treize ans de profession, qu'il fut élu supérieur de la maison de Lyon. Il fut ensuite nommé procureur-général pour les affaires que son ordre avait à Paris. Il remplit ces nouvelles fonctions avec un zèle digne d'éloges. On le détermina ensuite à accepter le brevet d'aumônier du régiment de Piémont; et il reçut du cardinal de Rohan, grand-aumônier de France, tous les pouvoirs nécessaires à cet égard. Les supérieurs de son ordre lui donnèrent leur agrément.

Il s'acquitta des pénibles fonctions de ce nouveau poste, de manière à mériter les attestations les plus flatteuses de la part des maréchaux de Noailles, d'Asfeld, de Coigny, de Montmorency, et autres officiers généraux. Des certificats attestèrent que, dans plusieurs circonstances périlleuses, il avait bravé le feu le plus meurtrier pour donner des secours spirituels aux blessés ; qu'il eut, au siége de Philipsbourg, ses habits percés de trois balles, et risqua plusieurs fois sa vie.

Le même courage et le même esprit de charité l'animèrent dans la direction des hôpitaux de l'armée. Il secourait de son propre argent les soldats malades, leur faisait faire des bouillons, et leur fournissait les linges nécessaires, soit pour les changer, soit pour les panser. Tant de travaux pénibles et non interrompus le forcèrent de cesser ses fonctions. Il quitta l'armée et revint à Paris, où la princesse de Conti le choisit pour son aumônier. Des médecins expérimentés déclarèrent que l'altération de sa santé ne lui permettait pas de se conformer aux austérités de la règle de son ordre. Le cardinal de Fleury sollicita lui-même la translation du P. Desbrosses dans le grand ordre de Saint-Benoît, où il fit profession, le 2 avril 1737, dans l'abbaye de la Croix, diocèse d'Évreux, dont le prieur claustral l'envoya à Paris, pour y vaquer aux affaires de ce monastère.

Suivant l'usage où étaient encore alors les bénédictins, de cumuler sur la même tête plusieurs bénéfices dont les revenus tournaient au profit de l'ordre, dom Bouquin, religieux de la congrégation de Saint-Maur, en possédait deux incompatibles. Il en résigna un à dom Desbrosses. Ce ne fut pas sans chagrin que les supérieurs de cette congrégation virent sortir de leurs mains un bénéfice aussi important; ils armèrent l'autorité contre dom Desbrosses pour lui arracher sa résignation. Il résista aux menaces, aux promesses, à l'exil, et ne se démit qu'après que son droit lui eut été assuré par une sentence arbitrale prononcée par le cardinal de la Rochefoucauld et le ministre Maurepas.

Cependant Berryer, prieur commendataire de Perrecy, dans le Charolais, en Bourgogne, diocèse d'Autun, avait introduit dans ce monastère, occupé par des bénédictins, une réforme très-austère. On l'avait persécuté, pendant plusieurs années, pour qu'il consentît à l'union de ce prieuré à l'évêché d'Autun. Sa résistance lui valut différens exils, et enfin la séquestration de ses revenus. L'âge et les infirmités lui firent craindre qu'une mort prochaine ne laissât la liberté de consommer cette union. Il voulait que la réforme qu'il avait introduite fût maintenue. Il ne connaissait pas dom Desbrosses, mais, ayant beaucoup entendu parler de la fermeté avec laquelle il avait défendu son bénéfice contre la congrégation de Saint-Maur, il lui résigna son prieuré de Perrecy, en l'invitant à ne jamais souffrir qu'on portât atteinte à sa réforme, et surtout à ne jamais consentir à ce que ce prieuré fût réuni à l'évêché d'Autun.

Ce nouveau titre attira de nouvelles disgrâces à dom Desbrosses. Le cardinal de Fleury, premier ministre, qui avait fort à cœur d'exécuter ce projet d'union, fit à Desbrosses, pour obtenir son consentement, les offres les plus séduisantes. N'ayant pu rien gagner par la voie de la négociation, il eut recours à la rigueur, et le fit enfermer à Saint-Lazare.

Cependant l'abbé Berryer mourut, et l'évêque d'Autun, feignant de croire que cette mort opérait la vacance du prieuré de Per-

recy, y nomma dom Bernard, un des religieux de ce prieuré ; mais par arrêt du conseil,
du 20 décembre suivant, l'abbé Desbrosses
fut maintenu dans la possession du prieuré
de Perrecy avec restitution de fruits et dépens.

Devenu titulaire paisible, dom Desbrosses,
pour se concilier l'amitié de dom Bernard,
qui avait été son compétiteur, le fit prieur
claustral de Perrecy, et lui donna le prieuré
des Fontaines, qui vint à vaquer.

Mais ces traits de bienfaisance n'apaisèrent point le ressentiment de dom Bernard.
Il ne put jamais oublier que le triomphe que
l'abbé Desbrosses avait eu sur lui l'avait privé
des avantages dont on l'avait flatté, en consen-
tant à l'union tant désirée, s'il eût pu obtenir
ce bénéfice.

En 1745, l'abbé Desbrosses avait admis à
faire profession, dans le monastère de Perrecy,
Antoine Villette, dit en religion *le frère Hilarion*. Ce nouveau religieux obtint, par la voie
de la résignation, le prieuré de Sigy, dépendant de celui de Perrecy : dom Desbrosses lui
en confirma le titre, et le fit nommer diacre.
Mais, dans la suite, ce supérieur, ayant jugé

que les mœurs d'Hilarion n'étaient pas com-
patibles avec le sacerdoce, ne voulut jamais consentir qu'il fût ordonné prêtre. Ce
refus, que rien ne put vaincre, mit dans le
cœur d'Hilarion une haine implacable contre
son prieur, qui offrait néanmoins de se désis-
ter de sa première détermination, si son religieux voulait changer son genre de vie.

Cependant l'évêque d'Autun n'avait point
perdu de vue l'idée d'unir Perrecy à son évêché. Dom Desbrosses eut ordre de se rendre
à Paris : nouvelles sollicitations, nouveaux refus. Sur sa résistance, il lui fut défendu de recevoir aucun novice ; et l'on chargea d'autorité dom Bernard de prendre l'administration
du monastère. Celui-ci s'associa Hilarion dans
cette administration. Enfin, après bien des
démarches, des sollicitations, des explications,
Desbrosses, par arrêt du conseil du 9 novembre 1751, fut renvoyé dans l'administration temporelle et spirituelle du prieuré de
Perrecy, et autorisé à se faire rendre compte
de celle dont les deux religieux avaient été
chargés pendant l'espèce d'interdiction qui
avait pesé sur lui. Ces comptes, qui ne purent jamais être apurés, furent une nouvelle

source de divisions entre le prieur et ces deux religieux.

L'évêque d'Autun étant arrivé, au mois de mai 1752, à Perrecy, muni d'un brevet de permission pour unir ce prieuré à son évêché, dom Bernard et Hilarion ne manquèrent pas de souscrire à cette union. Ils y voyaient le plaisir de déposséder un ennemi, et la faculté d'aller vivre où ils voudraient avec une pension. Les procédures concernant cette union furent entamées ; mais, sur un appel interjeté par dom Desbrosses, un arrêt du grand conseil, rendu le 22 mai 1755, déclara ces procédures abusives.

Se croyant enfin titulaire paisible de son bénéfice, ce prieur s'occupa du soin d'y rétablir l'ordre spirituel. Pour y réussir, il pria les supérieurs majeurs de son ancien ordre de lui envoyer un religieux capable de l'aider dans le rétablissement de la régularité. Ils lui envoyèrent le père Régis Roch. Les services qu'il rendit pendant huit ans au monastère, la vie édifiante qu'il y avait menée, tout détermina dom Desbrosses à chercher à se l'attacher pour toujours. Les supérieurs y consentirent. On obtint un bref de translation et

d'abréviation du noviciat. Hilarion se joignit
à dom Cyr, et, conjointement avec lui, interjeta appel comme d'abus de ce bref au parlement de Dijon. L'abbé Desbrosses fit évoquer
cette affaire au grand conseil. On présenta,
sous le nom des deux associés, une requête
pleine de faits injurieux. Dès que dom Cyr en
eut connaissance, par la signification qui en
fut faite à son prieur, il se désista de son
appel et de sa requête, en avouant, par un
acte solennel, que les faits quelle contenait
étaient faux et injurieux, et que sa signature
avait été surprise par Hilarion. Le lendemain
les religieux, assemblés capitulairement, déclarèrent aussi que ces faits étaient faux et hasardés, qu'ils n'avaient aucune part à ce li-
belle, et consentirent à l'admission du père
Régis, qui fut reçu et fit profession.

Dans l'examen du compte rendu par les deux
religieux qui avaient géré les revenus du monastère, pendant l'espèce d'interdiction dont on
a parlé, l'abbé Desbrosses ne trouva pas l'emploi de ceux du prieuré de Sigy, dont Hilarion était pourvu. La cause de cette omission
provenait de ce que le frère Hilarion s'en était
emparé pour se faire bâtir et meubler un ap-

partement à Sigy. Sur le refus que fit Hilarion de se conformer à l'ancien usage, en
donnant sa procuration au célerier de Perrecy,
dom Desbrosses se pourvut au grand conseil,
où il obtint un arrêt, le 12 juin 1755, qui enjoignait à Hilarion de se soumettre à cet usage.
Dans le cours de l'instance, l'abbé Desbrosses
avait allégué qu'Hilarion quittait souvent le
monastère, auquel il était lié par ses vœux,
pour se retirer à Sigy, qui n'est éloigné de
Perrecy que de quatre lieues, sous prétexte de
faire exécuter des réparations où il n'y en avait
point à faire. Il avait ajouté que ce religieux
menait à Sigy une vie scandaleuse avec des
femmes, et enfin qu'il avait enlevé une partie
des titres de ce prieuré. En conséquence, il
fut défendu à Hilarion de sortir du monastère sans une permission par écrit de son supérieur; et il reçut l'ordre de rétablir dans
les archives les titres qu'il en avait sous-
traits. Quant aux mœurs d'Hilarion, l'abbé
Desbrosses ne s'en tint pas à des allégations;
il fournit des preuves, une correspondance
volumineuse de lettres que lui écrivait une
femme nommée Pinot. Hilarion, ne pouvant
nier ses déréglemens, demanda et obtint son

pardon. Mais le paquet de lettres et de chansons licencieuses fut conservé, et dom Desbrosses le reproduisit plus tard devant le parlement de Dijon.

La haine d'Hilarion pour son supérieur allait toujours croissant. Rien ne lui aurait coûté pour se soustraire à ce joug. Il imagina de supposer que son prieur avait voulu le faire périr par le poison. Il prépara de loin des indices qui pussent donner quelque poids à cette accusation. Il allégua que la servante de l'abbé Desbrosses avait dit que son maître avait du poison dans son appartement, cinq ou six ans avant l'époque du prétendu empoisonnement. Il en prit occasion de soutenir que dom Desbrosses avait acheté ce poison, non pour les rats, mais pour lui, frère Hilarion, avec qui il était déjà en procès. On tira la même conséquence d'un autre fait. Dom Desbrosses ayant eu, au mois d'octobre 1759, une longue conversation sur les poisons et sur leurs antidotes, avec frère Dorothée, apothicaire du couvent, cette circonstance devint une des plus importantes de l'affaire. Ce frère Dorothée était l'ami d'Hilarion; celui-ci faisait peu à peu germer dans l'esprit de ses confrères l'idée d'un empoisonnement qu'il feignait de redouter de la part de son supérieur. Quand les voies furent bien préparées à ce sujet, l'hypocrite religieux fabriqua une accusation pleine de perfidie et de scélératesse contre son supérieur. Il l'accusait formellement d'avoir empoisonné les alimens qu'il devait prendre, énumérant toutes les circonstances qui auraient accompagné la préparation du crime. Une procédure s'entama qui donna lieu à divers jugemens, à des appels dont nous n'entretiendrons pas nos lecteurs.

Enfin toute la procédure ayant été légalement instruite, l'official de Dijon, par sentence du 25 juillet 1764, condamna en différentes peines canoniques le curé de Perrecy, frère de dom Desbrosses, accusé de subornation de témoins et autres manœuvres, et porta des peines de même nature contre le supérieur de Perrecy, prévenu d'empoisonnement.

L'abbé Desbrosses revendiqua le privilége qu'avaient les ecclésiastiques de n'être jugés que par la grand'chambre et la Tournelle assemblées. Ces deux chambres rendirent, le

7 août 1764, l'arrêt définitif condamnant, pour les charges résultant des procédures, dom Desbrosses aux galères à perpétuité, à être préalablement marqué par l'exécuteur de la haute justice, avec confiscation de biens, cent livres d'amende, et huit mille de dommages-intérêts. Le curé de Perrecy, frère de Desbrosses, fut condamné par contumace aux galères pendant trois ans.

Desbrosses obtint en cour un sursis contre l'exécution de cet arrêt. Cependant on l'exécuta, quant à la flétrissure, et l'on ne donna d'effet au sursis que relativement au départ pour les galères. Desbrosses présenta au conseil une requête en cassation et en révision ; en conséquence, le conseil, par arrêt du 18 janvier 1768, chargea le parlement de Douay de la révision du procès. L'abbé Desbrosses fut tranféré dans cette ville le 18 mai, et dans l'espace de trois mois la révision de cet énorme procès fut achevée, et le parlement de Douay confirma la sentence de celui de Dijon. On conseilla à l'abbé Desbrosses de ne point chercher à faire révoquer ce nouvel arrêt, mais de solliciter du roi des lettres de commutation de peine, afin d'arrêter l'exécution de celles auxquelles il se trouvait condamné. Il obtint, le 5 juillet 1769, des lettres qui commuèrent la peine en un bannissement perpétuel hors du royaume.

Telle fut l'issue de ce mystère d'iniquités où la jurisprudence de deux parlemens ne put rien éclaircir. Un homme vénérable, de mœurs sévères et pures, dont toute la vie avait été sans reproche, se vit condamner sur l'accusation d'un homme sans conduite et sans mœurs.

Il paraît cependant démontré, par l'arrêt même qui condamna Desbrosse, qu'il n'était pas coupable du crime de poison qui lui était imputé. Le corps de délit n'avait été ni vérifié ni constaté. « Or, comme le dit d'Aguesseau, ou la preuve est complète, ou elle ne l'est pas. Au premier cas, il n'est pas douteux qu'on doit prononcer la peine portée par les ordonnances. Mais, dans le dernier cas, il est aussi certain qu'on ne doit prononcer aucune peine. »

LES ÉPOUX MONTBAILLI,

CONDAMNÉS COMME PARRICIDES, ET RECONNUS
INNOCENS APRÈS LE SUPPLICE DU MARI.

Aujourd'hui que la jurisprudence criminelle s'est prodigieusement réformée depuis
le dernier siècle, et tend à se réformer encore
au profit de l'humanité ; aujourd'hui que les
lois, sans avoir atteint la perfection, sont plus
claires, plus uniformes ; que les juges moti-
vent leurs arrêts ; que les peines sont en plus
équitable proportion avec les délits ; que les
tortures sont abolies ; on a beaucoup moins
à redouter ces trop fréquens écarts du glaive
de la justice qui laissait de côté le crime pour
frapper l'innocence, ou qui, souvent, comme
s'il eût eu soif de sang humain, voulait trouver des criminels là même où il n'y avait point
eu de crime. Car on a vu plus d'une fois des
juges, égarés par leur ignorance, séduits par
leur illusion, et jugeant consciencieusement

et sans passion, envoyer des innocens à une mort infamante. L'histoire des Montbailli en offre un déplorable exemple.

La veuve Montbailli, âgée de soixante ans, d'un embonpoint et d'une grosseur énorme, avait l'habitude de s'enivrer d'eau-de-vie. Toute la ville de Saint-Omer savait que cette femme était adonnée à cette funeste passion, et qu'il en était déjà résulté plusieurs accidens qui faisaient craindre pour ses jours. Son fils et sa femme vivaient avec elle ; ils couchaient dans son antichambre. Une manufacture de tabac, que la veuve avait entreprise, fournissait à leur subsistance. C'était une concession des fermiers-généraux, qu'on pouvait perdre par sa mort, et par conséquent un lien de plus qui attachait les enfans à leur mère. Montbailli était de mœurs douces et d'un caractère recommandable.

Il se plaisait à élever des plantes, à cultiver des fleurs, et il consacrait tous ses momens de loisir à ces occupations champêtres.

Sa mère, malgré toutes les précautions qu'elle prenait pour cacher son funeste et honteux penchant, se trouvait encore souvent gênée par la présence de sa belle-fille. Elle ré-

solut de se délivrer de ce témoin importun,
en l'éloignant de sa maison.

Cette femme, dont la violence naturelle se
trouvait encore excitée par l'abus des liqueurs
fortes, faisait fréquemment éclater sa haine
pour la femme de son fils. Elle se livra à des
emportemens plus violens encore que de coutume, l'accabla d'injures et de menaces, et
chercha, par toutes sortes de mauvais traitemens, à lui rendre sa maison insupportable.
Elle réussit dans son projet. La jeune femme,
effrayée de pareilles scènes, alla chercher un
refuge dans la maison paternelle.

Il y avait un mois qu'elle était chez ses parens, lorsque son mari vint la conjurer de revenir. Elle s'y refusa opiniâtrément, et il fallut
que la justice lui ordonnât de retourner au
domicile conjugal. Elle y retrouva la discorde
et la haine. La mère de Montbailli se retira
dans sa chambre, et prit la résolution d'y vivre
séquestrée; mais ce genre de vie lui parut
bientôt une sorte d'exil; elle voulut reprendre un empire absolu dans sa maison, et en
conséquence se débarrasser de ses enfans.

Pour y parvenir, elle eut recours à l'autorité
de la justice, et fit faire, le 26 juillet 1770, à

son fils et à sa bru, une sommation qui leur
enjoignait d'évacuer sa maison dans les vingt-
quatre heures. Montbailli, étonné, atterré de
cette détermination, court aussitôt se jeter
aux genoux de sa mère, dans l'espoir de la flé-
chir. Il lui exprime la douleur que lui cause
la démarche qu'elle vient de faire; il baigne
ses mains de larmes; elle est attendrie; la nature reprend ses droits sur ce cœur plus aigri
que méchant. Il profita de ce moment pour
la conjurer au nom du plus tendre amour de
ne point se séparer de ses enfans; il lui ex-
posa le danger d'une pareille solitude pour
une femme de son âge; il lui rappela les périls qu'elle avait déjà courus. Enfin, désarmée
par ses prières, et prête à renoncer à son
projet „elle répondit avec douceur : *Nous verrons cela demain.* Ces paroles annonçaient assez de meilleures dispositions. En effet, un
instant après, elle vint, en signe de réconcilia-
tion passer une heure avec ses enfans; ensuite
elle se retira dans sa chambre pour se livrer
à sa funeste habitude.

Les jeunes époux s'applaudissaient de cet
heureux changement, mais une scène horrible les attendait à leur réveil.

C'était le 28 juillet 1770. Une ouvrière frappe à cinq heures du matin à la porte, et demande à parler à la veuve. Montbailli et sa femme étaient couchés; cette dernière était encore endormie. Montbailli se lève, et dit à l'ouvrière que sa mère n'est pas éveillée. On attend son réveil; mais au bout de quelque temps, l'heure ordinaire étant passée, et aucun mouvement ne se faisant entendre dans sa chambre, on entre, et l'on trouve la vieille femme renversée sur un petit coffre, près de son lit, l'œil droit meurtri d'une plaie assez profonde, faite par un coin du coffre sur lequel elle était tombée, le visage livide et enflé, quelques gouttes de sang échappées du nez, dans lequel il s'était formé un caillot considérable. Il était clair pour tous ceux qui voulaient le voir qu'elle avait succombé à une apoplexie foudroyante, en sortant de son lit et en se débattant. L'usage ou plutôt l'abus des liqueurs fortes a produit plus d'une fois de ces accidens funestes.

A cette vue, le fils s'écrie : *Ah! mon Dieu, ma mère est morte!* et il tombe sans connaissance. Sa femme se lève à ce cri, elle accourt dans la chambre, appelle au secours; les voi-

sins arrivent; un médecin vient, il examine
le corps de la mère; elle a cessé de vivre; il
saigne le fils, qui revient enfin à lui. Tous les
assistans consolent Montbailli et sa femme.
Tout se passe selon l'usage; le corps est en-
seveli et inhumé au temps prescrit; les scellés
sont apposés, l'inventaire est dressé; tout se
fait sans trouble, sans récrimination.

Cependant la voix de la populace, qui est
presque toujours absurde, cette voix qui,
comme le dit Voltaire, n'est point une voix,
mais un cri de brutes, ne garda pas long-temps
le silence sur cet événement d'ailleurs vulgaire. Quelques commères désœuvrées se
mettent à raisonner ou plutôt à déraisonner
sur la mort de la mère Montbailli; et notez
qu'aucune d'elles n'avait rien vu de tout
ce qu'on vient de raconter. L'une se ressou-
vient qu'il y avait eu un peu de mésintelligence entre la mère et les enfáns quelque
temps auparavant. Une autre fait remarquer
qu'on a vu quelques gouttes de sang sur un
des bas du fils Montbailli. C'était un peu de
sang qui avait jailli sur lui pendant sa saignée.
Au dire de plusieurs de ces bêtes malignes,
c'est peut-être le sang de la mère. On en vient

à conjecturer que Montbailli et sa femme l'ont assassinée pour hériter d'elle. Mais comment cela? La mère Montbailli ne laisse pas de bien. Oh! alors ils l'ont tuée par esprit de vengeance. Enfin ils l'ont tuée, c'est évident. C'est ainsi que se forme l'opinion publique. Dès le lendemain, ce propos passe de bouche en bouche dans la populace; le crime est regardé certain, et l'on désigne hautement les coupables.

La rumeur devint si bruyante, si imposante, que les juges de Saint-Omer sont obligés de faire arrêter Montbailli et sa femme. On les interroge séparément; nulle apparence de preuves, nul indice. D'ailleurs le tribunal connaissait la conduite et le caractère des deux époux il ne put les condamner. Mais, par égard pour la rumeur publique, il ordonna un plus ample informé d'un an, et les accusés devaient demeurer en prison pendant tout ce temps. Le magistrat qui faisait les fonctions de procureur du roi en appela *a minima* au conseil d'Artois, tribunal souverain de la province. Appeler *a minima*, c'est demander que celui qui a été condamné à une peine en subisse une plus forte. Le conseil souverain d'Artois se fit un mérite d'être plus sévère que celui de Saint-Omer. Sans interroger les témoins nécessaires, sans confronter les accusés avec les autres témoins entendus, les juges eurent la barbarie de condamner Montbailli à être rompu vif, et à expirer dans les flammes, et sa femme à être brûlée vive. Ce luxe de peines, appliquées aussi légèrement, révolterait même dans la relation des mœurs d'un peuple anthropophage.

La femme de Montbailli, âgée de vingt-quatre ans, était enceinte; on attendit ses couches pour exécuter son arrêt, et elle resta chargée de fers dans un cachot d'Arras. Son mari fut reconduit à Saint-Omer pour y subir son jugement, protestant toujours de son innocence. Mais, plein de patience, de douceur et de résignation, il leva les yeux au ciel en arrivant au lieu du supplice. Le bourreau lui coupa d'abord la main droite : « On ferait bien de la couper, dit-il, si elle avait commis un parricide. » Deux moines qui l'exhortaient, ou plutôt qui semblaient ajouter à ses tortures, le pressaient, dans les intervalles des coups de barres, d'avouer son crime. Il leur dit : « Pourquoi vous obstinez-vous à me presser de mentir ? Prenez-vous devant Dieu ce crime sur vous ? Laissez-moi mourir innocent. »

Tous les assistans fondaient en larmes. Cette même populace, dont les propos indiscrets avaient causé la mort de cet infortuné, le regardait comme un saint, comme un martyr : on alla même jusqu'à recueillir ses cendres.

Cependant le bûcher allait bientôt se rallumer pour sa femme ; elle avançait dans sa grossesse. Le bourreau se préparait à réclamer sa proie. Voltaire, instruit de cette infortune, adressa un mémoire au chef suprême de la magistrature en France. La révision du procès fut remise entre les mains d'un nouveau conseil établi dans Arras.

Ce tribunal, par arrêt unanime et définitif du 8 avril 1772, proclama l'innocence de Montbailli et de sa femme. L'avocat qui avait embrassé leur défense ramena la veuve en triomphe dans sa patrie. On lui rendit l'honneur et la liberté; mais elle ne laissait pas d'être veuve, et ses enfans orphelins. Fatal exemple des erreurs de la justice, presque toujours irréparables !

DEUX MÈRES POUR UN ENFANT.

Après une longue suite de faits intéressans, mais d'un intérêt qui ébranle toutes les fibres de l'âme par le spectacle de la perversité humaine revêtant les formes les plus hideuses, le cœur se repose agréablement au récit d'une action, criminelle peut-être aux yeux de la justice, mais innocente et même louable, si l'on consulte la nature.

Deux mères se disputent un enfant : celle qui a perdu son fils s'expose, en croyant le reconnaître, à prendre celui d'une autre ; l'autre, si elle est la vraie mère, se voit arracher son fils unique, et reste plongée dans une cruelle incertitude. Nous avons déjà vu plusieurs histoires qui offrent quelque similitude avec celle-ci. Nous ne craindrons pourtant pas le reproche de monotonie en en donnant les curieux et touchans détails.

La comtesse de Saint-Géran, indignement

trompée par des parens qui voulaient s'emparer de ses biens , privée de son fils par une mercenaire subornée qui l'avait adopté pour de l'argent , nous a offert un attendrissant exemple de la tendresse maternelle. Mais madame de Saint-Géran était riche , n'avait pas d'enfant ; tandis qu'ici des deux prétendantes , l'une n'a aucune richesse dans le monde que le fils à qui elle prétendait avoir donné le jour ; l'autre , ayant quatre enfans , en réclame un cinquième qu'elle a perdu et qu'elle croit reconnaître. La pauvreté de ces deux femmes, la singularité de leur situation, sont bien dignes de toucher vivement les cœurs sensibles. Leur conduite obtiendra l'admiration de toutes les mères ; et, s'il se trouvait quelqu'un assez indifférent pour ne pas partager ce sentiment, on pourrait lui appliquer, à coup sûr, ce mot sublime d'un père dans le *Macbeth* de Shakespeare : *Il n'a point d'enfans !*

Jean-François Noisen, compagnon maçon, avait épousé , le 12 octobre 1743 , Catherine-Anne Daunery. Ces deux époux eurent quinze enfans de leur union. Il leur en restait cinq, et c'était le plus jeune de ces cinq , pour ainsi dire le Benjamin, qu'on leur disputait; toute cette honnête et nombreuse famille n'avait que le travail du père pour subsister.

Ce dernier enfant était né le 22 décembre 1762 ; il avait été baptisé à Saint-Jean-en-Grève, sa paroisse, sous les noms de François-Michel; mis ensuite en nourrice dans la Normandie, il n'en avait été rapporté qu'à l'âge de seize mois, et avait été quelque temps après atteint d'une fièvre maligne, pour laquelle il avait été saigné au bras droit par la sœur Jollin. Échappé de cette maladie, il avait environ trois ans, quand il lui survint une tumeur à la cuisse gauche ; le sieur Fromont, chirugien, le pansa par charité, et le guérit dans l'espace de six semaines; mais il resta sur la cuisse de l'enfant une cicatrice assez notable. Le 13 août 1766, René et Marie Noiseu, l'un âgé de douze ans, l'autre de dix, sortirent avec la permission de leur mère, pour mener leur jeune frère à la promenade. Ils se dirigèrent vers le quai de l'Infante, et s'arrêtèrent à des parades qui les amusaient beaucoup. Comme plusieurs personnes placées devant eux les empêchaient de voir, ils percèrent la foule et passèrent devant tout le monde;

mais leur jeune frère ne put les suivre et demeura derrière. René et Marie , tout occupés
des grimaces des bateleurs , oublièrent pour
un moment leur jeune frère; mais, revenus
de leur extase , quelle fut leur douleur de ne
pas retrouver à côté d'eux l'enfant qu'ils
croyaient tenir par la main! La crainte s'empare d'eux ; ils sentaient toutes les suites de
leur coupable négligence : comment oser
rentrer à la maison sans le petit François?
Ils s'adressent d'abord des reproches mutuels;
puis ils se mettent à la recherche de leur
frère : ils s'en vont questionnant tous les
marchands du quai ; l'un d'eux leur dit qu'il
avait vu une femme retirant de la foule un
enfant qui lui paraissait être le même que
celui qu'ils venaient de lui dépeindre , et
qu'elle l'avait emmené du côté du Pont-Neuf.
René et Marie y courent aussitôt; ils deman-
dent, ils regardent de tous côtés; vaines recherches! Ils se flattent que leur frère aura
pu retourner chez eux; ils s'y rendent en
tremblant , soutenus par cette espérance. —
Où est votre frère? leur dit la mère en les
voyant entrer. Des pleurs sont d'abord toute
leur réponse; puis, à travers les larmes et les

sanglots, ils racontent ce qui vient de leur arriver.

A ce récit, la mère reste un moment immobile, consternée. Bientôt elle part, l'inquiétude dans le cœur : elle court au quai de l'Infante, au Pont-Neuf ; va, revient sur ses pas; interroge tous les passans, en pleurant, en criant comme une folle. Hélas ! personne ne peut donner de renseignemens à la pauvre mère. Désespérée, elle revient chez elle; son mari arrive, et demande le petit François ; on ne peut lui en donner des nouvelles ; on lui raconte la fatale histoire. René et Marie se jettent aux pieds de leurs parens, leur demandant pardon, mêlent leurs larmes à celles de leur mère ; mais celle-ci est inconsolable.

Le lendemain, ces bons parens, après une nuit sans sommeil, font battre la caisse, font publier la perte de leur fils au prône de Saint-Germain-l'Auxerrois leur paroisse, et mettre des affiches sur les portes des principales églises de Paris ; ils vont même chez M. de Roquemont, commandant du guet, et obtiennent de lui qu'il fera arrêter tous les mendians à qui on trouverait des enfans semblables au leur.

Toutes ces recherches furent infructueuses. La femme Noiseu désolée semblait presque menacée de perdre la raison. Dans sa douleur, elle parcourait tous les quartiers de Paris, faisant retentir l'air de ses gémissemens et de ses plaintes; on la voyait souvent dans les mêmes rues, redemandant son enfant à tout le monde, avec une sorte de fureur frénétique.

Enfin, au bout de vingt mois, le hasard fit plus que la sollicitude la plus persévérante et la plus active. La veuve Desneux, nièce de la femme Noiseu, et marraine de l'enfant perdu, étant à sa boutique située près le Pilori, le 16 juin 1768, vers les sept heures du soir, voit passer deux petits garçons; la figure de l'un de ces enfans la frappe; elle l'appelle et l'interroge; ses réponses ne lui apprennent rien; mais le son de sa voix la confirme dans sa première idée; d'abord elle n'avait reconnu dans cet enfant que les traits de son filleul; bientôt elle est convaincue que c'est son filleul lui-même; elle le prend dans ses bras, l'embrasse et s'écrie avec transport: « J'ai retrouvé mon filleul. » Toutes ses camarades, à cette exclamation, se rassemblent autour d'elle et reconnaissent l'enfant. La veuve Desneux se rappelle à l'instant que son filleul doit avoir une cicatrice à la cuisse gauche ; elle déshabille l'enfant, et trouve la cicatrice à l'endroit qu'elle vient d'indiquer. Cette preuve lève tous les doutes ; tous les assistans sont convaincus ; on interroge le camarade du petit Noiseu ; il dit qu'il se nomme Bouville, et que l'enfant que l'on retient est en pension chez son père ; on lui dit d'aller chercher son père ; il y court et revient avec sa mère. Cette femme, interrogée, répond qu'une blanchisseuse, nommée Girandal, avait mis cet enfant en pension chez elle depuis six semaines ; qu'on lui avait défendu de le laisser sortir, et que c'était la première fois que cela lui arrivait.

La femme Noiseu, qu'on avait fait avertir, accourt ; elle regarde attentivement son fils et le reconnaît ; et, pour en convaincre tout le monde, elle dit que son fils doit avoir une cicatrice à la cuisse gauche. On lui annonce que le fait a déjà été vérifié. Alors, se livrant à toute sa joie, elle embrasse son fils avec cette émotion, ce frémissement qu'une mère seule peut éprouver.

La femme Girandal accourt aussi, et veut arracher l'enfant des mains de sa marraine ; on lui dit qu'il y a vingt mois que cet enfant a été perdu ; elle répond qu'il y a deux ans qu'elle en prend soin, et que c'est à l'insu de son mari. On veut l'emmener chez le commissaire ; elle dit qu'elle n'a pas le temps d'y aller ; le tumulte augmente, la garde arrive et conduit toutes ces femmes chez le commissaire Percheron. Celui-ci envoie chercher le père de l'enfant dont il s'agit ; Noiseu arrive, reconnaît son fils, et invoque devant le commissaire la cicatrice de la cuisse gauche ; il somme la femme Girandal d'aller chercher son mari ; elle refuse constamment de le faire venir. Sur les faits articulés devant lui, le commissaire se détermine à remettre l'enfant entre les mains de la femme Noiseu, avec injonction de le représenter à la justice.

Bientôt surgit un nouvel incident. Une autre femme se présente chez M. le lieutenant de police ; elle réclame l'enfant dont il s'agit, et prétend en être la mère. Cette femme était la veuve Labrie. Ce magistrat, après avoir entendu le rapport du commissaire Percheron , renvoya les parties à se pourvoir devant les tribunaux.

Le 4 juillet 1768, la veuve Labrie forma une demande en restitution d'enfant contre Noiseu et sa femme. Le 30 septembre de la même année, sur la plaidoirie des deux parties, et la cause instruite par des mémoires imprimés, les juges du Châtelet rendirent une première sentence, qui confirmait provisoirement l'ordonnance du commissaire Percheron, et adjugeait à la femme Noiseu la possession de l'enfant; cette mère, heureuse par cette décision, se flattait de toucher au terme de ses alarmes maternelles; mais son bonheur fut de courte durée. Une seconde sentence, rendue au Châtelet de Paris, le 22 mars 1769, ordonna que l'enfant remis provisoirement entre les mains de Noiseu et de sa femme, fût rendu sur-le-champ à la veuve Labrie.

Cette sentence fut un coup de foudre pour Noiseu , et surtout pour sa femme; tous deux tombèrent sans connaissance. Le public fut témoin de ce spectacle attendrissant, et ne put s'empêcher d'infirmer dans son cœur la décision des juges. Revenus à eux-mêmes, Noiseu et sa femme s'écrièrent : *Nous voulons appeler au Parlement* ; et dès le lendemain, en effet, ils y portèrent leur appel.

La veuve Labrie avait déclaré, dans l'interrogatoire qu'elle avait subi le 4 septembre 1768, que son enfant avait les pieds courts et épatés et les doigts qui suivent le pouce joints et nullement séparés. Or l'enfant en litige n'avait pas les pieds dans cet état. L'enfant de la veuve Labrie avait eu deux fois la petite vérole; l'enfant de la femme Noiseu ne l'avait jamais eue. Celui-ci avait été saigné au bras droit et en portait la marque; l'enfant Labrie ne l'avait pas été. Que d'indices frappans dans toutes ces différences!

Mais voyous maintenant l'histoire de la veuve Labrie. Elle avait épousé, en 1758, Jean-Pierre Labrie, maçon à Boissise-la-Bertrand; et elle en avait eu deux enfans, dont le dernier, né le 30 mai 1762, deux mois après la mort de son père, et baptisé sous les noms de Marie-Germain, était celui qu'elle réclamait. Charlotte Marchand, veuve Labrie, après la mort de son mari, s'était retirée dans le sein de sa famille à Boissette, près de Melun, où elle avait nourri son second fils. Cet enfant était encore au berceau lorsqu'il lui survint au dedans de la cuisse gauche, près du genou, une tumeur légère, qui dégénéra en abcès. Cet abcès guérit, mais il lui en resta une cicatrice.

Cet enfant sortit pour la première fois du village de Boissette, au mois de mars 1768, pour venir à Paris avec sa mère, chez le nommé Girandal, blanchisseur, mari d'une de ses tantes. La mère trouva l'occasion de se placer auprès d'une personne malade, à Pantin, et laissa son fils dans la maison de Girandal; mais quelque temps après, comme il devenait à charge à ce parent, sa grand'mère l'emmena chez elle à Melun. Il ne put y rester; le 26 avril, on le renvoya à Paris; et le 1er mai, la femme Girandal le mit en pension à l'insu de son mari, chez le nommé Bouville, où il devait demeurer jusqu'au mois de novembre suivant, lorsque le hasard en disposa autrement.

Quel ne devait pas être l'embarras des juges dans une affaire aussi épineuse! Des deux côtés, on reconnaissait la même bonne foi, la même tendresse; la veuve Labrie fondait en larmes pendant la plaidoirie. Tout le monde avait remarqué que l'enfant lui ressemblait beaucoup. On pensa que la Noiseu avait pu être induite en erreur par la cicatrice, qui était un signe équivoque, puisqu'il existait dans les deux enfans.

Le parlement, par son arrêt définitif, rendu le 19 février 1770, confirma la sentence du Châtelet, qui avait jugé que l'enfant appartenait à la veuve Labrie.

Il serait difficile de voir une cause plus réellement touchante. D'un côté, un enfant perdu effectivement; de l'autre, deux mères pauvres, mais riches en tendresse, luttant ensemble à laquelle des deux resterait ou la douleur de le perdre sans retour, ou la joie de le retrouver. Ainsi c'est souvent dans le sein de la pauvreté que se retrouve la nature dans toute sa beauté primitive, tandis que, dans le sein de l'opulence, elle est quelquefois immolée ou étouffée par la cupidité, l'intérêt ou d'autres sales passions, comme on l'a vu dans l'histoire de Marie Cognot.

———

INNOCENT

CONDAMNÉ A MORT INJUSTEMENT.

La justice humaine est si faillible de sa nature, qu'il n'est que trop commun de voir
des innocens condamnés sur des dépositions
fausses, faites par des témoins de bonne foi,
et sur des arrêts rendus par des juges intè-
gres. On ne peut que gémir sur ces fatales erreurs, qui laissent échapper les vrais coupables, et portent le trouble et la désolation
dans des familles sans reproche.

Marc Game, né à Saint-Paul d'Yenne, en
Savoie, après avoir servi pendant douze ans
dans le régiment de Tarentaise, vint fixer sa
résidence à Lyon, où il entra successivement
au service de plusieurs particuliers. Ses différens maîtres, au nombre de neuf, rendaient
justice à ses bonnes mœurs et à sa fidélité,
par les certificats les moins suspects.

En 1770, il épousa Jeanne-Marie Jacob, et

entreprit un commerce de farine en détail. Les officiers du quartier où il s'établit
d'abord, consultés à son sujet, déclarèrent que,
pendant deux ans que Game y avait demeuré,
il avait rempli les devoirs de citoyen et d'honnête homme. Ses voisins rendaient le même
témoignage; et les marchands de blé et fari-
niers attestaient tous son honneur et sa probité.

Cet homme, uniquement occupé de son
négoce et de son ménage, semblait pouvoir
compter sur une fortune qui était le fruit de
son travail, et qu'il soutenait par l'économie;
mais par un de ces événemens que la prudence humaine ne peut ni prévoir, ni prévenir, par une de ces fatalités dont l'esprit humain ne peut se rendre compte, on vit Game
arraché à sa femme, à son commerce, traîné
dans un cachot, condamné à une peine infamante, et mourir de douleur, avant que le tribunal supérieur eût eu le temps de réparer
l'erreur des premiers juges, surpris par de
fausses apparences.

Voici les principales circonstances de cette
malheureuse aventure. Vers la fin de l'année 1772, un filou, reconnu trop tard, s'avisa

de voler plusieurs marchands de Lyon, au moyen de faux billets qui portaient les noms de personnes connues. Cette ruse, quoique grossière, lui réussit pendant quelque temps. Le 17 octobre, entre autres, il vint, de la part du sieur Chaix, demander six paires de bas chez le sieur Chollet, marchand bonnetier, et présenta une carte sur laquelle on lisait : *Je prie M. Chollet de remettre à mon domèstique six paires de bas de soie, et deux paires de mittes pour femme, pour M. Chay.* Ce nom, qui s'écrit *Chaix*, étant très-connu, la dame Chollet et ses commis donnèrent les bas demandés. Le même nom et le même artifice servirent à voler des saucissons et du porc salé à la femme Bergeret, et quelques livres de chandelles chez la femme Clémençon.

Mais lorsque tous ces marchands vinrent demander leur argent au sieur Chaix, ils virent qu'ils étaient dupés ; les billets et le seing étaient supposés, mais on ne savait pas quel était le voleur.

Game avait servi huit jours, à peu près, chez le sieur Chaix, et l'on assure qu'une servante de cette maison avait formé sur lui des projets de mariage auxquels il ne s'était nullement prêté. Soit imprudence, soit désir de se venger, cette servante dirigea les soupçons sur le malheureux Game : elle le nomma; et, qui le croirait? ce mot seul, ce mot fatal, échappé de sa bouche, fut le signal des tribulations de cet infortuné. Le sieur Chaix eut la faiblesse d'adopter cette conjecture. Cependant le signalement du filou, donné par les marchands, n'avait aucun rapport avec celui de Game. On parlait d'un homme de trente à trente-cinq ans, et Game en paraissait davantage; on le disait vêtu d'une veste de ratine grise, et ce vêtement est commun à tous les domestiques d'une grande ville; mais toutes les imaginations étaient déjà prévenues, et Game était condamné avant d'être connu.

Les marchands ne doutaient pas qu'il ne fût le voleur, puisque M. Chaix l'assurait, le sieur Chaix, homme connu, et qui connaissait bien Game. Le sieur Chollet et la femme Zacharie allèrent chez Game; et, pour se ménager le temps de l'observer, ils feignirent de vouloir acheter de lui quelques marchandises. Si Game les eût volés, il aurait dû être confondu à leur aspect; cependant la femme

Zacharie avoua que Game n'avait paru ni se
déconcerter, ni les reconnaître. Il leur répondit sans se troubler, et s'empressa de leur
montrer les marchandises qu'ils demandaient.
Mais quand on est prévenu, rien ne dissuade
et tout confirme. Le sieur Chollet et la femme
Zacharie, malgré ces apparences frappantes,
vinrent rappeler à la dame Chollet, qui les attendait dans le voisinage, que Game était le
vrai filou. Madame Chollet décida qu'il était
le coupable ; c'était elle-même qui avait livré
les bas au filou ; elle avait, disait-elle, une mémoire et des yeux si excellens, qu'après six
ans elle reconnaîtrait, entre mille, un homme
qu'elle n'aurait vu qu'une fois. Dès ce moment Game fut convaincu, et l'orage ne
tarda pas à fondre sur lui.

Le lendemain, la femme Zacharie, le rencontrant sur le pont de pierre, l'arrêta, et lui
demanda le prix des cordes qu'il avait prises
chez elle. Game ne sait ce qu'on lui veut, et
nie le fait ; la marchande insiste. Enfin, pour
terminer un différend fâcheux, Game demande à cette femme sa demeure et son nom,
et lui promet qu'il ira tout éclaircir chez elle-
même.

Game s'y rendit en effet; il y trouva les deux commis du sieur Chollet, qui d'abord l'accueillirent avec des injures, et lui ordonnèrent de les suivre. Game les suivit librement. Là s'étaient assemblés le sieur Chaix, la femme Bergeret, la dame Chollet, le sieur Achard, son père, tous juges qui l'avaient condamné avant de l'entendre. Il fut traité comme un voleur avéré; les commis conseillaient de le faire mourir sous le bâton; on proposa de le faire arrêter sur-le-champ.

Il arriva à Game ce qui arrive presque infailliblement à tout homme innocent, mais pauvre; il se plaignit inutilement. Il prit tous ses voisins à témoin des outrages qu'il avait essuyés, et fit des démarches pour en demander réparation. Cependant le vrai filou, qui ignorait le tumulte qu'il avait occasioné, continuait ses friponneries. Il alla prendre d'abord chez le sieur Maron, marchand cirier, quarante livres de bougie, toujours avec une carte et une signature supposées. Il se présenta ensuite chez d'autres marchands de bougies, auxquels il fit le même tour.

Game fut encore accusé de ces vols. Le sieur Maron le fit arrêter, et conduire en prison.

Néanmoins les témoignages en faveur de l'innocence de Game s'élevaient de tous côtés ; tous ceux qui l'avaient vu continuellement le matin même où l'on disait qu'il avait volé s'efforcèrent de détromper les accusateurs ; mais ceux-ci s'étaient trop avancés pour se rétracter ; d'abord ils avaient imaginé que Game était coupable, ensuite ils le jurèrent.

Jusqu'alors Game pouvait prouver qu'il était innocent, mais on ne connaissait pas le coupable. Le sieur Baley, négociant de Lyon, avait, sans le savoir, le secret de l'innocence de Game ; le véritable filou était un de ses anciens domestiques, nommé Barrat. Ce Barrat était convaincu d'un vol avec effraction ; échappé des mains de la justice, sans autre profession que celle de filou, il avait déjà demandé, en plusieurs endroits, des marchandises, sous le nom du sieur Baley, son ancien maître, qui en fut bientôt instruit. Le sieur Baley, afin de prévenir des erreurs si fâcheuses, remit à plusieurs négocians une carte sur laquelle était sa vraie signature, en les priant de ne rien délivrer à quiconque présenterait un billet de sa part, sans confronter les écritures. Un de ces négocians qui savait l'aventure de Game entrevit tout-à-coup la lumière ; il demanda des explications au sieur Baley, quel était le signalement de ce Barrat. C'était un homme de trente à trente-cinq ans, ordinairement vêtu d'une veste de ratine grise frisée ; c'étaient ses traits, sa figure ; en un mot, c'était lui. Il restait un trait plus décisif à reconnaître ; l'écriture des fausses cartes ; on les montre au sieur Baley, et tout aussitôt il reconnaît l'écriture de son domestique, et fait voir des copies entières de lettres de la main de Barrat ; il fait voir le même caractère d'écriture sur d'autres cartes, avec lesquelles il avait volé sous son nom. Enfin, pour comble de conviction, Barrat était fugitif, ou se cachait.

Il ne restait donc qu'à ouvrir les portes de la prison du malheureux Game, mais il n'était plus temps, il était déjà condamné.

Après une procédure très-irrégulière, dans laquelle des dépositions absurdes ou mensongères furent accueillies sans examen, Game, par sentence du 11 mars 1773, avait été condamné à trois jours de pilori, à la marque, et à neuf ans de galères. Il interjeta appel de ce jugement, et présenta au conseil supérieur une requête pour être admis à ses faits justificatifs.

Mais, par une fatalité presque sans exemple, au moment où toute l'instruction sur l'appel était faite, lorsque le jour du jugement était fixé, ce jour-là même Game succomba sous le poids d'une maladie que l'air des cachots, corrompu par le séjour des eaux qui s'y étaient introduites dans un débordement, lui avait fait contracter. Au moment où on se préparait à lui faire lecture de son arrêt, il fallut le transporter à l'Hôtel-Dieu, où il expira quelques instans après.

La veuve de Game se rendit personnellement appelante de la sentence qui avait condamné son mari, et obtint un arrêt sur requête, qui lui permit d'intimer qui bon lui semblerait. Elle intima tous les témoins entendus dans l'information, et demanda qu'ils fussent condamnés à lui payer trente mille livres de dommages-intérêts.

Pendant que cet appel s'instruisait, on découvrit de nouveaux faits qui assuraient de plus en plus la justification de l'infortuné Game. Le conseil supérieur de Lyon rendit un arrêt, en 1774, qui donnait acte à M. le

procureur-général de la plainte rendue par
lui contre le nommé Barrat, indiqué par les
défenseurs de Game comme le vrai coupable
des vols imputés à celui-ci; ordonnait de sur-
seoir à faire droit sur l'appel interjeté par la
veuve Game de la sentence prononcée contre son mari; et renvoyait les témoins de la
demande formée contre eux en dommages-
intérêts.

L'INNOCENCE

AUX PRISES AVEC LA CALOMNIE.

Parmi les événemens bizarres qui figurent
dans l'histoire des crimes et des malheurs de
l'humanité, il en est peu d'aussi extraordinaire que l'affaire du sieur Gonod, avocat en
parlement. Il présente un effrayant tableau
de l'abus qu'on peut faire des lois, et des manœuvres criminelles auxquelles peuvent avoir
recours l'intérêt et la calomnie, pour faire périr l'innocence sous le glaive de la justice. On
doit s'intéresser d'autant plus au sort de cet
infortuné, qu'il n'est point de citoyen qui
ne puisse être menacé des mêmes tribulations, et qui ne soit exposé à périr victime
des machinations calomnieuses de ses ennemis. On ne saurait donc trop multiplier les
exemples qui peuvent mettre l'innocence à
l'abri des peines que les législateurs n'ont in-

stituées que pour l'effroi et la punition des seuls vrais coupables.

Le sieur Cy......, avait augmenté ses domaines d'une partie du fief d'Artemare, dont il s'était emparé. Il y avait vingt années qu'il avait la jouissance de cette possession, et tout semblait lui en garantir la propriété incommutable, lorsqu'un arrêt du parlement de Dijon, du 17 août 1750, réintégra le sieur Gonod dans l'héritage de ses pères. De là cette haine implacable, cette violente animosité du sieur Cy...... contre le sieur Gonod, passions qui se manifestèrent bientôt, à l'occasion d'une malheureuse aventure.

Le 7 octobre 1768, vers les neuf heures du soir, le sieur Cy...... se rendait chez le sieur Garin, dont la maison n'était qu'à un quart de lieue du château d'Artemare. Il marchait précédé de Joseph Gojoz-Vellaz, son *granger*, qui portait une lanterne. Ils étaient au milieu de l'avenue, lorsqu'un coup de fusil se fit entendre, et vint frapper grièvement au bras Joseph Gojoz-Vellaz. Ils arrivèrent en cet état chez le sieur Garin, et lui racontèrent le danger qu'ils venaient de courir; mais dans ces premiers instans, bien loin d'inculper, de soupçonner même le sieur Gonod, ils avouèrent ingénument qu'il leur avait été impossible de voir l'assassin. Joseph Gojoz-Vellaz retourna le soir chez lui, à Artemare. Le 10 du même mois d'octobre, son état devenant plus alarmant, il fut transféré à l'hôpital de la ville de Belley, et le 23 il y mourut de sa blessure.

Cependant, le lendemain même de l'assassinat, le sieur Cy...... avait fait d'inutiles recherches pour en découvrir l'auteur. Mais ses idées de vengeance vinrent à son secours. Le sieur Gonod, qu'il détestait depuis le jugement du 17 août, vint s'offrir à son imagination ; il résolut de le désigner comme l'auteur de l'assassinat de Joseph Gojoz-Vellaz, et de faire tous ses efforts pour le perdre. En conséquence, il dressa lui-même deux requêtes ou plaintes, l'une en son nom, l'autre en celui de son granger. Dans cette dernière, il dénonçait nommément le sieur Gonod comme assassin, et dans la sienne il le désignait seulement comme étant un particulier d'Artemare. Il présenta ces deux requêtes au juge de Valromey ; et elles furent communiquées au procureur-fiscal, qui donna aussitôt ses conclusions.

Ce qui embarrassait d'abord le sieur Cy......, c'est que la voix publique rejetait les soupçons qu'il s'efforçait de faire tomber sur le sieur Gonod. Il lui fallait d'ailleurs un juge complaisant, et il n'en trouvait pas dans le tribunal auquel il avait porté plainte.

Il eut recours, dans cette perplexité, au sieur Bon......, assesseur de la maréchaussée, à Belley. Un des parens de cet officier, auquel le sieur Cy...... avait intenté un procès criminel pour vol, était justement soupçonné d'avoir commis l'assassinat dont Joseph Gojoz-Vellaz avait péri victime. Ce juge, très-intéressé à trouver un autre coupable que son parent, proposa au sieur Cy...... de diriger l'instruction du procès contre le sieur Gonod, et de l'immoler à sa haine, s'il voulait, de son côté, consentir à n'inquiéter ni rechercher en aucune manière son parent. Le sieur Cy..... accepta l'offre avec empressement ; la trame fut ourdie entre eux ; le coupable fut écarté, et l'innocent sacrifié.

Mais tous les obstacles n'étaient pas surmontés. L'affaire n'était point de la compétence de la maréchaussée. Gojoz-Vellaz était mort le 23 octobre : comment l'introduire sur la scène? Rien n'arrête les hommes que la haine et la vengeance animent. On supprime les requêtes présentées à la justice de Valromey; on se dispose à en donner de nouvelles en la maréchaussée. *Le 28 octobre*, le sieur Cy...... va trouver à Vouglans le sieur Ro..... procureur au bailliage de Belley, qui devient volontairement son complice. Tandis que le sieur Cy...... dresse, écrit et signe la requête sous son nom, le praticien prévaricateur, sans *procuration spéciale*, signe une autre requête sous le nom de Gojoz-Vellaz, décédé, qu'il n'avait jamais vu ni connu. Inquiet sur les suites de sa prévarication, il est à l'instant rassuré par le sieur Cy......, qui lui dit d'un ton ferme : *Soyez tranquille, je suis maître de la date.*

Ces deux nouvelles requêtes, signées du procureur Ro....., provoquèrent de la part du sieur Bon...... une ordonnance qu'il antidata *du 10 octobre*, et qu'il rendit du consentement du procureur du roi, quoique ce magistrat fût absent. Le sieur Bon...... ne déposa ces requêtes au greffe que le 13 novembre suivant; le lendemain, le greffier lui délivra une commission pour faire assigner des témoins. Cet

assesseur, faisant ainsi tout à la fois les fonctions incompatibles de juge et de partie publique, remit lui-même cette commission à un
cavalier de la maréchaussée, avec ordre d'assigner sept témoins. Ces témoins étaient pour
la plupart ou les domestiques ou les agens du
sieur Cy...... qui les avait endoctrinés et qui
avait payé leur complaisance d'un écu de six
livres qu'il remit à Guillaume Sevoz, son valet,
l'un d'entre eux, afin de les faire boire avant
de déposer.

L'information ne répondit point cependant
à l'attente des auteurs de la trame, car le
procureur du roi, à qui la procédure avait
été communiquée, déclara qu'il n'y avait pas
lieu à un décret, mais simplement à une plus
ample information par la voie du monitoire.
Le sieur Bon......, craignant le résultat du monitoire, sans l'attendre, sans conclusions du ministère public, sans preuves, sans indices,
décerna et écrivit lui-même, sur une feuille
volante, séparée de la procédure, un décret
de prise de corps contre le sieur Gonod, qu'il
data du 4 décembre 1768. Ce décret, aussi
barbare qu'irrégulier, lancé contre un citoyen connu, domicilié, en possession de l'es-

time publique, fut accompagné d'une précaution inusitée en pareil cas. Le sieur Bon......
enjoignit aux cavaliers de la maréchaussée,
chargés de l'exécution, de se faire assister
d'un menuisier ou d'un charpentier, et de
faire enfoncer les portes du domicile du sieur
Gonod, dans le cas où elles se trouveraient
fermées.

De son côté, le sieur Cy...... fit les plus grands
efforts pour soutenir son accusation calomnieuse. Les faits les moins croyables, des faits
même physiquement impossibles, furent im-
pudemment publiés par lui. *Le sieur Gonod*,
s'écriait-il, *est l'assassin; il a été reconnu à la
lueur du coup de fusil :* comme si cette lueur,
aussi prompte qu'un éclair, permettait de
démêler, dans la nuit, les traits de celui qui
tire. Dans cette espèce de frénésie qui l'agitait, armé lui-même d'un fusil, et suivi de
cavaliers de maréchaussée, il se rendit, le dimanche 18 décembre 1768, aux portes de l'é-
glise d'Yon, paroisse du sieur Gonod, qui, en
ce moment même y entendait la messe, et affecta de le chercher au milieu du peuple as-
semblé; car son dessein n'était pas alors de
l'arrêter. Son but était d'effrayer le sieur Go-

nod, et de l'obliger à fuir, pour lui faire son procès par contumace. Mais le sieur Cy...... perdit le fruit de son stratagème, et ne recueillit que la honte de l'avoir mis en œuvre. Tout le monde resta convaincu de l'innocence de Gonod; et celui-ci, rassuré par le témoignage de sa conscience, alla lui-même au devant de ses ennemis.

En effet, les 22 et 24 décembre, il fit signifier au procureur du roi en la maréchaussée, au sieur Cy......, et aux héritiers de Joseph Gojoz-Vellaz, un acte extrajudiciaire, par lequel, après s'être plaint des atteintes mortelles qu'on portait à sa réputation, il leur remontra que la maréchaussée était incompétente pour la poursuite du crime horrible qu'on avait la noirceur de lui imputer, et leur déclara qu'il était appelant du décret de prise de corps lancé témérairement contre lui. Cet acte tomba entre les mains du sieur Bon.....; mais il se garda bien d'en donner avis au procureur du roi, de sorte que l'on n'y fit pas de réponse. On parut même alors suspendre les poursuites; mais l'explosion se préparait en silence.

On se détermina enfin à mettre à exécution

le décret de prise de corps, avant la publica-
tion du monitoire. Le 5 février, cinq cavaliers, la baïonnette au bout du fusil, se trans-
portent chez le sieur Gonod, l'arrêtent, le
saisissent au sein de sa famille, l'arrachent
des bras de son épouse et de ses enfans, et le
traînent à pied, en plein jour, dans les prisons
de la ville de Belley. Arrivé dans ce séjour
affreux, le sieur Gonod demande copie du
décret de prise de corps, pour connaître les
motifs de son emprisonnement; on le lui refuse. Bientôt il est conduit dans la chambre
du conseil, et interrogé. Il proteste contre l'il-
légalité de son jugement, et somme ses accusateurs de fournir les preuves de son crime.
Mais on avait de trop bonnes raisons pour
être sourd à ses réclamations. On ne saurait
se faire une juste idée de l'iniquité qui présida
à toute cette procédure. Cette conduite donna
lieu au sieur Gonod de faire au procureur du
roi une nouvelle sommation, par laquelle,
après s'être plaint de toutes les injustices et
vexations qu'il essuyait, de l'incompétence
notoire des officiers de la maréchaussée, et de
leurs prévarications aux ordonnances, il le
priait de faire publier le monitoire dans plu-

sieurs paroisses, où on ne l'avait pas fait par malignité, et de requérir son renvoi au présidial de Bourg, pour y faire juger la compétence.

A la lecture de cette sommation, qui lui fut remise, le sieur Bon...... la supprima encore. Il s'irrita, il s'emporta, courut à la prison, fit venir le sieur Gonod, le traita avec dureté. « Je vous défends, lui dit-il d'un ton menaçant, de vous défendre, sous peine d'être chargé de chaînes.» Puis, s'adressant à la femme du concierge de la prison, il lui prescrivit de ne plus laisser entrer aucun huissier, ni aucune autre personne auprès du sieur Gonod, sous peine d'être punie. De semblables menaces annonçaient clairement quelles étaient les vues criminelles de l'assesseur. Déjà le père du sieur Gonod, vieillard vénérable, croit voir traîner son fils à l'échafaud; sa sollicitude paternelle se le représente expirant ignominieusement sur la roue; ses organes affaiblis par l'âge ne peuvent supporter une pareille idée; bientôt il succombe au chagrin qui l'accable.

Le sieur Gonod lui-même, déchiré par la douleur que lui cause la mort d'un père qu'il chérit, en butte à la rage de ses ennemis,

qui accroît chaque jour les horreurs de sa position, est atteint d'une maladie violente qui
fait craindre pour ses jours; et cependant
personne ne peut le visiter; tout accès est
interdit aux parens, aux consolateurs, aux
amis. A la vue de l'état périlleux où il se trouve,
ses persécuteurs ne peuvent dissimuler leur
perfide joie. Le désir qu'ils éprouvent de le
voir périr dans les fers, sous l'opprobre du
préjugé qu'élèvent contre lui la nature de
l'accusation et la rigueur des traitemens, leur
inspire, en présence de plusieurs personnes,
un pari infâme et scandaleux. L'un parie
qu'il mourra, l'autre qu'il *ne mourra pas*. De
plus, le sieur Bon...... ne cesse d'annoncer
publiquement que le *sieur Gonod ne sortira
des prisons que pour avoir les bras et les jambes cassés sur un échafaud.*

Cependant un des parens de la victime
adresse un mémoire au chef de la justice; et
aussitôt le sieur Bon...... reçoit l'ordre d'envoyer à Paris un extrait de la procédure.
L'assesseur est déconcerté; il craint qu'on ne
lui arrache sa victime; mais l'ordre est pré-
cis, il faut y obéir.

Dans ces circonstances, la famille de Gonod, justement alarmée de la position de son malheureux parent, fit les plus vives instances au sieur Bon...... pour obtenir la permission de faire transférer son prisonnier à l'hôpital de Belley, en le faisant garder à vue et à leurs frais. « Non, répondit cet homme barbare, non, le sieur Gonod ne sortira pas de prison : qu'il crève, ce coquin ! Pourquoi a-t-il porté des plaintes contre moi au chef de la justice ? »

Mais bientôt arriva l'ordre de faire juger la compétence, et, malgré toutes ses ruses, l'assesseur ne put l'éluder. Le tribunal de Bourg, par jugement du 11 mai 1769, renvoya l'affaire à la justice de Valromey, dans l'étendue de laquelle le délit avait été commis. Alors l'innocence de Gonod parut dans tout son jour. Les deux principaux témoins de ses accusateurs furent convaincus de faux témoignage, et constitués prisonniers; et la justice de Valromey rendit, le 19 août 1769, un arrêt qui renvoyait Gonod de l'accusation portée contre lui, et condamnait les deux faux témoins, Guillaume Sevoz et Claude Gojoz-Vellaz, le premier à la marque et à trois années de galères, le second à un an de ban-

nissement; chacun à cent livres d'amende, et
en quinze cents livres de dommages - intérêts envers le sieur Gonod.

Sur l'appel *a minima*, interjeté par le ministère public, la cause fut déférée à l'autorité
du parlement de Dijon; et le sieur Gonod,
encore faible et languissant, fut transféré,
avec les deux faux témoins, dans les prisons de
Dijon. Enfin, le 6 mai 1770, le sieur Gonod fut
renvoyé définitivement de la fausse et calomnieuse accusation intentée contre lui, et
rendu à la liberté, avec permission de poursuivre les faux témoins. Par suite de l'information qui fut faite à sa demande, la conduite odieuse des sieurs Cy...... et Bon...... fut
dévoilée, et ils furent décrétés de prise de
corps.

L'affaire se jugea le 19 juillet 1771. Une
affluence considérable de spectateurs brûlait
du désir de voir éclater la vengeance due à
un innocent si cruellement persécuté. Un
moment le glaive de Thémis plana sur la tête
des coupables. Le ministère public demanda
la peine de mort contre les deux faux témoins,
et des peines afflictives contre les sieurs Cy......;

Bon...... et Ro......, avec des dommages - intérêts en faveur du sieur Gonod. Mais il ne
plut pas au parlement de rendre le triomphe
de l'innocence aussi complet ; il mit hors de
cour les trois calomniateurs, et adoucit les
premières peines portées contre les faux témoins.

LE MAGICIEN PICARD.

Le charlatanisme prend toutes les formes, s'introduit dans tous les états, exploite toutes les conditions. C'est un véritable Protée qui, malgré le progrès des lumières, fera encore bien long-temps des dupes. Le dix-huitième siècle, avec sa complexion toute philosophique, n'en a pas moins applaudi à une foule de jongleurs qui jouaient leurs rôles, en plein vent, à la face du peuple et des magistrats.

Il est des fripons qui n'en imposent pas moins, quoique procédant sur des théâtres plus obscurs. A l'aide de quelques paroles emphatiques, d'un ton plein d'assurance, d'une certaine adresse à prendre des informations et à en tirer parti, ils se font passer pour sorciers, et trouvent des dupes toujours prêtes à les croire aux dépens de leur bourse.

Un paysan picard, adonné à l'escroquerie, trouva plus commode, pour son exploitation, de se donner pour devin et sorcier; et depuis 1769, époque de ses premières liaisons avec le diable, il se faisait un fort joli revenu de la sottise de ses compatriotes. Il paraît que sa science embrassait plus d'un genre de secrets et d'opérations merveilleuses.

Une de ses premières dupes fut un meunier qui aurait voulu que le vent ne fît pas tourner d'autres moulins que le sien. Notre magicien s'engagea à rendre immobiles les moulins de ses confrères, et reçut un à-compte sur sa récompense. Content de ce premier essai, il en fit un second sur un autre meunier, et ne fut pas moins heureux que la première fois; mais il prescrivit à celui-ci un pèlerinage à Notre-Dame de Liesse, et voulut faire signer au meunier un pacte avec le diable. Celui-ci n'accepta pas cette dernière condition du marché, et paya au prétendu sorcier une somme de cent vingt livres. Notre devin tira une somme encore plus forte de la bourse d'un autre meunier, qui, séduit par les contorsions et les simagrées qu'il faisait en sa présence, et qu'il donnait pour des sortiléges, avait été, lui et ses enfans, en pèlerinage à Notre-Dame de Liesse, toujours dans la pieuse intention d'empêcher les moulins de ses voisins de tourner.

Le rusé Picard offrait toujours à ses cliens de signer un pacte avec le diable ; mais cette clause n'était jamais acceptée. Il avait d'autres ressources pour les gens qui n'avaient pas de moulins à faire tourner ; il leur offrait de leur faire découvrir, par sa magie, des trésors cachés dans leurs maisons. Un pauvre laboureur lui donna cent livres, qui formaient peut-être son vrai et unique trésor, pour en chercher un qu'il ne trouva point.

On ne s'attendrait pas sans doute à compter parmi les dupes de ce fripon un notaire, dont l'état suppose une éducation moins vulgaire, une pratique plus déliée et des connaissances au-dessus de celles des simples paysans. Il en trouva un assez crédule pour se laisser escamoter une somme de cent deux livres et du linge, à condition qu'il retrouverait des contrats égarés.

Cependant deux années suffirent pour user le crédit de ce nouveau sorcier. Les moulins à vent tournaient comme à l'ordinaire pour tous les meuniers, sans distinction ; les faiseurs de pèlerinage ne trouvèrent point de trésors dans leurs maisons ; le notaire ne retrouva pas ses contrats égarés. Tous les yeux furent déssillés. L'indignation de se voir ainsi trompés succéda à leur duperie. On dénonça l'escroc, et la justice, sans aucune crainte du diable, dont il se disait l'ami, s'empara du sorcier.

Son procès lui fut fait par le lieutenant criminel du bailliage de Roye, et par sentence du 18 octobre 1771, il fut condamné à demeurer sur la place publique de la ville de Roye, depuis onze heures du matin jusqu'à une heure de l'après-midi, exposé à la vue du public, avec un écriteau devant et derrière portant ces mots : *Escroc prétendu magicien, profanateur des choses saintes;* à être ensuite fustigé, marqué et banni pour neuf ans.

Sur l'appel *a minima*, le parlement, par arrêt du 7 avril 1772, fit quelques modifications à cette sentence : il le condamna au carcan pendant trois jours avec l'écriteau au front; et au lieu d'un bannissement de neuf ans, à neuf ans de galères.

ASSASSINAT DE M. DE FORNEL,

IMPUTÉ FAUSSEMENT A SA FEMME ET A SA FILLE.

Le chevalier de Fornel, servant sous les ordres de M. de Longueville, dans l'île de la Martinique, s'y maria en 1743, et revint en France à la sollicitation de sa famille, en 1765. Il n'avait eu de son mariage qu'une seule fille, Madelaine-Aimée de Fornel.

M. de Fornel acheta le fief de Lagerie, paroisse de Sainte-Colombe, à deux lieues de la Rochefoucault, et il y vécut tranquillement pendant trois années avec sa femme et sa fille. Son revenu, quoique borné, suffisait à son ambition et à ses besoins. Il entretenait et faisait cultiver sa petite terre, et donnait ses momens de loisir à sa famille et à plusieurs voisins dont la société lui était agréable.

Le 18 février 1770, le sieur de Fornel alla entendre la messe à Sainte-Colombe; et il dîna, avec sa fille et le curé du lieu, chez son parent, le sieur Barraud, seigneur de l'endroit. Après le repas, il renvoya sa fille à pied à Lagerie pour tenir compagnie à sa mère. Il entendit les vêpres à Sainte-Colombe ; le curé l'invita à dîner pour le lendemain. Il monta à cheval sur les trois heures et demie après midi, passa par un village voisin pour demander des journaliers, et revint chez lui. Après avoir fait quelques tours, tant dans sa métairie qu'ailleurs, pour donner différens ordres, soit à ses métayers, soit à des journaliers qu'il voulait occuper le lendemain à divers travaux, il lui prit fantaisie d'aller souper à Sainte-Colombe et d'y coucher. Comme la nuit était close, on lui fit quelques représentations sur l'obscurité et le mauvais temps qu'il faisait ; mais il persista et dit qu'il serait de retour le lendemain de bonne heure. En conséquence il partit.

Mais le lendemain matin, le domestique du sieur Barraud vint, de la part de son maître, annoncer à madame de Fornel que son mari avait été assassiné, et qu'on avait trouvé son cadavre dans un fossé, sur le bord du chemin qui conduit de Sainte-Colombe à la Rochefoucault. Cette cruelle nouvelle fut bientôt confirmée par le curé de Sainte-Colombe, accompagné du sieur Barraud, du sieur Fouchier, avocat, et des nommés Boisnarbaud et Garnaud, charpentiers. Revenue de son premier saisissement, madame de Fornel leur témoigna qu'elle voulait découvrir les auteurs de son malheur, et poursuivre la vengeance de leur attentat. Mais le curé et le sieur Barraud lui ayant représenté que cette poursuite allait l'engager dans des frais qui pourraient absorber, et au-delà, sa petite fortune ; que, pour venger la mort du père, la fille et la mère resteraient sans pain; que l'on pouvait se reposer du soin de la vengeance sur la justice du lieu, qui la poursuivrait aux dépens de la dame du duché de la Rochefoucault, la dame de Fornel, vaincue par ces raisons, se détermina à garder le silence, et crut devoir s'épargner le spectacle du cadavre ensanglanté de son mari.

La justice se transporta sur le théâtre du crime, et dressa procès-verbal. Le procureur fiscal rendit plainte le 5 mars suivant, et obtint permission d'informer. Quatorze témoins furent entendus. Le 17, on lança un décret de prise de corps contre madame de Fornel et sa fille, contre Bernard Chaput, leur mé-

tayer, Louis son fils, et le nommé Boisnarbaud, charpentier.

Enfin quatre-vingt quatre témoins furent
entendus; la mère subit huit interrogatoires, la
fille en subit treize; et le juge de la Rochefoucault rendit une sentence le 29 mai 1772,
qui condamnait à la question provisoire madame de Fornel et sa fille, Pierre Bordat,
leur domestique, et Bernard Chaput, leur
métayer, ainsi que Louis son fils et Anne sa
fill . Par la même sentence, François Chaput,
contumace, était condamné à être rompu.

Voici quelques circonstances dont la calomnie se servit contre madame de Fornel et
les autres accusés. La veille de l'assassinat,
cette dame avait fait tuer deux canards et
deux dindons pour les jours gras, qui devaient
avoir lieu la semaine suivante, et elle avait
fait couper la tête aux deux canards sur un
gros billot de bois placé auprès de la porte de
la cour, et les deux dindons avaient été sai-
gnés auprès de la même porte. Ce fait servit
de fondement à une foule d'accusations. On
prétendit que le sieur de Fornel avait été assailli à la porte de sa maison de deux coups
d'arme à feu, dont le bruit n'avait excité au-

cun mouvement de la part de sa femme et de sa fille ; que l'on aperçut, le lendemain de l'assassinat, au matin, du sang dans la cour, d'où on tira la conséquence que le crime avait été commis sous les yeux et du consentement des maîtresses de la maison. Le même jour, de l'eau ayant été répandue dans la salle à manger, on en induisit que le corps du mari avait été apporté dans cette salle, que l'on y avait mis fin à ses jours, et que l'on avait lavé les traces du sang qui avait été répandu sur le carreau. On ajoutait que la fille de Fornel était présente à cette barbare exécution, qu'elle y voulut prendre part, et offrit son couteau pour terminer la vie de son père, qui respirait encore. Ces conjectures se fortifiaient aussi de ce qu'il n'y avait point de sang dans le lieu où le cadavre avait été trouvé, ni même à ses habits.

A toutes ces conjectures, dont la justice se prévalait, on en ajoutait encore d'autres non moins absurdes, non moins révoltantes. On allait jusqu'à dire que la dame de Fornel avait donné à sa fille la permission de tremper ses mains dans le sang de son père; comme s'il était possible qu'une jeune fille de dix-sept ans, qui chérissait son père, et qui en était chérie, eût pu concevoir le dessein de le faire assassiner, et surtout en demander la permission à quelqu'un.

Mais l'information fournissait des faits bien plus graves et plus détaillés. Deux témoins se réunissaient pour dire que le nommé Périgord, valet du sieur de Fornel, s'était vanté que c'était lui-même qui avait tiré le premier coup de fusil ; que le sieur de Fornel ayant voulu se réfugier dans sa cour, lui et son complice le saisirent, le traînèrent dans la salle où étaient sa femme et sa fille, et qu'un charpentier, qui était du complot, lui fendit la tête d'un coup de hache. On alla jusqu'à déposer que la fille même s'était armée contre la vie de son père, et que les deux coups d'arme à feu étaient partis de sa main.

Bref, on ne déposa que des ouï-dire absurdes, qui, à ce qu'il paraît, avaient été répandus et accrédités par le curé de Sainte-Colombe.

Il y avait une voie plus sûre pour arriver à la connaissance de la vérité, pour décharger les accusés, et découvrir les véritables cou-

pables. Le sieur de Fornel avait un goût décidé pour la chasse et pour la pêche : une de
ses principales occupations était de faire la
guerre aux braconniers. Il ne connaissait point
de danger quand il s'agissait de les épier ou
de les poursuivre. Il avait encore une attention particulière pour garantir ses bois des
entreprises des paysans. Ceux-ci, qui n'étaient
point accoutumés à se voir aussi strictement
exclus de la chasse, de la pêche, et de la faculté de couper quelques morceaux de bois,
ne voyaient pas de bon œil la rigueur avec laquelle le sieur de Fornel les en excluait. Il est
bien constant que ce propriétaire avait beaucoup d'ennemis parmi les paysans et les braconniers; et il est plus que probable que c'est
là qu'on aurait pu trouver les meurtriers.

Les juges trouvèrent plus prudent de pro-
voquer contre la mère et la fille un supplice
anticipé qui attaque la justice dans ses fondemens, par lequel on est sûr de détruire à jamais, par les douleurs les plus aiguës, la constitution organique d'un accusé dont l'innocence est en problème, dont l'innocence se
manifeste souvent après qu'on lui a arraché
l'usage de ses membres, sans être sûr de pou-

voir apprendre par cette voie s'il est coupable. La torture ne prouve rien, sinon la barbarie des juges. Les Romains avaient la même opinion sur ce point. « Les constitutions des empereurs, dit Ulpien, ne veulent pas qu'on ajoute toujours foi aux aveux arrachés par les tourmens, rien n'étant moins propre à fixer la vérité, puisqu'il y a des accusés qui sont si fort au-dessus de la douleur, qu'à quelque excès qu'on la porte, elle ne leur arrachera jamais une déclaration contraire à leurs intérêts. D'autres, au contraire, sont si faibles que la crainte de souffrir leur fera dire tout ce qu'on voudra, et non seulement ils s'avoueront coupables, mais ils compromettront tous ceux contre qui on leur suggérera de parler. »

Madame de Fornel appela de l'inique sentence des juges de la Rochefoucault, qui fut infirmée par arrêt du parlement de Paris du 1er février 1773, lequel déchargea tous les accusés de l'accusation, et ordonna la radiation de leurs écrous.

MARI ACCUSÉ PAR SA FEMME

D'INCESTE AVEC SA BELLE-FILLE.

« Après le poison et l'assassinat, dit Voltaire, le crime le plus grand, c'est la calomnie.» Voilà pour la calomnie vulgaire, pour la calomnie à l'usage des oisifs, des envieux et des ennemis. Mais si la calomnie vient d'une épouse, d'une femme qui doit être notre compagne, notre amie, notre consolation; si cette calomnie est de nature à nous faire monter sur l'échafaud ou à flétrir à jamais notre honneur; alors quel rang pourra-t-on lui assigner dans l'infernale hiérarchie du crime?

Le sieur Dub..., d'abord cocher, ensuite marchand de toiles à Lyon, avait amassé quelque argent et un mobilier assez considérable pour sa condition. Il épousa, en 1763, une veuve qui avait eu d'un premier mariage deux filles, l'une mariée à Lyon, l'autre presque majeure. La dot de cette veuve consistait en deux maisons qui pouvaient valoir ensemble environ treize mille livres, mais qui étaient grevées d'hypothèques.

Les six premières années de cette union s'écoulèrent paisiblement; et le mari, par son économie, par d'heureuses spéculations sur les vins, augmenta la valeur des maisons de sa femme, éteignit les hypothèques dont elles étaient grevées, et haussa le prix des loyers.

Une vile cupidité vint troubler le bonheur de cet homme honnête et laborieux. Sa femme, joignant l'ingratitude à la perversité, forma avec sa fille aînée le projet de recueillir seules les fruits de la bonne administration de son mari, et de le priver de la récompense de ses travaux.

La fille cadette n'entra pas dans le complot; mais elle a aussi son petit épisode dans cette histoire. Cette pauvre fille avait eu le malheur de former une liaison avec un garçon vinaigrier, qui mourut, et la laissa mère sans l'avoir épousée. Dans son embarras, elle se confia à une blanchisseuse, qui lui promit de lui donner un asile pour faire ses couches. Elle avoua aussi sa faute et ses chagrins à son beau-père, qui, touché de compassion, secourut sa belle-fille, et cacha tout à sa femme, ne soupçonnant pas que sa conduite pût jamais être le sujet d'une accusation infâme. La jeune fille accoucha chez sa confidente; on porta l'enfant à l'hôpital, et la mère revint chez ses parens, après quatre ou cinq jours d'absence, qu'elle justifia par un mensonge. Elle demeura encore quatre années dans la maison maternelle; mais, au mois de septembre 1769, sa mère la chassa de sa maison comme un témoin dont la présence entravait l'exécution du larcin qu'elle méditait contre son mari.

Un mois après, il s'éleva dans la maison, à l'occasion d'une porte ouverte, une de ces querelles populaires qui ont lieu si communément entre locataires de la basse classe. On se prit aux cheveux; il y eut des coups donnés de part et d'autre; la femme Dub..., compromise dans la mêlée, s'en retira très-maltraitée. Elle eut l'effronterie d'attribuer à son mari les blessures qu'elle avait reçues; et, sans aucune formalité préalable, elle alla secrètement, le 18 octobre, se faire visiter par le médecin et les chirurgiens de police. Le 28 du même mois, agissant toujours clandestinement, elle rendit plainte contre son mari, l'accusant de la maltraiter et de la battre. Elle demanda la visite et un asile; tout lui fut accordé, sans qu'elle en profitât. Elle se contenta de se faire visiter par les mêmes chirurgiens, qui dressèrent leur rapport des contusions dont elle était marquée.

Toutes les démarches sourdes de cette femme étaient ignorées du mari; il la trouvait toujours paisible dans sa maison, à sa table et dans le lit conjugal.

Le 21 novembre, rentrant chez lui, il s'aperçut qu'on lui avait enlevé son argent, ses papiers et ses effets. Sa femme lui fit une scène très-vive, et dès le soir même ils se séparèrent. Le mari porta plainte du vol qui lui avait été fait. La femme se trouva chargée par les dépositions, et fut sommée de comparaître. Mais, de son côté, elle poursuivit sa demande en séparation. Elle articula d'abord des sévices et mauvais traitemens, et mit sur le compte de son mari les contusions dont elle portait les marques, s'appuyant, à cet égard, des deux rapports des chirurgiens. Au lieu de fournir la preuve de ces faits, elle ajouta quelque temps après une accusation atroce; elle prétendit que son mari avait voulu l'empoisonner. De là la nécessité de fuir un homme dont la seule présence lui devenait insupportable, et qui remplissait sa vie d'amertume et d'angoisses.

Le mari niait tous ces attentats comme calomnieux, et réclamait la restitution des effets que sa femme lui avait enlevés.

Cependant la femme obtenait des provisions, et ne poursuivait plus la procédure, ne produisant ni preuves ni témoins des faits qu'elle avait allégués. Mais au bout de deux années, son imagination s'échauffe tout-à-coup, son ressentiment s'envenime; à l'accusation monstrueuse d'empoisonnement, elle en ajoute une nouvelle plus odieuse encore; le 25 octobre 1771, elle accuse son mari et sa fille cadette de s'être souillés du crime d'inceste en 1764, et d'en avoir exposé le fruit le 25 mars 1765. Cette fille cadette était retirée, depuis son expulsion de la maison paternelle, dans l'hôpital d'une petite ville, où elle prodiguait ses soins aux pauvres malades.

La fille absente fut assignée à son de trompe. Le mari, arrêté et entendu, obtint d'être élargi provisoirement. Alors la femme de-

manda la jonction de l'instance en séparation
avec la plainte criminelle, et fut mise en possession des revenus des maisons, les parties
étant renvoyées à quinzaine sur le fond. Par
une seconde sentence, le juge prononça la
séparation de corps.

Le mari appela de ces deux jugemens au
conseil supérieur de Lyon. La femme se trouvait ainsi placée dans une situation qui devenait de jour en jour plus embarrassante. Son
principal objet, c'était d'obtenir la séparation ; c'était ce qui l'avait poussée à multiplier
les accusations contre son mari. D'un autre
côté, quand son cœur eût été assez atroce
pour envisager, de sang-froid, son mari sur
un bûcher et sa fille sur l'échafaud, la honte
seule d'un rôle aussi odieux aurait dû suffire
pour la faire rougir de sa conduite, et l'amener
à rétracter ses accusations calomnieuses. Elle
se trouvait donc pressée entre la crainte et
la nécessité de justifier ses premières démarches, et sa demande en séparation. Cette al-
ternative rendit sa défense singulière. Il fallait soutenir que son accusation n'était pas
téméraire et dénuée de fondement, et éviter
d'en compléter les preuves.

Le défenseur de Dub... attaqua de front l'accusation, la battit en ruine, et mit tout-à-fait à nu la turpitude de la femme accusatrice. « Qu'ajouter encore? dit-il en terminant. Les jurisconsultes dans leurs décisions, les magistrats dans leurs jugemens, les lois dans leurs dispositions, les empereurs dans leurs décrets, la justice dans ses principes, la nature dans ses sentimens, se réunissent, s'élèvent, et combattent avec indignation contre la masse informe des procédures de la femme Dub..., et contre tous les projets barbares qu'elle a formés dans sa colère. »

L'arrêt, rendu en 1773, déclara inadmissible la preuve de l'inceste, annula la procédure faite devant le premier juge, mit les parties hors de cour sur la demande en séparation, et ordonna que la femme Dub... se retirerait dans un couvent pendant deux années; peine trop peu sévère pour un monstre furieux et dénaturé qui, pour satisfaire une vile cupidité, avait inventé les plus infâmes calomnies, et méconnu les plus doux sentimens de la nature, ceux d'épouse et de mère.

AUDACE D'UN ASSASSIN GRACIÉ.

Un meurtrier, dévoué par les lois au supplice, triomphait lorsqu'il devait trembler encore; il croyait son forfait effacé par la grâce émanée en sa faveur de la clémence royale; il confondait la vengeance publique avec la réparation particulière, et il osait demander des dommages-intérêts, parce que ses meubles avaient été saisis par les parens de celui qu'il avait immolé dans sa fureur. La justice indignée infligea au criminel gracié la punition dont la loi permettait encore de le frapper, protégeant, en cette circonstance, non seulement une famille mutilée, mais encore la morale publique outragée.

César Despiney, commissaire à Terrier, âgé d'environ trente-cinq ans, était connu pour homme d'honneur. Il se distinguait par ses talens et ses connaissances. Sa famille le chérissait, et il était en possession de l'estime publique.

Denis Grangier, commis aux aides depuis vingt ans, prétendait avoir reçu le jour d'un magistrat; mais sa conduite semblait démentir sa naissance. Cet homme, violent par caractère, chercha querelle à Despiney dans une partie de jeu, et lui donna publiquement un soufflet. Ils avaient l'un et l'autre porté les armes au service du roi. Grangier alla publier partout l'affront qu'il avait fait à Despiney. Celui-ci, homme raisonnable et paisible, eut le courage de mépriser un tel ennemi.

Cependant Grangier continuait de répandre dans la petite ville de Montmerle des propos injurieux pour Despiney; il l'accusait hautement de lâcheté. De faux braves comme lui répétaient ces propos; ils excitaient Despiney à la vengeance. On prétendit qu'il avait écrit une lettre insultante à Grangier; mais on soutenait que les termes de cette lettre n'étaient pas de son style, et que cet écrit anonyme était d'une plume ignorante et grossière.

On ajoutait que Despiney n'eut jamais le projet de se battre en duel avec un adversaire trop connu pour avoir l'habitude de se battre en lâche.

Despiney revient à Montmerle au mois de février 1771. Il entend dire de toutes parts que Grangier le brave et cherche à le déshonorer. Indigné d'un tel procédé, il se présenta plusieurs fois chez Grangier pour l'engager à cesser ses propos. Une pareille démarche aurait dû ramener l'insolent agresseur à de meilleurs sentimens. Mais, loin de là; le 26 février, à neuf heures du soir, Despiney fut assassiné de deux coups de fusil, dans la rue que Grangier habitait.

Despiney, en sortant de table, s'était rendu chez Grangier pour lui porter des paroles de paix, et son barbare ennemi lui donna la mort. Il frappe, on n'ouvre pas; il se retire; mais Grangier, qui était derrière la porte, avait préparé un fusil à deux coups. Il attendait, pour s'en servir, que Despiney fût éloigné. Despiney n'eut pas fait vingt pas pour reprendre le chemin de sa maison, que le traître lui tira un premier coup de fusil qui l'atteignit à l'épaule, et ne le blessa que légèrement. L'infortuné se retourne pour se défendre, il porte la main à son épée; elle est à peine dégagée du fourreau, qu'il est atteint d'un second coup à la tempe, à la joue et à la gorge, du côté gauche. Il tombe, et se traîne à quelques pas. Un voisin entend sa voix lamentable; il court à lui, il voit un homme nageant dans son sang; il dit, avec cette horreur qu'inspire un pareil spectacle : *Hélas ! c'est M. Despiney.* — Oui, c'est moi, répondit-il d'une voix expirante; oui, c'est moi.... Telles furent ses dernières paroles. Despiney n'eut pas la force de nommer son assassin. Il était évident que Grangier était l'auteur du crime; c'était le seul ennemi de Despiney. Ce fut aussi le seul habitant de Montmerle que la voix publique accusa de ce forfait. Le meurtrier s'accusa lui-même par sa fuite, ou du moins par le soin qu'il prit de se cacher.

Cependant, à la première nouvelle de cet assassinat, le ministère public rendit plainte, et l'on fit un information. Pendant cet intervalle, Grangier sollicita et obtint des lettres de grâce; puis il se rendit secrètement à Trévoux et fit présenter ses lettres le 28 mai; elles furent entérinées le lendemain, sans qu'aucun des parens de Despiney y fût appelé, et tout se fit avec une telle précipitation, que la dame Despiney et ses enfans n'en eurent aucune connaissance; ils ne l'apprirent qu'en voyant reparaître l'assassin à Montmerle. Il se hâta d'y revenir aussitôt qu'il fut certain de l'impunité ; il bravait le public ; il bravait la mère et les parens de sa victime. Un soir même il eut l'audace d'insulter et d'attaquer le frère du malheureux qu'il avait assassiné. On conçoit aisément toute l'indignation de ce frère exaspéré : *Lâche assassin*, lui dit-il, *veux-tu tremper aussi tes mains dans mon sang ?* Grangier ne répondit à ce reproche légitime que par de nouvelles injures, et par des bravades : *Je puis te faire raison*, disait-il. Despiney était sur le point de se livrer aux mouvemens d'une juste vengeance, lorsque heureusement quelques personnes le retinrent. Mais Grangier ne s'en tint pas à cet outrage nouveau, il osa porter plainte, ayant néanmoins la prudence de ne pas poursuivre une procédure qui aurait pu jeter quelque lumière sur sa conduite.

Quelle horreur ne devaient pas éprouver les parens de l'infortuné Despiney en rencontrant à tout moment sur leur chemin cet infâme meurtrier ! Ils mirent donc tout en œuvre pour se délivrer de son odieuse présence. Grangier était insolvable ; ils l'attaquèrent en dommages - intérêts pour lesquels il serait sujet à la contrainte par corps.

« Que l'assassin vive, disait l'avocat de la famille Despiney, puisque la miséricorde du souverain l'a soustrait au glaive des lois; qu'il échappe à des condamnations pécuniaires dont son insolvabilité l'affranchit; qu'il en obtienne même contre les parens de celui qu'il a assassiné, comme il ne rougit pas d'y conclure, ils sacrifieront volontiers le faible. patrimoine de leurs ancêtres, pourvu qu'il soit à jamais banni de leur présence; mais qu'ils aient au moins la consolation de le voir s'éloigner d'eux, et qu'ils ne soient plus exposés au frémissement qu'ils éprouvent à l'aspect d'un assassin. »

Ces accens d'une douleur si légitime furent entendus de la justice. Par arrêt du 9 mai 1773, Grangier fut condamné à payer aux parens de Despiney la somme de six mille livres par forme de réparation civile, et à s'abstenir des villes de Montmerle et de Belleville, avec défense d'approcher de dix lieues desdites villes.

PARRICIDE

DE LOUIS-ANTOINE CHABERT.

Le parricide, ce crime horrible, inconnu chez plusieurs grandes nations de l'antiquité, n'est venu que trop souvent épouvanter les peuples modernes. Est-ce un reste des mœurs implantées chez nous par les barbares qui venaient, par essaims, porter le fer et le feu dans nos belles contrées? Est-ce plutôt le résultat de notre éducation vicieuse et de l'affaiblissement toujours progressif de l'autorité paternelle? Quoi qu'il en soit, malgré la punition rigoureuse infligée au parricide, ce forfait n'ensanglante que trop de pages de nos fastes criminels.

Antoine Chabert, marchand de chevaux à Paris, jouissait d'une honnête aisance, acquise dans son commerce. Il vivait paisiblement au sein de sa famille, remplissant avec une honorable exactitude ses devoirs de citoyen et de père. Il voyait avec plaisir que son fils pourrait lui succéder dans son commerce de chevaux, et il prenait toutes ses mesures pour mettre le plus prochainement ce projet à exécution. Avec des dispositions aussi paternelles, l'infortuné Chabert était bien éloigné de penser que ce fils, l'objet de ses travaux et de sa sollicitude, serait capable d'attenter à ses jours.

Louis-Antoine Chabert jouissait d'une trop grande liberté pour un jeune homme de son âge; le père était trop occupé des affaires de son commerce pour surveiller toutes ses actions; de sorte que le fils avait formé des liaisons peu propres à lui inspirer des sentimens d'honneur et de probité. Mais il fallait aussi qu'il eût le cœur naturellement vicieux pour concevoir le projet criminel dont nous allons parler.

Il s'était établi des relations de débauche entre le jeune Chabert et un ouvrier d'une mauvaise conduite et d'un caractère entreprenant. Chabert, le jugeant l'homme qu'il lui fallait pour remplir ses vues, se l'attacha, soit par des manières caressantes, soit en payant pour lui dans leurs communes parties de plaisir. Chabert avait formé l'affreux projet de faire assassiner son père, et c'était cet ouvrier, nommé Matthias Cellier, qu'il voulait charger de l'exécution du forfait. Les promesses qu'il fit à son compagnon produisirent leur effet ; et il trouva dans Cellier un scélérat digne d'être son complice.

Le jour et l'heure où l'assassinat devait être commis furent convenus entre eux ; c'était le 2 décembre 1774. Le jeune Chabert avait essayé, la veille, le couteau qui devait servir à poignarder son malheureux père ; et ce monstre avait poussé la barbarie jusqu'à conseiller à son infâme complice *de faire aiguiser et affiler ce couteau pour plus de sûreté, et pour ne pas manquer son coup.*

Le 2 décembre, jour fixé par le fils pour cet horrible meurtre, le malheureux marchand de chevaux rentrait chez lui dans la cour du Palais, sur les huit heures et demie du soir. Soudain il est attaqué par le complice de son fils, qui lui enfonce deux fois son couteau dans le sein. Chabert père se défend ; il lutte un moment avec son assassin, le saisit par les cheveux, et appelle du secours. Son fils s'offre le premier à sa vue ; il se croit sauvé ; du moins il croit pouvoir compter sur un vengeur; il appelle son fils; mais celui-ci, au lieu de s'occuper de venger le crime qui vient d'être commis, ne songe qu'à en faire disparaître l'auteur, qui n'a agi que par ses ordres; il arrache son complice des mains de son père, et facilite son évasion.

Mais Matthias Cellier, après son crime, ne jouit pas long-temps de sa liberté. Il fut arrêté le soir même. Chabert fils, craignant, à juste titre, d'être compromis par ses aveux, prit la fuite pendant la nuit, et son malheureux père ne tarda pas à mourir de ses blessures.

La justice poursuivit aussitôt ce crime atroce. Comme il avait été commis dans l'enclos du Palais, les juges de ce bailliage se chargèrent de l'instruction du procès. A force de recherches minutieuses, on découvrit la retraite de Chabert fils, et on l'arrêta. Les juges du bailliage du Palais ne négligèrent rien pour que la punition suivît de près un forfait aussi exécrable. Le 12 du mois de décembre ils rendirent leur sentence, qui déclarait Matthias Cellier atteint et convaincu d'avoir assassiné de guet-apens et de dessein prémédité, Antoine Chabert père, et Louis-Antoine Chabert fils coupable de complicité avec l'assassin.

En conséquence, Chabert fils, déclaré parricide, et Matthias Cellier, furent condamnés au dernier supplice. L'arrêt portait que Chabert ferait amende honorable, au-devant de la principale porte et entrée de l'église métropolitaine de Notre-Dame, où il devait être mené par l'exécuteur de la haute-justice dans un tombereau, ayant écriteau devant et derrière, portant ces mots : *Parricide et coupable d'assassinat envers son père;* que là, étant nu-tête et à genoux, en présence de Cellier, il déclarerait, à haute et intelligible voix, qu'il avait méchamment et indignement fait assassiner son père par Cellier, et demandait pardon à Dieu, au roi et à la justice; qu'il aurait ensuite le poing coupé sur un poteau planté devant l'église; puis serait mené avec Cellier, dans le même tombereau, en la place Dauphine, pour y être rompu vif et mis sur la roue, ainsi que son complice.

Le parlement de Paris, par arrêt rendu le même jour, confirma la sentence du bailliage du Palais, qui fut exécutée en présence d'un concours immense de spectateurs avides de voir les traits d'un parricide.

Chabert fils étant mort sur la roue, son corps fut brûlé dans un bûcher préparé à cet effet dans la place Dauphine, et ses cendres furent jetées au vent.

MENACES D'ASSASSINAT

FAITES, PAR LETTRES ANONYMES, AU FERMIER GÉNÉRAL MAZIÈRE.

Le 11 octobre 1773, sur les six heures du soir, le sieur Mazière, fermier général, reçut une lettre ainsi conçue :

« MONSIEUR,

« Nous sommes une compagnie qui avons besoin de trois cent soixante louis d'or. Nous vous donnons avis que, si vous ne les portez pas au bas du poteau auquel est attachée la corde du bac qui passe la rivière devant les Invalides, vous serez assassiné à l'heure que vous vous y attendrez le moins. Vous trouverez une marque faite sur le mur avec de la craie; ce sera là. Il ne vous servirait de rien de faire espionner, parce que nous nous en apercevrons; nous verrons que vous ne vou-

lez pas donner cette somme, et nous vous as-
sassinerons, quand vous seriez tous les jours
gardé par cent hommes. »

Cette lettre sans signature portait la date
du 11 octobre 1773. Le sieur Mazière la remit à la police, qui fit investir le lieu indiqué
par des espions, ayant à leur tête un exempt.
Le mardi 19 octobre, sur les six heures du
matin, un particulier quitte la grande route,
descend dans le fossé qui était alors entre le
chemin et l'allée du Cours-la-Reine; il n'était
pas directement vis-à-vis le poteau, mais à
vingt pas au-dessus du côté de Paris. A peine
est-il descendu dans le fossé qu'il est assailli
par une troupe d'hommes qui sortaient de
dessous le pont de bois qui communiquait du
cours au grand chemin devant les Invalides;
d'autres s'étaient mis en embuscade derrière
les arbres.

L'homme attaqué reprend sa canne, et veut
remonter le fossé. Il se sent frappé d'un coup
de bâton; il fuit du côté de Paris, appelant
à son secours des charretiers qui passaient
sur la route. Les charretiers accourent; mais
l'exempt paraît, et fait arrêter l'homme, de par
le roi. On le garrotte, et on le conduit chez le

commissaire Serrault, rue Saint-Martin. Le
commissaire demande à cet homme son nom
et son état. Il répond qu'il se nomme Garnier, et qu'il est officier de maison chez le
comte de l'Aubespine. On l'interroge sur toutes les démarches qu'il a faites dans la journée
du 11 octobre, jour où la lettre fatale avait
été remise chez le sieur Mazière. Il répond
que ses actions n'ayant eu rien alors d'extraordinaire, il lui serait impossible de rendre le compte qu'on lui demande.

Le commissaire lui enjoint de dire rapidement, et sans chercher, pourquoi il s'était
trouvé au cours, précisément au lieu où il
avait été arrêté, et quelle était la raison qui
l'avait fait descendre dans le fossé à cinq heures et demie du matin.

Garnier fit les réponses les plus détaillées à
ce sujet. Son maître, le comte de l'Aubespine,
étant dans l'usage d'aller passer les hivers
dans sa terre de Villebon près Chartres, avait
donné à ses gens l'ordre du départ. Garnier
avait retenu une place à la diligence de Chartres pour le 19 octobre. La voiture devait
partir de la rue Contrescarpe à cinq heures du matin, mais Garnier s'étant éveillé

trop tard, avait cru plus prudent d'aller gagner directement la grande route, pour ne
pas perdre de temps, dans le cas où la voiture
serait partie. Il était vers le milieu du cours,
quand un besoin pressant ne lui permettant
pas d'aller plus loin, il descendit dans le fossé,
et fut un moment après arrêté.

Après ce récit, pour la garantie duquel Garnier invoquait le témoignage du comte de l'Aubespine, le commissaire tira de son secrétaire
la lettre anonyme, et ordonna à Garnier d'en
faire lecture. Dès les premiers mots, Garnier in-
terrompant sa lecture : « Je ne sais, dit-il, ce
que c'est que M. Mazière ; jamais je ne l'ai vu ;
jamais je n'en ai entendu parler, et je ne sais
même pas où il demeure. » Garnier demanda
la permission d'écrire à son maître, on le lui
permit ; mais sa lettre ne fut pas envoyée. Le
commissaire et l'exempt crurent y reconnaître
la même main qui avait tracé celle adressée
à M. Mazière, et la retinrent comme pièce de
conviction.

Enfin, après sept heures d'interrogatoire,
Garnier fut conduit en prison par ordre du
commissaire. Le lendemain, vers les sept heures du soir, le même commissaire, l'exempt

et deux autres agens de police, vinrent prendre le prisonnier pour le conduire à l'hôtel
de l'Aubespine. Malheureusement le comte et
la comtesse en étaient partis le matin avec
tout leur monde. On visita la chambre de Garnier et celle de sa sœur. Tout fut ouvert sans
qu'il se présentât le moindre indice.

Cependant un des hommes de la police
étant resté avec le suisse, lui avait raconté la
capture de la veille, en ajoutant que Garnier avait les mains pleines d'or, lors de son
arrestation, et était accompagné de gens qui
avaient pris la fuite. Ce fut sous de semblables
couleurs que cette affaire parvint à la connaissance du public. Un journal même contribua à les accréditer. On lut dans le *Journal
Politique* ou *Gazette des Gazettes* de novembre 1773 : « Le sieur de Mazière, riche fermier
général, reçut dernièrement une lettre anonyme, par laquelle on le sommait de déposer
secrètement, sous peine de la vie, trois cent
soixante louis dans le tronc d'un arbre bien
désigné aux Champs-Élysées. On communiqua
cette lettre au lieutenant-général de police, et
l'auteur de la lettre n'a pas manqué d'être arrêté à l'endroit qu'on avait indiqué. C'est, dit-

·on, un officier de bouche d'une bonne maison, où le sieur de Mazière allait fort souvent. »

Après la visite faite à l'hôtel de l'Aubespine,
Garnier fut reconduit à la prison et mis au
secret; mais il ne fut interrogé qu'après une
détention de six jours. Ce second interrogatoire fut à peu de chose près semblable au
premier. Le lieutenant-criminel observa seulement que Garnier ayant su que le comte
devait partir le 20, on voyait qu'il avait exprès indiqué ce jour, afin qu'il lui fût possible
de prendre l'or en passant, de continuer sa
route, et de se mettre ainsi à l'abri des recherches. Garnier répondit qu'on saurait du comte,
quand on le lui demanderait, qu'il n'avait été
question du départ, pour la première fois,
que le 17 octobre; que la lettre écrite au sieur
Mazière étant datée du 11, son innocence
était certaine, comme il le démontrerait à tous
autres égards.

Le portier du sieur Mazière fut entendu, et
sa déposition était telle qu'il n'en aurait fallu
qu'une seconde du même genre et aussi bien
circonstanciée pour mettre la tête de Garnier
sous la hache du bourreau.

Cependant, si, d'un côté, la procédure sem-

blait accumuler les charges contre Garnier, il
se rencontra, de l'autre, des circonstances fa-
vorables à son innocence. Le 5 novembre,
pendant que l'accusé était dans les cachots,
le sieur Mazière reçut une seconde lettre anonyme, conçue à peu près en ces termes :

« MONSIEUR,

« Vous n'avez qu'un moment encore pour
éviter de perdre la vie : si, dans trois jours,
l'argent n'est pas porté au lieu que nous avons
dit, vous êtes un homme mort, nous sommes
décidés. »

Une autre lettre fut envoyée le 15 du même
mois, dans le même but, au sieur Mazière.
Ces deux nouvelles lettres étaient écrites de
la même main que la première, et certaine-
ment elles ne pouvaient être parties du cachot où Garnier était détenu. Mais les autres
indices dont nous avons parlé préoccupaient
tellement les juges, que le Châtelet, après
quatre mois d'instruction, rendit une sentence qui ordonnait un plus amplement informé de six mois, pendant lesquels le prévenu
resterait en prison.

Ces six mois écoulés, Garnier présenta une requête au parlement, qui venait d'être réintégré dans ses fonctions. Cette requête donna lieu à une nouvelle instruction, où Garnier figura comme un homme plein d'honneur et de probité, d'une fidélité à toute épreuve, très-attaché à ses parens, et possédant de rares qualités sociales et des vertus de famille bien précieuses. Ce portrait du prévenu était fourni par une foule de témoignages dignes de foi.

La comtesse de l'Aubespine, également pénétrée des malheurs et de l'innocence de Garnier, ne cessait de le recommander à ses juges. Elle écrivait au procureur du roi : « Tant que les soupçons contre Garnier, mon officier, ont paru avoir quelque fondement, je n'ai pas voulu vous importuner en sa faveur, pour donner le temps de découvrir l'auteur de l'horrible lettre dont on l'accusait, et qu'il était bien intéressant à M. Mazière de connaître. Mais aujourd'hui qu'on n'a acquis aucune preuve contre lui, que *même il n'est plus douteux que ce n'est pas lui qui a écrit et porté la lettre*, je réclame vos bontés et votre justice, persuadée que je suis de son innocence, et n'ayant aucun reproche à lui faire du côté de sa probité et de sa fidélité. Si vous voulez, monsieur, lui faire rendre la liberté, j'en joindrai la reconnaissance aux sentimens, etc. »

La déposition du portier du sieur Mazière, qui semblait si accablante pour l'accusé, fut anéantie à la confrontation. Garnier ne put contenir son indignation quand il fut mis en présence de cet homme. « Quoi! lui dit-il, vous me reconnaissez, vous m'avez vu chez vous? — Oui, je vous reconnais, vous aviez un habit gris et un chapeau uni, quand vous m'avez remis la lettre du 11 octobre. — Mais vingt personnes déposeront que ce jour-là j'avais un habit vert, une veste jaune, une culotte noire et un chapeau bordé d'or. — Il n'importe; c'est que vous avez changé d'habit. — Mais comment voulez-vous que je sois l'homme du sieur Mazière? je suis dans une maison où il ne vient jamais : en aucun temps je ne l'ai vu, rien au monde ne nous a rapprochés; jamais je n'en ai entendu parler. — Vous l'avez vu, vous le connaissez; il a une affaire personnelle avec le comte de l'Aubespine, pour laquelle il se rend fréquemment chez lui. »

Le portier se tint ainsi pendant fort long-temps, toujours soutenant à Garnier qu'il le reconnaissait parfaitement ; mais celui-ci le tourna de tant de manières, et profita si heureusement des détails dans lesquels ce portier, qui ne dérogeait point, se permit d'entrer sans discrétion, qu'il finit par l'embarrasser extrêmement. Enfin le juge dit au portier qu'il ne devait pas s'avancer si fortement, s'il n'était bien assuré de son fait. Garnier l'attaqua par le sentiment ; il le pria de considérer que son mensonge allait peut-être lui coûter la vie ; il lui mit sous les yeux les suites d'un faux témoignage reconnu pour celui qui s'en est rendu coupable. Le portier était ébranlé ; il ne savait plus quelle contenance prendre ; une vive rougeur lui couvrait le front ; sa langue perdit son assurance, ses propos n'eurent plus de suite, et il dit au greffier d'écrire *qu'il croyait seulement reconnaitre Garnier, mais qu'il n'était pas certain, et qu'il parierait dix contre cent.*

La cour sentit toute la nullité d'une pareille déposition, et malgré quelques difficultés résultant des formes judiciaires, comme il lui répugnait de retenir plus long-temps dans les fers un accusé dont l'innocence était com-

plètement démontrée, elle rendit, le 31 juillet
1775, un arrêt qui déchargeait Joseph Garnier
des plaintes et accusations intentées contre
lui ; ordonnait la radiation de ses écrous, et lui
permettait de faire imprimer et afficher cet
arrêt partout où bon lui semblerait. Quant
aux dommages - intérêts qu'il avait demandés, il fut mis hors de cour.

L'homme innocent fut à la fin reconnu,
après plus de dix-huit mois de prison, de
souffrances physiques et morales, de tribulations de toute espèce ; mais on ne découvrit
pas le coupable, l'auteur des lettres anony-
mes. Si, comme le pensait l'avocat de Garnier,
ces lettres n'étaient réellement pas sérieuses,
ne pouvaient l'être, il faut convenir au moins
que c'est un badinage bien cruel que celui
qui peut avoir pour résultat de faire monter
un homme innocent sur l'échafaud.

ACCUSATION D'INCENDIE,

OU LES MARTYRS DE MARCEILLAN.

Les provinces, les villes éloignées de la capitale, sont souvent opprimées par des tyran-
neaux subalternes, qui pèsent bien autrement
sur l'existence des citoyens que ce que l'on
appelle despotisme gouvernemental. La calomnie, l'injustice, la cruauté même, sont
les armes qu'ils emploient pour ruiner, souvent même pour faire traîner à la mort, ceux
qui ont le malheur de leur résister, ou seulement qui cherchent à éluder leurs coups.

Le procès dont nous allons parler présente
un exemple effrayant des tribulations qui
peuvent affliger des citoyens vertueux et mo-
destes, qui se croient en sûreté à l'ombre de
leur obscurité, de la droiture de leurs intentions et de l'équité de leurs démarches. Huit
citoyens honnêtes de Marceillan, en Languedoc, furent sur le point de subir une condam-

nation capitale et infamante, par l'effet des
manœuvres d'un seul particulier, et, par suite
des persécutions qu'ils essuyèrent, furent
surnommés, dans le pays, les *martyrs de
Marceillan.*

Le persécuteur, dans cette affaire, était un
sieur Rigaud de Belbèze, riche habitant de
Marceillan, ancien maire de cette ville, et capitaine garde-côtes. Cet homme était d'un
caractère altier, absolu, difficile; il avait eu
des procès avec un grand nombre d'habitans.

Une circonstance assez frivole fut le commencement d'un autre procès, qui devait
avoir des suites bien autrement sérieuses.
Le sieur Lunaret, curé de Marceillan, l'un
des pasteurs les plus vénérables du diocèse
d'Agde, avait pour vicaire un jeune homme
nommé Cauvet, dont il était fort mécontent,
à cause de son caractère léger et brouillon
et de l'indécence de sa conduite. Ce jeune
vicaire mangeait à sa table. Un jour de carême, en 1773, le curé se disposait à manger deux œufs, comme à son ordinaire,
le vicaire, d'un bout de la table à l'autre, s'é-
lance sur la main du sieur Lunaret, qui tenait
un œuf, le lui arrache, l'avale, et se livre à

des éclats de rire qu'on ne saurait qualifier,
de la part d'un prêtre. Le paisible vieillard
ne répondit à cette insolence que par une
réprimande douce et paternelle. Mais, peu de
jours après, le vicaire répéta la scène de l'œuf,
avec la même indécence et les mêmes éclats
de rire. Alors le curé, convaincu de l'inuti-
lité de ses remontrances, et ne voulant pas
nuire à ce jeune prêtre, se borna à lui inter-
dire sa table.

Cauvet crut mettre le public de son côté,
en faisant de cette scène matière à plaisanterie, et en jetant du ridicule sur le curé.
Mais le pasteur était trop estimé et trop con-
sidéré pour que cette tentative réussît. Le
plaisant fut généralement hué dans la ville;
on entendit retentir de tous côtés *à l'yoau*,
expression patoise qui signifie *à l'œuf*. On ne
s'abordait plus que ce mot à la bouche; ce
qui excitait une bruyante hilarité aux dépens
du vicaire.

Enfin on commençait à oublier ce cri de
joie; mais le sieur Rigaud, maire de la ville,
crut qu'il était de la dignité de son ministère de proscrire administrativement le mot

l'yoau : peut-être aussi voulait-il faire sa cour
à l'évêque d'Agde, protecteur de Cauvet. Il
se jette donc à l'improviste au milieu des
rieurs, et, avec toute la solennité d'un grave
magistrat, il leur défend de parler de *l'œuf.*
Une défense verbale ne lui paraissant pas suffisante, il fait publier, à son de trompe, *de
par les maire et consuls, qu'on ait à ne plus
crier à l'yoau.* Un acte de l'autorité aussi ridicule produisit l'effet qu'on devait en attendre; on rit de l'absurdité de la défense; le
mot mis à l'index retentit plus que jamais, et
remplit toutes les rues de Marceillan.

Furieux de voir son autorité méconnue,
son protégé bafoué, et son ennemi, le curé,
l'objet de la considération publique, le maire
écrit au commandant de la province que
Marceillan est en combustion; que l'on n'y
respire que le trouble et la révolte. M. le
comte de Périgord, après avoir fait prendre
des informations locales, jugea ces plaintes
très-exagérées, et n'y attacha aucune importance.

L'yoau était oublié; tout était paisible;
mais la fureur du sieur Rigaud, sa vanité

blessée ne lui permirent pas de rester en paix. Une nouvelle circonstance lui fournit l'occasion d'exercer sa vengeance.

Un antique usage à Marceillan, comme dans beaucoup d'autres villes de France, voulait que le corps de ville allumât un feu de joie la veille de la Saint-Jean. Ce jour-là des particuliers faisaient aussi des feux devant leurs portes; la jeunesse se livrait aux bruyans plaisirs de son âge; on se masquait, on dansait comme au temps du carnaval. Cette fête ne fut pas oubliée en 1773. Une paysanne endossa les habits de son mari ; elle menait une bande de jeunes gens qui, masqués et se tenant par la main, dansaient autour du feu. Le public ne vit dans tout cela qu'un ancien usage, qu'un reste de cette *grosse joie*, de cette gaîté franche et folâtre qui présidait aux fêtes de nos bons aïeux.

Mais le sieur Rigaud ne vit pas ces réjouissances du même œil. Il voulut y trouver une parodie satirique du feu que le corps de ville avait allumé. Des délateurs, soudoyés par lui, supposèrent que quelques-uns de ces prétendus séditieux s'étaient vêtus de robes et de chaperons, pour désigner et insulter les offi-

ciers municipaux ; que d'autres s'étaient
affublés de soutanes et de rabats, pour désigner et jouer le vicaire ; qu'un des chefs de
la sédition, couvert d'un grand peignoir, s'é-
tait promené en cabriolet, donnant des bénédictions à droite et à gauche dans les rues
de Marceillan ; qu'on avait accompagné ces in-
décences de chansons obscènes et injurieuses.
Enfin le sieur Rigaud présenta ces supposi-
tions comme une preuve évidente de conspiration flagrante, et s'en plaignit dans un
mémoire qu'il adressa à M. le duc de la Vril-
lière, gouverneur de la province. Ce mémoire
n'était qu'un tissu de faussetés, qui s'évanoui-
rent devant les preuves juridiques. Cependant les menées et les intrigues du maire
transpiraient et commençaient à répandre
l'inquiétude dans la ville. Les citoyens son-
gèrent à prendre des précautions pour leur
défense. Une association se forma contre les
entreprises du sieur Rigaud, et quatorze notables habitans de Marceillan constituèrent
un syndicat, par acte du 11 juillet 1773. Cet
acte fut accompagné de la plus grande publicité ; quoique peu régulier aux yeux sévères de la loi, il pouvait être excusé par l'usage

presque universel de la province. Le maire
lui-même en avait provoqué un du même
genre en 1771. Mais il ne pensait plus de
même en 1773. Il vit dans l'acte du syndicat
une levée de boucliers, une conspiration
tramée contre le bon ordre et l'autorité légitime, et il effraya le ministère par ses rapports mensongers. Vers la fin du mois d'octobre, arriva à Marceillan un des subdélégués
de l'intendance du Languedoc, pour faire des
informations. Il descendit d'abord dans une
auberge; mais le sieur Rigaud s'empressa
d'aller l'inviter de loger chez lui, et l'y emmena
en effet. Ce fut dans cette maison que se
fit l'information dont le commissaire était
chargé. Treize lettres de cachet furent le résultat de cette information. Le 3 mars 1774,
à la pointe du jour, trente cavaliers de la
maréchaussée entrent dans Marceillan, pour
mettre ces lettres de cachet à exécution. Le
sieur Lunaret, curé, est exilé à trois lieues
de sa paroisse; quatre autres habitans sont
exilés à différentes distances; deux sont enfermés dans le château de Ferrière, et deux
autres dans la citadelle de Nîmes; deux sont
mis dans les prisons de Beauregard. La pay-

sanne qui avait dansé au feu de la Saint-Jean
est conduite dans les prisons de Béziers, et
un pauvre journalier est emmené dans celles
de Pézenas. Les prisonniers se remettent
volontairement entre les mains de la maréchaussée, les exilés partent pour leur exil,
tous résignés, et portant sur leur front la sérénité de l'innocence.

Deux jours auparavant cette expédition,
c'est-à-dire le 1ᵉʳ mars, le feu avait pris à un
magasin du sieur Rigaud. Ce magasin, con-
tigu à sa maison, était situé sur la place publique de-Marceillan. Toute la ville, et par-
ticulièrement trois ou quatre de ceux qui furent exilés deux jours après, accoururent au
secours ; le sieur Rigaud ne perdit qu'une
portion de sa provision de bois, ses four-
rages, et la toiture de son magasin. Mais on
remarqua, et cette remarque fut consignée
dans la procédure, que le sieur Rigaud, tranquille au milieu de ceux qui s'empressaient
de venir éteindre le feu, disait : *Laissez, laissez brûler, tout me sera payé ; je suis sûr de
mon fait.*

C'est sur cet événement, qui accompagna
pour ainsi dire les lettres de cachet, que le

maire de Marceillan crut pouvoir intenter
avec succès l'accusation qui, pendant près
de cinq ans, plongea cette ville dans la consternation. Le 3 mars 1774, le soir même de
l'arrestation des prétendus séditieux, le sieur
Rigaud rendit plainte contre des *quidams*. Il
déclara que le feu avait été mis à son magasin
par les deux fenêtres du grenier à foin, ou
du moins que c'était par ces fenêtres que l'incendie s'était manifesté. Il déclara en outre
qu'il se rendait partie civile, et requérait que
la justice prononçât contre les coupables tel
jugement qu'il appartiendrait. Le juge de
Marceillan se récusa. Il fallait cependant un
juge au sieur Rigaud, un juge prêt à exercer
ce qu'il appelait sa vengeance. Il gagna le seigneur haut-justicier de Marceillan qui délégua
un magistrat à cet effet. On publia aussi un
monitoire par lequel on mettait les témoins
dans le cas de déposer de faits étrangers à l'incendie. Un récolet, dévoué au sieur Rigaud,
tonna en chaire pour intimider les consciences, et l'on vit s'établir dans la ville comme
une sorte d'inquisition. De plus, le sieur Rigaud vint à Paris, et demanda que son accusation d'incendie fût jugée par voie adminis-

trative, sous prétexte que cet incendie était
l'effet et la suite des lettres de cachet. En conséquence, il sollicita le conseil des dépêches
de l'évoquer et de la juger, ou de la renvoyer
pardevant des commissaires.

Pendant qu'il faisait ces démarches, on travaillait à la justification de ceux qui avaient
été exilés et enfermés. Les faits furent appro-
fondis; le ministre reconnut que les prétendus troubles de Marceillan n'avaient été que
des éclats de gaîté, et que le respect dû à l'autorité légitime et à la tranquillité publique n'a-
vait pas été compromis. Quant à la prétendue
connexité entre les lettres de cachet et l'incendie, le conseil jugea que c'était une chimère dé-
pourvue de toute vraisemblance; et le sieur
Rigaud fut renvoyé à poursuivre son accusation devant les juges qui en devaient connaître. Peu de temps après, les lettres de cachet
furent révoquées.

Mais le persécuteur acharné ne se tint pas
pour battu. Il accourt à Marceillan, sollicite
et obtient des décrets contre les sieurs Benezech, Salelles, Billiers, Jacques Marquet, An
toine Fabre et Élisabeth Delaire. Ces décrets,
datés du 31 juillet 1774, ne furent pourtant

signifiés que vers la fin de septembre ; ce qui annonçait bien clairement les perplexités et les inquiétudes de l'accusateur. Les accusés se présentèrent aussitôt ; l'interrogatoire qu'on leur fit subir ne fut qu'un piége continuel tendu à leur mémoire ou à leur bonne foi. Mais le juge délégué ne montrant pas assez de complaisance, on profita d'une absence qu'il fit pour se rendre aux états de Languedoc, et on lui substitua un autre juge délégué, qui ne balança pas à convertir en décret de prise de corps le décret d'ajournement lancé contre le sieur Benezech. Celui-ci ne fut pas plus tôt informé de ce décret, qu'il se rendit en prison, sommant le nouveau juge de l'interroger.

Ne pouvant rapporter toutes les fraudes employées par Rigaud dans tout le cours de cette affaire, nous essaierons du moins d'en donner une idée, en racontant un des stratagèmes qu'il mit en œuvre.

Le geôlier des prisons de Marceillan était un bon paysan qui n'avait d'autre science que celle de signer son nom. Peu de temps après que le sieur Benezech se fut constitué prisonnier, le sieur Rigaud va trouver le geôlier

pendant la nuit, lui présente un papier à signer, lui dit que la signature qu'il lui demande est nécessaire pour la forme, et ne peut
nuire à personne. Par cet acte, le geôlier déclare *que le sieur Benezech avait fait mine de
vouloir se remettre dans les prisons; qu'il avait
attrapé sa signature constatant sa remise; qu'à
peine a-t-il tenu sa signature, qu'il a refusé de
se remettre en état dans lesdites prisons, et va-
gue dans toute la maison de la cure, qui est
contiguë à la prison; qu'il ne peut se charger
de la garde de sa personne; que les prisons ne
sont pas sûres; qu'il peut s'évader, etc., etc.*

Telle était la pièce pour laquelle Rigaud
avait extorqué la signature du geôlier. Dès
que celui-ci fut informé de cette perfidie, il
protesta par acte devant notaire, dans lequel
il détailla la manière dont la chose s'était
passée. Mais cette signature fournit au sieur
Rigaud le moyen de surprendre un arrêt du
parlement de Toulouse, qui ordonnait que le
procès criminel d'incendie s'instruirait dans
les prisons de Béziers; ce qui fut exécuté. Benezech fut transféré dans cette ville avec l'appareil le plus scandaleux et le plus outrageant;
et les autres accusés furent obligés d'aban-

donner leurs foyers, leurs familles et leurs affaires, pour assister à l'instruction.

Qui n'a été frappé, en lisant ce qui précède, de cette variation facultative et révoltante dans le choix des juges délégués? Il n'y en eut jamais d'exemple, même sous les ministères les plus despotiques. Urbain Grandier, de Thou, Cinq-Mars, furent jugés par les commissaires qui avaient commencé l'instruction. C'est donc avec frayeur que l'on voit qu'un particulier, habitant d'une petite ville de province, ait pu, par ses manœuvres, avoir le crédit de renverser l'ordre judiciaire, pour conduire à l'échafaud qu'il leur destinait des citoyens qui n'avaient d'autre crime que de n'avoir pas voulu plier au gré des orgueilleuses prétentions de cet homme.

L'instruction étant enfin consommée, le ministère public donna ses conclusions définitives tendant à la décharge de tous les accusés, avec réparation d'honneur et dommages-intérêts contre la partie civile. Mais ce jugement n'était pas celui que sollicitait Rigaud. Il fait tant par ses manœuvres, par les témoins subornés qu'il produit, qu'il obtient un arrêt qui déclare le procès *en état de recevoir jugement définitif*, et cependant,

avant faire droit, condamne le sieur Benezech
à la question ordinaire et extraordinaire pour,
le procès-verbal de torture rapporté, être sta-
tué définitivement ce qu'il appartiendra. Salelles fut condamné, comme participant au
crime d'incendie, à trois années de bannissement et dix-sept mille livres de dommages
envers le sieur Rigaud. Un sieur Marie fut.
condamné à faire amende honorable, comme
faux témoin, la corde au cou, et au bannissement pour trois ans. Les accusés interjetèrent
appel de cette sentence. Le ministère public
garda le silence. La procédure fut envoyée au
parlement de Toulouse, qui infirma la sentence des premiers juges, déchargea les accusés, et condamna le sieur Rigaud à des dommages - intérêts assez considérables Cette
sentence fut rendue d'une voix unanime; et
l'un des premiers juges, qui avaient été man-
dés à la barre de la cour, fut interdit de ses
fonctions pendant trois mois. Tout le pays
applaudit à ce jugement, et les accusés retour-
nèrent à Marceillan, recueillant sur leur route
les félicitations de tous leurs compatriotes.

Cependant le sieur Rigaud, la rage dans le
cœur, accourut à Paris, et demanda la cassation
de l'arrêt du parlement de Toulouse. Il se pré-

senta au conseil comme la victime de son amour pour le bon ordre, et comme le martyr de l'autorité. Déterminé par les moyens déduits par le sieur Rigaud, et sans doute aussi par le crédit des protecteurs dont il s'appuya, le conseil cassa, par arrêt du 11 septembre 1775, celui du parlement de Toulouse et tout ce qui avait suivi, et l'affaire fut renvoyée aux requêtes de l'hôtel. Le célèbre Tronson du Coudray prit la défense des accusés, et mit leur innocence dans tout son jour. Mais, par suite des lenteurs inséparables d'une affaire de ce genre, et jugée loin du théâtre des événemens, ce ne fut que bien long-temps après que justice complète fut rendue. Par jugement souverain des requêtes de l'hôtel, du 5 février 1779, tous les accusés furent déchargés de l'accusation, avec permission de faire imprimer et afficher à leurs frais leur jugement d'absolution, et le sieur Rigaud fut condamné en tous les dépens.

L'injustice, l'arbitraire qui poursuivaient avec tant d'acharnement ces prétendus incendiaires, ne purent se dérober aux regards des magistrats suprêmes, qui sauvèrent l'innocence et la mirent à l'abri des maux que Rigaud lui destinait.

VOLEUR AUDACIEUX.

Les environs de la ville de Crespy-en-Valois furent, depuis 1773 jusqu'en 1775, le théâtre des attentats d'un voleur dont la témérité était presque sans exemples. Mais ce qu'il y avait de plus extraordinaire, c'est qu'il paraît qu'il n'eut point de complices dans l'exécution de ses crimes. Seul, il escaladait les murailles, pénétrait dans les maisons, forçait portes et fenêtres, se faisait jour à travers les murs, entrait dans les chambres, enlevait les effets qu'il y trouvait, sans être arrêté ni effrayé par la présence des personnes qui y étaient couchées ou endormies.

Pierre Boulland, charretier de son métier, était la désolation des fermes voisines de Crespy. Pendant deux années, il eut l'art de se soustraire aux poursuites de la justice. Ce succès accrut encore sa témérité, et le nombre de ses attentats se multiplia tellement, que tous les agens de la police se mirent à ses trousses, et parvinrent à s'en rendre maîtres.

N'ayant parlé que très-brièvement de Cartouche, de Mandrin, et autres voleurs de profession, dont les noms et les crimes ont alimenté si souvent la Melpomène du boulevard du Temple, nous aurions passé sous silence Pierre Boulland, beaucoup moins fameux que ces héros de la potence et de la roue. Mais, outre que ses faits et gestes sont peu connus, ils sont en même temps si étranges d'audace, que l'extrait que nous en donnons nous semble avoir l'attrait de la nouveauté.

Il serait impossible de faire un récit exact de ses vols. Il en faisait tous les jours, et plusieurs; mais c'est surtout la nuit qu'il consacrait à ses opérations. Voici quelques-uns de ses tours.

Dans la nuit du 18 au 19 novembre, il escalade le mur de la cour de la ferme de Maisoncelle. Avec une solive il force deux barreaux de fer qui garantissaient la fenêtre d'un cabinet, casse deux carreaux de vitre de cette fenêtre, afin de pouvoir l'ouvrir en dedans. Entré dans le cabinet, il ouvre six tiroirs d'une

.commode et le tiroir d'une petite table, prend trois mille livres en plusieurs sacs, et une médaille d'argent.

La nuit de Noël, même année, il entre, par les champs, dans la grange du nommé Pilarget, laboureur à Ormoy. Il s'y introduit par une fenêtre qui n'était fermée que par des bottes de fougère, appuyées en dedans avec des perches. Là, il attend le départ des gens de la maison pour la messe de minuit. Dès qu'il s'aperçoit qu'ils sont sortis, il ferme la porte de la rue en dedans, pour s'assurer, s'ils revenaient avant son expédition achevée, que cet obstacle à leur rentrée lui donnerait le temps de fuir par la route qu'il avait prise pour entrer. Il trouve un coutre de charrue, s'en saisit, et essaie dé faire un trou au mur de la maison, du côté du jardin. Le coutre casse; il est obligé d'abandonner son entreprise; mais il ne se démonte pas. Il attaque la porte qui donne sur la cour; avec son couteau, il entame le jambage de plâtre, pratique un trou propre à passer la main, et ouvre la serrure. Entré dans la maison, il passe dans une salle, prend une pelle à feu qu'il insinue entre les deux battans d'une armoire; les efforts qu'il fait font lâcher les clous de la serrure. Les deux battans s'ouvrent. Notre homme prend, dans un tiroir, une bourse dans laquelle étaient dix-huit écus; il vole aussi deux timbales et deux tasses d'argent, une veste écarlate bordée de galons d'argent, et d'autres effets.

La nuit du 14 au 15 novembre 1774, Boulland se rend dans une ferme à Courchamps. La fenêtre d'un cabinet, donnant sur un clos, était fermée par un barreau de fer. Il arrache, au jambage de la fenêtre, une quantité de plâtre suffisante pour se faire un passage. Il descend dans le cabinet, pénètre jusque dans la chambre où le fermier et sa femme étaient couchés, prend, sous le chevet de leur lit, deux culottes. Il aperçoit tout auprès les poches de la femme; il y prend les clefs des armoires, en ouvre une qui était voisine du lit, vole habits, vestes et culottes. Il monte dans la chambre où les servantes étaient couchées; prend, sur leur lit, huit à neuf chemises d'homme, descend dans la cave, y boit du vin, et sort par l'ouverture qu'il avait pratiquée pour entrer.

Le 4 décembre suivant, il pénètre à Combreux, paroisse de Tournant, dans une ferme. Il prend, dans une alcôve où le fermier et la fermière étaient couchés, la culotte du fermier, qui était sous son chevet, et à laquelle pendaient des boucles d'argent. Il enlève aussi du linge et d'autres effets. A côté de la chambre où il venait de commettre ces vols était une salle fermée par le moyen d'une porte vitrée. Il démastique un carreau de vitre, le lève, et se facilite, par là, le moyen d'ouvrir cette porte. Il trouve la clef à une armoire dans laquelle il dérobe plusieurs effets. Il essaie de forcer un tiroir, mais la crainte du bruit qu'il fallait faire pour réussir le fit renoncer à cette entreprise, et il se retira.

Telle était la vie de Boulland toutes les nuits. Il commettait tous ces vols dans des maisons où il avait été domestique. Il en connaissait l'intérieur. Il avait partout pris la précaution de bien caresser les chiens et de s'en faire connaître, de manière que, quand il s'introduisait dans une habitation, ces animaux, au lieu de lui donner la chasse, lui faisaient accueil. D'ailleurs, il les apaisait en leur donnant du pain ou quelque autre nourriture.

Boulland fut arrêté, et conduit dans les prisons de Crespy-en-Valois. Son procès lui fut fait; il avoua tout. Enfin, par sentence du bailliage, il fut condamné à être pendu et étranglé à une potence plantée sur la place de la Couture de Crespy.

ASSASSINAT DU SIEUR PAIN.

Les jugemens qui n'ont pour base que des présomptions ou des conjectures sont presque toujours des actes d'iniquité. Nous avons vu déjà bien des innocens succomber sous de semblables condamnations, victimes malheureuses de la fatale prévention de leurs juges. Mais on ne saurait trop multiplier ces sortes d'exemples, afin de tenir les magistrats, et le vulgaire lui-même, continuellement en garde contre les effets de ces jugemens sans preuves. C'est servir l'humanité que d'avertir les organes de la justice de se défier de leurs préoccupations dans une matière aussi importante que celle où il s'agit de la vie et de l'honneur des citoyens.

Me Pain, avocat au parlement de Rouen, s'était retiré à la campagne. Il vivait seul, dans une chambre qu'il s'était réservée dans une métairie qui lui appartenait, et qu'il avait affermée au nommé Mauger. Cette chambre était située dans le corps de logis habité par le métayer. Me Pain ne pouvait ni entrer ni sortir sans être vu des gens de la maison. Il était si intimement lié avec son fermier, que la fille de celui-ci était chargée du soin de son ménage. Jamais Me Pain ne découchait.

Cet homme disparut tout-à-coup dans les premiers jours d'août 1766. D'après la déclaration de Mauger et de toute sa famille, il paraît certain qu'il était rentré chez lui la nuit du 8 au 9 août, puisqu'ils déposèrent qu'ils l'avaient entendu sortir, cette nuit-là, avant la pointe du jour, et que depuis ils ne l'avaient pas revu.

Huit jours après, le cadavre de Me Pain fut trouvé dans un étang à quelque distance de la maison qu'il habitait, *ayant un pot rempli de sable attaché au cou.* Les officiers de la justice se transportèrent sur les lieux le 18 août, et firent la levée du cadavre. Les médecins et chirurgiens, appelés pour le visiter déclarèrent dans leur rapport que Me Pain avait été assassiné, que ses assassins l'avaient pris aux parties, et l'avaient ensuite étranglé ; ils ajoutèrent que son corps n'avait été jeté dans l'eau que long-temps après sa mort.

En lisant les dépositions du fermier, de ses enfans et de ses domestiques, il n'est personne qui ne soit surpris qu'ayant déclaré qu'ils avaient entendu du bruit dans la chambre de Me Pain, qu'ils savaient être seul, ils n'y soient pas montés pour lui donner du secours.

A la nouvelle de cet assassinat, mille conjectures sont formées sur-le-champ ; les auteurs du crime ne sont peut-être pas les derniers à les propager dans leur intérêt ; et les soupçons vont atteindre les sieurs Rivière père et fils, l'un oncle, l'autre cousin-germain de Me Pain, et tous deux très-attachés à sa personne, plus encore par les liens de l'amitié que par ceux du sang. A l'époque du crime, le fils Rivière se trouvait à Saint-Sauveur-le-Vicomte, c'est-à-dire à plus de vingt lieues de la scène du crime. Il lui était donc facile de prouver son *alibi*. Quant à son vieux père, il lui eût été physiquement impossible de commettre seul le forfait dont on le soupçonnait. D'ailleurs la moralité du père et du fils semblait devoir les mettre au-dessus de semblables soupçons. Mais quel mal ne peut faire la calomnie ?

Lors de la levée du cadavre, les ennemis des Rivière, qui avaient déjà préparé les voies, déterminèrent le juge à leur faire subir un interrogatoire. Ce magistrat demanda au fils s'il connaissait les ennemis de Me Pain et ceux qui l'avaient assassiné. Rivière répondit qu'il ne connaissait nullement les auteurs de ce crime, et que, s'il en avait eu plus tôt connaissance, il se serait empressé de les dénoncer à la justice. Dans le même instant, on aperçut une ou deux gouttes de sang sur le devant de la veste de Rivière. Le juge lui demanda d'où provenait ce sang. Il répondit que ces taches, encore fraîches, venaient de deux chevaux qu'il avait incisés. Les deux chevaux furent amenés ; on apporta les instrumens encore teints de sang, et le juge parut convaincu de la vérité de la réponse.

On trouva aussi chez Rivière fils une paire de souliers que l'on compara avec les pas empreints dans le bois près duquel le cadavre de Me Pain avait été jeté dans l'eau ; comme si des pas imprimés sur le sable ne ressemblaient pas à tous les pieds de la même grandeur et à tous les souliers de la même forme.

Toutes les réponses de Rivière fils parurent convaincre le juge de son innocence; il déclara même à plusieurs personnes qu'il n'était pas coupable, mais que son père et lui avaient des ennemis qui cherchaient à les perdre.

Néanmoins, quelques jours après, le lieutenant-criminel de Bayeux fit faire une information contre le père et le fils Rivière, et le 30 août, c'est-à-dire douze jours après la levée du cadavre, tous deux furent décrétés de prise de corps.

Rivière père se rendit en prison, et y demeura sept mois sans qu'on l'eût confronté avec un seul témoin. Le fils, d'après les conseils de quelques amis, se retira à Caen, où il fut arrêté au bout de trois mois, en vertu d'un ordre du roi, et conduit à Bicêtre. Quatre mois après, son père y fut aussi transféré, et y mourut de chagrin et de misère, prenant le ciel à témoin de son innocence. Rivière fils languit neuf années dans cette prison, victime de la calomnie et de la cupidité de quelques-uns de ses parens. Il fit de fréquentes tentatives pour obtenir des juges, pour prouver son innocence. Mais ses ennemis, intéressés à le faire périr dans son cachot, parvinrent long-temps, à force d'intrigues, à empêcher ses plaintes et les cris de son désespoir d'arriver aux pieds du trône.

Enfin Rivière fit parvenir un mémoire au chancelier de France, qui s'empressa de faire droit à sa juste requête. Le prisonnier obtint, au mois de septembre 1775, la permission d'être transféré dans les prisons de Bayeux. Son procès lui fut fait, et, après l'instruction la plus ample, le bailliage de cette ville rendit, le 1er juillet 1776, un jugement qui mettait l'accusé hors de cour et le rendait à la liberté.

Ainsi il fallut que le malheureux Rivière attendît dans les cachots, pendant dix années entières, cette réparation si incomplète, qui ne pouvait lui rendre cette précieuse portion de sa vie, perdue entièrement pour lui et pour sa famille, qui ne pouvait rappeler à l'existence son père, mort de douleur et de dénûment. Des indices trompeurs, envenimés par la calomnie, avaient causé tous ces malheurs.

Loin de nous la pensée d'incriminer des gens qui pouvaient être fort innocens. Mais certes, si des indices pouvaient suffire pour asseoir un jugement, il nous semble qu'il s'en trouvait du côté de Mauger de bien plus véhémens que ceux allégués contre les Rivière. Mauger ne pouvait ni invoquer ni prouver son alibi; et sa déclaration, conforme à celle de ses enfans et de ses gens, était plus qu'équivoque; pourtant il ne fût point inquiété. Tout le monde était déjà prévenu; on avait désigné Rivière comme l'assassin; du soupçon à la certitude les esprits prévenus connaissent peu d'intervalles. Au lieu d'une victime, il y en eut trois; et le vrai coupable demeura inconnu.

LE COMTE DE VIRY,

ACCUSÉ FAUSSEMENT D'ASSASSINAT.

Le comte de Viry était le bienfaiteur de tous les pauvres qui demeuraient dans le voisinage de ses terres, situées en Bourbonnais. Il nourrissait toute l'année six indigens, qui étaient devenus pour ainsi dire ses commensaux; six ménages étaient gratuitement logés dans des maisons qui lui appartenaient; il acquittait les loyers de plusieurs autres malheureux qu'il ne pouvait loger, faute de place; il servait de père à un grand nombre d'enfans dont il payait les mois de nourrice; en un mot, il habillait, faisait soigner, nourrissait des familles entières, et les mendians passagers ne frappaient jamais en vain à la porte de son château.

Il s'était attaché, en qualité de secrétaire, un jeune homme, nommé Fuchs de Thérigny, qui éprouva, en bien des occasions, sa bienfaisante générosité soit pour lui-même, soit pour sa famille, qui était dans un état voisin de l'indigence. Le comte de Viry avait pour lui toute la bonté, toute la délicatesse d'un ami. Le jeune Thérigny, amateur trop ardent des plaisirs de Vénus, contracta cette maladie cruelle qui attaque la vie jusque dans sa source, et par son imprudente négligence se vit dans un état très-alarmant. Le comte de Viry le mit entre les mains des plus habiles médecins, et se chargea des frais dispendieux de cette maladie.

Thérigny, grâce aux soins du comte, recouvra la santé à Paris, où il l'avait perdue, et vint retrouver son bienfaiteur dans ses terres, en novembre 1774. Le 25 du même mois, quoiqu'il fît le froid le plus rigoureux, il passa une partie de l'après-midi à courir sur la glace. Il s'amusa à défier et à poursuivre, en glissant, l'homme d'affaires du comte de Viry. Encore tout échauffé par cet exercice violent, il eut l'imprudence de se plonger à demi-nu dans la neige, pour guérir, disait-il, ses engelures. Le soir, il revint tout transi de froid; mais il ne paraissait pas incommodé. Il se mit à table et soupa avec le comte, comme à son ordinaire. Il parut même prendre plaisir à une musique champêtre qu'avait fait venir le comte de Viry, et aux sons de laquelle ses gens dansèrent une partie de la nuit. A minuit, Thérigny se retira dans sa chambre, où il s'enferma, selon sa coutume.

Le lendemain, la matinée était déjà fort avancée, et Thérigny n'avait pas encore paru. Le comte envoie un de ses gens pour savoir de ses nouvelles; le domestique frappe à la porte, on ne répond pas; deux heures après, il retourne; même silence. Alors l'inquiétude redouble. Le comte de Viry, qui a un rendez-vous avec son ancien curé, se hâte de dîner, et ordonne à ses domestiques, en partant, d'enfoncer la porte de Thérigny, s'il ne se montre pas.

On attend quelque temps encore; enfin on exécute les ordres du maître. Toute la maison assiste à cette ouverture forcée. On entre, on se précipite vers le lit, on n'y trouve qu'un cadavre immobile et glacé. On court annoncer au comte cette triste nouvelle; il en est si accablé qu'il tombe évanoui. On est obligé de le transporter au château dans un grand état de faiblesse.

Cependant l'homme d'affaires s'occupe de faire rendre les derniers devoirs au jeune Thérigny ; les gens de la maison, les ouvriers, tous les habitans du château vont visiter le cadavre ; et le lendemain 27, le convoi se fait en présence de plus de quarante personnes.

Près de dix mois s'écoulèrent après la mort de Thérigny sans qu'il se fût élevé aucune plainte, sans qu'on eût entendu le moindre murmure. On n'avait pu trouver dans toutes les circonstances de ce malheureux événement aucune trace de crime. Mais la calomnie travaillait dans l'ombre, et s'apprêtait à distiller son venin. Des mémoires, élaborés en silence, parvinrent jusqu'au procureur-général. Le comte de Viry y était formellement accusé. On allait jusqu'à dire « qu'un jeune homme âgé de vingt ans, arraché à la misère par le comte de Viry, que ce jeune homme, dont la mère et les frères étaient dans l'indigence, lui avait prêté vingt mille livres, et que, pour ensevelir cette dette, le débiteur avait donné la mort à son créancier ; qu'il l'avait fait enterrer au milieu de la nuit, et avait recommandé que l'on fît consumer son corps avec de la chaux vive. »

On parvint par ces accusations clandestines
à appeler l'attention du ministère public. Le
9 septembre 1775, un arrêt du parlement ordonna une information sur la mort de Thérigny et sur les auteurs de cette mort. Des monitoires furent publiés dans toute la province;
l'exhumation du corps eut lieu; et l'on n'y
trouva qu'un épanchement sanguin à l'ouverture de la poitrine, que l'ignorance des médecins leur fit prendre pour la suite apparente
d'un coup contondant, mais qu'une consultation d'un habile praticien considéra comme
l'effet immédiat de l'imprudence commise par
le jeune Thérigny la veille de sa mort.

Cependant des décrets de prise de corps
avaient été lancés contre l'homme d'affaires
du comte de Viry et contre deux de ses domestiques. Le comte interjeta appel au parlement de Paris de toute la procédure des juges
de Moulins. Mais le parlement de Paris n'eut
point égard à la demande en récusation des
premiers juges que lui avait adressée le comte
de Viry, et ordonna qu'il serait jugé par les
mêmes juges qu'il avait récusés.

Le comte avait plusieurs ennemis personnels parmi ces magistrats ; c'était le motif

de sa demande en récusation. Cependant, malgré les conseils de ses amis, qui l'engageaient à fuir, il partit en toute hâte de Paris, et alla se constituer prisonnier. Les juges ne négligèrent rien pour parvenir à la découverte de la vérité. Cent quatre-vingt-trois témoins furent entendus sur l'accusation d'assassinat. On en entendit soixante-dix sur une plainte en subornation de témoins. Les interrogatoires se succédèrent d'une manière surprenante. Les récolemens et les confrontations furent faits avec l'exactitude la plus scrupuleuse ; et l'on peut dire que l'innocence du comte de Viry passa par le creuset de la procédure la plus rigoureuse, et fut constatée de la manière la plus éclatante.

Par arrêt définitif du 28 février 1777, la sénéchaussée de Moulins déchargea le comte de Viry et ses gens de l'accusation d'assassinat formée contre eux. Plus de quarante personnes notables, ecclésiastiques, magistrats, gentilshommes, avaient signé un certificat dans lequel étaient détaillés les actes de générosité et de bienfaisance qui prouvaient que le comte était incapable du crime qu'on lui avait si calomnieusement imputé.

Le roi concourut aussi d'une manière bien flatteuse à venger l'innocence du comte de Viry, qui, après son jugement, reçut l'ordre royal et militaire de Saint-Louis.

Il fut ainsi vengé de ses ennemis, dont deux, animés par une haine héréditaire, l'avaient tourmenté par une foule de procès; un troisième, le sieur Fleury, curé de Barrey, avait joué le principal rôle de calomniateur dans toute cette affaire.

DESRUES.

L'art merveilleux de Molière produisit sur
la scène française le *Tartufe*, à la grande confusion des hypocrites de tous les temps, et au
bruyant scandale de ceux de son siècle, qui
n'eurent pas de peine à s'y reconnaître. Dans
ce chef-d'œuvre de vérité, le poète montra
un imposteur qui, sous le masque de la religion, s'emparait de la confiance d'un crédule
père de famille, et se servait de son ascendant
sur ce bonhomme pour entreprendre de sé-
duire sa propre femme, de se faire donner la
main de sa fille, et finalement de dépouiller
et de chasser celui dont il voulait être le gen-
dre. Toute cette trame odieuse est habilement
ourdie; tous les traits du fourbe sont profondément marqués et coloriés avec vigueur; mais,
renfermé dans un cadre comique, Molière ne
pouvait faire plus sans dépasser le but qu'il
ne voulait qu'atteindre. Pour rester fidèle à

Thalie, il se contenta d'accabler le monstre sous les rires et les mépris des spectateurs. Dans un autre genre, Beaumarchais jeta une teinte plus lugubre sur un personnage de la même famille que le *Tartufe*. Sans discuter ici le mérite littéraire de son drame, on convient que son *Begearss*, hypocrite fieffé et profond scélérat, donne lieu à des situations qui, bien qu'elles ne soient pas toujours naturelles, ne laissent pas de remplir l'âme d'une profonde horreur.

Mais toutes ces combinaisons arrangées à loisir par le génie des hommes ne semblent plus que de pâles copies à côté des monstres que la nature a quelquefois le triste privilége d'enfanter. On a vu des hypocrites trouver dans leur fourberie inventive des ressorts que l'imagination des poètes n'aurait jamais pu créer. La conduite de l'infâme Desrues en est un exemple entre mille autres. C'est Tartufe ayant brisé toute espèce de frein, et lancé pour jamais dans la voie du crime. Mais si l'œuvre du poète est une des merveilles de l'art, hâtons-nous de le dire, celle de la nature est une de ses nombreuses erreurs.

Desrues, dont le nom seul réveille encore,

après plus d'un demi-siècle, le plus horrible souvenir, Desrues naquit à Chartres, en Beauce, d'une famille d'honnêtes commerçans. Resté orphelin à l'âge de trois ans, deux de ses cousins se chargèrent d'élever son enfance. Bientôt il manifesta des inclinations vicieuses; il dérobait de l'argent à ses parens, et quand ceux-ci le corrigeaient pour ses larcins, il avait l'audace de leur dire en ricanant : *Eh bien! vous êtes plus fatigués que moi!* Voyant qu'ils ne pouvaient rien faire de ce jeune mauvais sujet, ses cousins le renvoyèrent à Chartres chez deux parentes qui consentirent à prendre soin de son éducation. Elles voulurent l'élever dans les sentimens de la plus austère piété; franches et sincères dans leur intention, elles ne se doutaient guère qu'elles ne faisaient que lui donner un masque respectable qui lui servirait plus tard à commettre les plus abominables forfaits.

Ses mauvais penchans se développaient de jour en jour. Dans l'espoir de le corriger plus sûrement, on prit le parti de l'envoyer aux écoles chrétiennes. Un jour qu'il sortait de la classe avec tous ses camarades, il proposa de jouer *au voleur*. La proposition acceptée, on

se sépara en deux bandes égales, l'une devant
faire le rôle d'archers, l'autre celui de voleurs.
L'un de ces derniers ayant été arrêté par les
archers dont Desrues faisait partie, on lui fit
son procès, et on le condamna à être pendu.
Les archers s'emparèrent du prétendu voleur,
lui lièrent les mains, et le pendirent effectivement à un arbre. L'enfant jetait des cris perçans; on n'eut que le temps de le décrocher;
on le rapporta chez ses parens, où il mourut.
Desrues racontait lui-même cette anecdote de
sa jeunesse comme une prouesse.

De tels détails, dans la vie d'une foule d'autres individus, seraient de nul intérêt; mais
dans l'histoire d'un scélérat, ils acquièrent
une grande importance. Le moraliste n'y trouvera rien de puéril.

Desrues était âgé d'environ quinze ans lorsque ses parens, fatigués de ses fredaines, et dé-
sespérés de ses penchans vicieux, le placèrent
comme apprenti chez un épicier, rue Comtesse d'Artois, à Paris. Pendant son appren-
tissage, il commit quelques vols dont son maître ne s'aperçut pas; car il le plaça en 1767
chez sa belle-sœur, épicière, rue Saint-Victor.
Cette femme, veuve depuis quelques années,

fut complètement la dupe de l'hypocrisie de Desrues. Ce misérable, à son entrée chez elle, lui demanda un confesseur. Elle crut devoir lui indiquer celui de son mari, le père Cartault, de l'ordre des Carmes. Ce religieux était si édifié de la piété de son pénitent, qu'il ne passait jamais dans la rue Saint-Victor sans entrer chez la veuve pour la féliciter de l'excellent sujet qu'elle avait [chez elle, et qui, disait-il, serait la bénédiction de sa maison.

Desrues portait, dès ce temps-là même, l'hypocrisie à un si haut degré, qu'il avait prié sa maîtresse de louer un banc à la paroisse Saint-Nicolas, dût-il en payer la moitié, afin d'entendre plus commodément l'office divin, lors de ses jours de sortie. Sa maîtresse, les voisins, les voisines, admiraient la conduite pieuse et régulière de ce jeune homme. Tout le monde rapportait, comme preuve de son excessive dévotion, qu'il avait couché sur la paille pendant tout un carême. Toutes ces démonstrations de piété lui gagnèrent l'entière confiance de sa maîtresse. C'était là son véritable but.

Son frère étant venu le voir un jour, Desrues obtint de sa maîtresse la permission de

le garder quelques jours avec lui. Mais, la
veille du départ de ce frère, notre hypocrite fouilla dans ses hardes, et y trouvant
deux bonnets de coton tout-à-fait neufs; il
le traita d'infâme, de voleur, l'accusa hautement d'avoir pris dans le comptoir de sa maîtresse l'argent qui lui avait servi à acheter ces
deux objets, et alla sur-le-champ restituer cet
argent, bien convaincu que cette esclandre
de son invention tournerait encore au profit
de sa réputation.

Il y avait trois ans qu'il était chez la veuve
de la rue Saint-Victor, lorsqu'il se trouva à
même d'acquérir son fonds d'épiceries, vers
le mois de février 1770. Il serait curieux de
savoir comment il avait pu se procurer l'argent nécessaire à cette acquisition. L'absence
de détails à ce sujet nous oblige de supposer
que le vol n'était pas étranger à cette thésau-
risation subite. Desrues fut reçu marchand
épicier au mois d'août 1770, âgé seulement de
vingt-cinq ans et demi. D'après les arrangemens
qu'il avait pris avec sa maîtresse, il devait la
loger jusqu'à la fin de son bail, qui était
de neuf ans; mais ses mauvais procédés à l'é-
gard de cette femme l'eurent bientôt forcée

d'aller chercher un gîte ailleurs. Dans le même temps on vola, à un ex-jésuite qui logeait dans la maison de Desrues, soixante-dix-neuf louis d'or; et Desrues fut véhémentement soupçonné de ce larcin. Un de ses oncles, marchand de farine, qui venait tous les trois mois à Paris pour compter avec ses correspondans, trouva, dans un de ses voyages, douze cents francs de moins dans sa commode. Il s'en plaignit à l'aubergiste, qui protesta que son neveu était le seul à qui il eût remis les clefs de cette chambre. Mais qui se serait méfié d'un homme qui n'avait que des paroles de religion à la bouche? Desrues eut l'audace d'aller avec son oncle chez un commissaire. On trouva, lors de la perquisition, que le dessus de la commode avait été enlevé. Les soupçons n'en planèrent pas moins sur lui.

Plus tard, il donna de nouvelles preuves de sa friponnerie. Il s'acheminait progressivement vers les plus horribles forfaits. Desrues redevait environ douze cents livres à l'épicière dont il avait acheté le fonds. Cette dette était attestée par un écrit. Que fait le fourbe pour s'en affranchir? Il feint de vouloir payer la veuve, s'empare de l'écrit, et le déchire pour tout paiement. Indignée de ce trait, la veuve le menace de porter sa plainte, de le faire assigner..... Que répond-il? Qu'il ne lui doit rien, qu'il en fera serment en justice, et qu'on ajoutera foi à ses paroles. Cette femme, qui avait eu une si grande confiance en Desrues, fut atterrée de tant d'effronterie; mais bientôt, donnant un libre cours à son indignation, elle lui répéta plusieurs fois ces paroles prophétiques : *Malheureux! Dieu veuille à ton âme donner pardon, mais ton corps aura Montfaucon.*

Enrichi par la ruine de cette malheureuse veuve, mère de quatre enfans, Desrues se lança dans les grandes opérations, et continua à tromper la bonne foi de tous ceux qui étaient en relation d'affaires avec lui. Un épicier de province lui envoie un jour un millier de miel en barils, à vendre pour son compte. Deux ou trois mois après, il lui en demande des nouvelles; Desrues lui répond qu'il ne lui a pas encore été possible de le placer. Deux mois s'écoulent; même demande, même réponse. Enfin, l'année étant expirée, le marchand vient à Paris pour vendre lui-même son miel. Il va chez Desrues, visite ses barils, et

trouve cinq cents livres pesant de moins. Il
veut rendre Desrues responsable de ce déficit;
celui-ci soutient effrontément qu'on ne lui en
avait pas envoyé davantage; et, comme ce dépôt avait été fait de confiance, l'épicier de
province ne put le poursuivre, et l'affaire en
resta là.

Il avait loué une maison voisine de la sienne,
et qui depuis sept à huit ans était habitée par
un marchand de vin. Il exigea de ce commerçant, s'il voulait conserver son établissement, une indemnité de six cents livres, à
titre de pot-de-vin. Quoique le marchand trou-
vât cette somme exorbitante, cependant il
aima mieux la donner que perdre un fonds
bien achalandé. Mais, peu de temps après, une
friponnerie plus insigne vint lui fournir l'occasion de se venger de ce misérable. Ce marchand de vin avait chez lui un jeune homme
de famille qui désirait apprendre le commerce.
Celui-ci étant allé chez Desrues pour y acheter quelque marchandise, s'amusa, pendant
qu'on le servait, à écrire son nom sur du papier blanc qui était sur le comptoir. Dès
qu'il fut sorti, Desrues, qui savait que ce jeune
homme était riche, fait avec le papier signé

une lettre de change de deux mille livres, à son ordre, payable à la majorité du signataire. Cette lettre de change, passée dans le commerce, parvient à son échéance au marchand de vin, qui, tout stupéfait, fait appeler son pensionnaire, et lui montre le fatal écrit revêtu de sa signature. Celui-ci reste interdit à la vue de cette lettre, dont il n'avait aucune connaissance; il reconnaît cependant sa signature. On examine de plus près l'écriture, c'est celle de Desrues. Le marchand de vin l'envoie chercher; il vient; il ne peut nier que le corps de la lettre de change ne soit de sa main; on le menace d'aller la déposer chez un commissaire, s'il ne rembourse à l'instant les six cents livres de pot-de-vin qu'il avait exigées. Comme Desrues était sur le point de se marier, dans la crainte que cette affaire ne s'ébruitât, il jugea prudent de s'exécuter; et la lettre de change fut déchirée à ses yeux, comme il l'avait demandé.

A une friponnerie aussi raffinée, Desrues joignait un vice horrible, qui ne se trouve ordinairement que dans la compagnie de beaucoup d'autres vices, la calomnie. Les criminels pensent toujours se blanchir en noircissant leurs voisins. Desrues, favorisé par le masque de la piété, perdait de réputation une foule d'honnêtes gens, victimes de ses propos calomnieux.

Deux années après son établissement, en 1771, Desrues épousa Marie-Louise Nicolais, fille d'un bourrelier de Melun. Quoique ordinairement les monstres ne produisent point, Desrues eut deux enfans de ce mariage, un garçon et une fille, qui devaient, pour leur malheur, hériter d'un nom abhorré.

Desrues était dévoré par la soif insatiable des richesses. Tous les moyens lui étaient bons, pourvu qu'il s'en procurât. La cupidité devait produire sur son cœur naturellement pervers le même effet que la voix des trois sorcières de Shakespeare sur l'âme ambitieuse de Macbeth. Bientôt il fit l'essai de sa rapacité par trois banqueroutes consécutives, toutes trois frauduleuses, et qu'il eut cependant l'adresse de faire passer pour le résultat de circonstances malheureuses. Une fois il avait mis lui-même le feu dans la cave de son magasin d'épiceries; et ses créanciers avaient été les premiers à le plaindre et à lui offrir des secours. Il lui était d'autant plus facile de leur en imposer et d'émouvoir leur sensibilité que l'on ne pouvait lui reprocher aucun de ces vices qui causent la ruine de tant de familles, le jeu, le vin et les femmes.

Il renonça au détail de son commerce; et, après avoir exploité successivement la commission et l'usure, il se mit à faire ce que l'on appelle des *affaires*, profession qui ne pouvait manquer de devenir productive entre ses mains, avec ses mœurs pieuses et ses dehors d'honnête homme.

C'est ici que, toujours mu par la passion effrénée qui lui avait déjà inspiré tant de friponneries, Desrues va mettre en jeu tous les ressorts de son imagination infernale. Le hasard, qui semblait lui préparer l'occasion du crime, lui fit lier connaissance, en 1775, avec le sieur de Saint-Faust de Lamotte, écuyer de la grande écurie du roi, propriétaire d'une terre seigneuriale nommée le Buisson-Souef, située dans le voisinage de Villeneuve-le-Roi-lès-Sens. Desrues manifesta l'intention de faire l'acquisition de cette terre. Il s'insinua dans les bonnes grâces du sieur de Lamotte et de sa femme, prodigua des caresses à leur enfant, et parvint, à force de patelinage et de cajoleries, non seulement à se concilier leur amitié, mais encore à inspirer des sentimens d'estime et de confiance à toutes les personnes qui composaient leur société.

Les choses ainsi préparées, Desrues amena insensiblement M. de Lamotte à vouloir se défaire de sa terre. Il se présenta sur-le-champ des acquéreurs ; c'étaient Desrues et sa femme. Ils firent cette acquisition par acte sous seing-privé, le 22 décembre 1775. Il fut convenu que le paiement de la vente, montant à cent trente mille livres, serait effectué en 1776. Mais, à cette époque, Desrues et sa femme se trouvèrent dans l'impossibilité de faire face à leurs engagemens, et demandèrent de nouveaux délais, qui leur furent accordés. Dans cet intervalle, Desrues, pressé et poursuivi judiciairement par une multitude d'autres créanciers, prit le parti, pour se soustraire aux contraintes par corps et à la détention dont il était menacé, d'aller chercher un asile avec sa femme et ses enfans chez celui même qui lui avait vendu sa terre. Il y fut reçu et traité en ami jusqu'au mois de novembre, époque à laquelle il partit pour Paris, sous le prétexte d'aller recueillir une succession qui devait, disait-il, lui fournir le moyen de payer la somme stipulée dans l'acte de vente.

Cette prétendue succession était celle du sieur Despeignes-Duplessis, parent de la femme de Desrues, qui avait été assassiné quelques années auparavant, dans son château près de Beauvais, et dont Desrues fut violemment soupçonné d'avoir été le meurtrier. Néanmoins, comme ce fait est absolument destitué de preuves, il ne faut point en charger la mémoire de Desrues ; elle n'a pas besoin de cet attentat pour être à jamais odieuse.

Les dernières promesses de Desrues étant demeurées sans effet, les sieur et dame de Lamotte, impatiens de voir la fin de cette affaire, prirent le parti de terminer avec l'acquéreur, soit en lui faisant effectuer le paiement, soit en annulant l'acte sous seing-privé.

Le sieur de Lamotte ne pouvant quitter sa terre, à cause des nombreux travaux qui réclamaient sa surveillance, fonda sa femme de procuration pour traiter avec Desrues, et l'envoya à Paris avec son fils, jeune homme d'environ dix-sept ans.

Prévenu de leur arrivée par une lettre du sieur de Lamotte, Desrues alla au-devant d'eux, et les engagea à descendre chez lui et à y loger. Après avoir long-temps, comme par un funeste pressentiment, refusé cette offre, la dame de Lamotte accepta enfin. Le jeune de Lamotte logea également chez Desrues jusqu'au 15 janvier 1777; sa mère le plaça alors dans une pension, rue de l'Homme-Armé, au Marais.

Il paraît que, dès le moment même de l'arrivée de cette dame à Paris, Desrues avait formé l'horrible projet qu'il exécuta plus tard; car on prétend que c'était à cette époque qu'il avait loué, rue de la Mortellerie, la cave où il espérait ensevelir pour jamais les traces de ses forfaits.

Quoi qu'il en soit, la dame de Lamotte et son fils ne furent pas plus tôt logés chez lui que leur santé se trouva gravement altérée. Ils se plaignaient tous deux d'une extrême faiblesse d'estomac, mal qui jusque là leur avait été inconnu. Il y a lieu de croire que Desrues, pour parvenir à ses fins criminelles, s'était servi de drogues malfaisantes ou même de poison lent, et qu'il en avait voulu faire l'essai sur ces deux infortunés.

Enfin, pressé, par les instances de la dame

de Lamotte, de terminer d'une manière ou
d'une autre l'affaire de Buisson-Souef, Desrues résolut de se délivrer de ces importunités.
Sous le prétexte que la santé de cette dame
dépérissait de jour en jour, il lui prépara, le
3o janvier 1777, une médecine de sa façon,
qu'il lui fit donner par sa servante, le lendemain à six heures du matin. La dame de Lamotte avait une confiance entière en Desrues;
elle savait qu'il avait été épicier-droguiste ;
elle le consultait sur sa santé, et prenait sans
défiance tout ce qu'il lui ordonnait. D'ailleurs
cet homme, qui la comblait de marques d'af-
fections, de soins, de prévenances, pouvait-il
lui inspirer le moindre soupçon?

Une heure ou deux après que la dame de
Lamotte eut pris cette fatale médecine, la
servante, qui la lui avait donnée, vint dire à
son maître qu'elle était si profondément endormie qu'elle ronflait. Elle demanda s'il
fallait la réveiller, pour que la médecine fît
son effet : mais Desrues s'y opposa, et pensant que ce que la servante prenait pour un
ronflement ne pouvait être que le râle de
la mort, il prit la précaution d'envoyer cette
fille à la campagne, avec ordre de ne reve-

nir que quelques jours après. En même temps, il écarta de la chambre de la dame de Lamotte toutes les personnes qui demandaient à la voir. Puis il consomma son crime en administrant à la moribonde de nouveaux breuvages empoisonnés. L'infortunée succomba le soir du même jour, 31 janvier.

Desrues tint cette mort secrète, et, le lendemain, 1ᵉʳ février, il mit le cadavre dans une malle qu'il avait achetée exprès ; puis, l'ayant fait charger sur une charrette à bras, on la conduisit, par son ordre, dans l'atelier d'un menuisier de sa connaissance, où elle resta déposée pendant deux jours. Desrues la fit alors transporter dans la cave qu'il avait louée rue de la Mortellerie, sous le nom de Ducoudrai. Il y fit enterrer en sa présence le cadavre de la dame de Lamotte, la face tournée contre terre, dans une fosse creusée dans une espèce de caveau pratiqué sous l'escalier à la profondeur de quatre pieds.

Ce scélérat avait persuadé au maçon dont il s'était servi pour creuser cette fosse que son intention était d'y déposer du vin en bouteille qui était dans la malle, et que c'était un moyen assuré de lui donner en peu de temps la qualité du vin le plus vieux. Mais le maçon s'étant approché pour prendre la malle et la transporter auprès de la fosse, l'odeur fétide qu'elle exhalait le fit reculer, et il protesta que ce qui était dans la malle sentait trop mauvais pour être du vin. Desrues voulait lui faire accroire que cette vapeur infecte provenait des latrines qui étaient sous cette cave. Le maçon, se payant de cette raison, se remit en posture de reprendre la malle; mais, suffoqué de nouveau, et soupçonnant quelque crime, il refusa net d'exécuter ce que Desrues lui avait commandé, assurant que cette malle contenait un cadavre putréfié. Alors Desrues, se jetant aux genoux du maçon, lui avoua que c'était le cadavre d'une femme qui, pour son malheur, étant venue loger chez lui, y était morte subitement, et que la crainte qu'il avait eue d'être soupçonné de l'avoir assassinée lui avait fait prendre le parti de cacher sa mort et de l'enterrer dans cette cave. Il se mit ensuite à pleurer, à sangloter, à prendre Dieu et les saints à témoin de sa probité. Puis il ouvrit la malle, fit voir que le cadavre ne portait aucune marque de mort violente; en même temps, il donna deux

louis d'or au maçon pour acheter son silence;
et celui-ci, touché de ses larmes, voulut bien
l'aider à enterrer le corps de la dame de
Lamotte.

Ce premier forfait ne devait pas être le
dernier de Desrues. Le fils de Lamotte devait être sa seconde victime. Il alla le chercher à sa pension le 11 février, jour du
mardi gras, et, sous le prétexte d'aller voir sa
mère, qu'il disait être partie pour Versailles,
il l'amena dans cette ville, y loua une chambre garnie chez un tonnelier, au coin des
rues Saint-Honoré et de l'Orangerie, et em-
poisonna le fils comme il avait empoisonné
la mère. Pendant l'agonie de ce malheureux
jeune homme, le monstre lui prodiguait tant
de soins, lui témoignait tant d'affection, montrait une douleur si vive, que les assistans
étaient loin de soupçonner qu'il était son
bourreau. Desrues se faisait passer pour son
oncle. Le prêtre que l'on avait appelé pour
exhorter le mourant lui ayant dit de se recommander à Dieu, et de demander pardon
à son oncle de tous les torts qu'il avait pu
avoir envers lui, on remarqua que le jeune
homme, à ce mot d'*oncle*, avait remué la

tête et voulu proférer quelques paroles ; mais
une crise violente l'en empêcha. Il expira sur
les neuf heures du soir. Desrues avait porté
la scélératesse et l'hypocrisie au point d'exhorter lui-même à la mort le jeune de Lamotte ;
à genoux devant son lit, il récitait les prières
des agonisans. Il voulut aussi ensevelir le
corps ; et, pendant cette opération, il dit au
tonnelier que ce jeune homme avait le mal
vénérien, et qu'il ne mourait que des suites
de cette maladie négligée. « *Hélas !* disait-il,
en feignant de pleurer amèrement, *j'aimais
ce cher enfant comme mon propre fils ! faut-il
que la débauche l'ait tué !* » Quelques instans
après, Desrues, pour appuyer son imposture,
jeta dans le feu quelques petits paquets qu'il
feignit d'avoir trouvés dans les poches du
jeune homme, et dit à l'hôte que ces paquets
contenaient des drogues propres à l'infâme
maladie qui avait creusé le tombeau de son
neveu. Fut-il jamais plus infâme scélératesse !

Le lendemain, le jeune de Lamotte fut enterré sous le nom de *Beaupré*, natif de Com-
mercy ; et Desrues distribua de l'argent aux
pauvres ainsi qu'au tonnelier, qu'il chargea de
faire dire des messes pour le repos de l'âme

du défunt. Puis il retourna à Paris, où il annonça à ses amis qu'il revenait de Chartres, son pays natal. Il fallait que le monstre fût bien satisfait de lui-même, car ce jour-là il montra à ses amis un air de satisfaction qui ne lui était pas ordinaire ; et il était si gai qu'il chanta même quelques chansons pendant le souper.

A peine de retour à Paris, Desrues se rendit en toute hâte chez le procureur de la dame de Lamotte, pour lui demander de sa part la procuration de son mari dont il était dépositaire, lui faisant entendre qu'il avait terminé toute l'affaire de Buisson-Souef avec cette dame, et qu'il lui avait compté une somme de cent mille livres par un acte sousseing privé qui était déposé chez son notaire. Étonné de cette communication, le procureur refusa la procuration, disant qu'il ne la remettrait qu'au sieur ou à la dame de Lamotte. Desrues voyant, qu'il ne pouvait vaincre la persistance du procureur, sortit en le menaçant de lui faire rendre la procuration malgré lui, et alla du même pas présenter une requête à cet effet au lieutenant-civil. Sur cette demande, le procureur fut assigné ; Desrues comparut effrontément en sa présence ; mais, sur les motifs allégués par l'officier public, l'affaire fut ajournée.

Cependant le sieur de Lamotte, ne recevant pas de nouvelles de sa femme et de son fils, commençait à concevoir des inquiétudes sur leur sort. Des songes effrayans venaient troubler son sommeil et augmenter ses alarmes ; ils lui représentaient sa femme environnée de pirates, égorgée avec son fils par Desrues, qui lui apparaissait armé de deux poignards.

Dans le même temps, Desrues osa aller le visiter à la terre de Buisson-Souef ; il lui apprit que tout était arrangé, qu'il avait traité avec la dame de Lamotte, par un nouvel acte sous-seing privé du 12 février, qui annulait toutes les conventions antérieures ; qu'il lui avait compté une somme de cent mille livres, dont elle lui avait donné une reconnaissance, et que par ce moyen la terre de Buisson-Souef lui appartenait. Il voulut persuader au sieur de Lamotte que sa femme et son fils jouissaient de la santé la plus parfaite ; qu'ils étaient tous deux à Versailles ; que la dame de Lamotte y traitait d'une charge aussi considérable que lucrative, et que, si elle lui avait caché ses démarches à ce sujet, c'était pour le surprendre plus agréablement; qu'elle avait retiré son fils de sa pension, et cherchait à le placer au manége, ou même à le faire entrer aux pages du roi.

Pendant le peu de jours que Desrues passa à Buisson-Souef, le sieur de Lamotte reçut plusieurs lettres de Paris, les unes annonçant que sa femme était revenue de Versailles, qu'elle avait fait différentes emplettes, qu'elle se portait à ravir; les autres, qu'elle allait retourner à Versailles pour y traiter de la prétendue charge dont Desrues avait parlé. Ces diverses lettres, comme on le pense bien, étaient l'ouvrage du monstre, qui faisait tous ses efforts pour faire renaître la sécurité dans le cœur d'un époux et d'un père vivement alarmé. Cependant le sieur de Lamotte commençait à soupçonner quelque affreux mystère au milieu de toutes ces nouvelles étranges; il lui semblait toujours voir Desrues avec ses deux poignards. Il témoigna même à ce misérable que ce qu'il lui disait n'était pas vraisemblable, et que sûrement il était arrivé quelque malheur à sa femme et à son fils.

Desrues, s'apercevant de la froideur que
lui manifestait le sieur de Lamotte, et craignant sans doute la suite de ces trop justes
soupçons, revint à Paris, et partit inconti-
nent pour Lyon sous un nom emprunté. C'est
dans cette circonstance que l'on prétend qu'il
se déguisa en femme, et fit passer une procuration chez un des notaires de Lyon; qu'il
la signa ou la fit signer par une autre personne du nom de la dame de Lamotte. Cette
procuration autorisait le sieur de Lamotte à
toucher les arrérages des trente mille livres
restans du prix de l'acquisition. Desrues mit
cette procuration sous enveloppe, l'adressa à
l'un des curés de Villeneuve-le-Roi pour la
remettre au sieur de Lamotte. Cette procuration, qui n'était précédée d'aucune lettre
d'avis, ne fit qu'augmenter les soupçons de
ce malheureux homme. Il ne lui fut plus possible de résister à l'inquiétude qui le dévorait.
Il partit sur-le-champ pour Paris, afin d'é-
claircir ou de dissiper les soupçons que lui
faisait concevoir le silence de sa femme et de
son fils.

Cependant le scélérat, auteur de tant de
forfaits et d'abominations, ne se faisait pas

scrupule d'appeler la calomnie à son aide pour noircir ses deux victimes. Il avait eu l'art de répandre des nuages sur la réputation de la dame de Lamotte ; d'après ses insinuations perfides, on répétait qu'elle avait pris la fuite avec un amant, et qu'elle avait emmené son fils avec elle.

Par une singularité du hasard, M. de Lamotte descendit dans une auberge rue de la Mortellerie, et prit des informations sur le compte de sa femme et de son fils. Cette auberge était peu éloignée de la maison qui recélait le cadavre de celle qu'il cherchait avec une si vive sollicitude; mais personne ne pouvant lui fournir des renseignemens satisfaisans, il implora le secours de la justice.

Desrues, de retour de Lyon, fut appelé devant le magistrat, et sommé de rendre compte de sa conduite et de ce qu'étaient devenus la dame de Lamotte et son fils. Sans se déconcerter, il répondit que cette dame étant à Versailles, il y avait conduit son fils sur la demande qu'elle lui en avait faite; qu'il l'avait rencontrée devant la grille du château avec un particulier d'environ soixante ans, qui avait même fait beaucoup d'amitié au sieur de

Lamotte fils. Desrues dit ensuite que la dame
de Lamotte avait trouvé fort mauvais qu'il
eût accompagné son fils à Versailles; que, se
voyant si mal accueilli, il était revenu seul à
Paris, et que quelques jours après il avait
reçu une lettre de la dame de Lamotte, tim-
brée de Lyon, dans laquelle elle lui demandait des nouvelles de son mari et de l'état de
ses affaires ; que lui, Desrues, alarmé du départ clandestin de cette dame, au lieu de lui
faire réponse, avait pris le parti de se rendre
à Lyon ; qu'arrivé dans cette ville, il y avait
trouvé effectivement la dame de Lamotte ;
qu'elle lui avait refusé, malgré ses instances,
de se rendre avec lui devant le magistrat afin
de constater son existence ; que cependant
le même jour, qui était le 8 mars, elle avait
passé la procuration dont on a parlé plus
haut, qu'elle la lui avait remise pour la faire
parvenir à son mari, et qu'après cela elle s'é-
tait évadée par un passage qui communiquait
d'une rue à une autre; en sorte que, ne lui
étant pas possible de la rejoindre, il était revenu à Paris.

Cette fable atrocement ingénieuse, l'air de
candeur avec lequel elle était débitée, la pré-

cision des moindres circonstances, l'art avec
lequel elles étaient coordonnées , en impo-
saient au magistrat, et le jetaient dans une
embarrassante perplexité. Mais lorsque Desrues fut obligé de s'expliquer sur le prétendu
paiement de cent mille livres, qu'il disait avoir
fait entre les mains de la dame de Lamotte,
et sur la source d'où lui provenait une somme
aussi considérable, sa réponse ne fut pas d'un
effet aussi heureux pour lui. Il dit qu'il avait
emprunté ces cent mille livres à un avocat
nommé Duclos, auquel il avait fait une obligation pardevant notaire, le 9 du mois de février. Vérification faite, il se trouva que cette
obligation était simulée et accompagnée d'une
espèce de contre-lettre. Cette circonstance
dessilla les yeux du lieutenant-général de police, qui donna l'ordre de faire perquisition
dans le domicile de Desrues. Il était absent
de sa maison lorsque cet ordre fut exécuté. A
son retour, il fut invité à se transporter chez
le magistrat. Il eut l'audace de s'y présenter,
et de s'y plaindre hautement de la violation
de son domicile, surtout en son absence. Selon lui, le sieur de Lamotte était le coupable,
et il réclamait contre lui des dommages-intérêts

pour les accusations qu'il faisait planer sur son innocence.

Le magistrat, ne se laissant pas ébranler par l'audace de cet imposteur, le fit constituer prisonnier, le 12 mars, au Fort-l'Évêque, avec ordre de le mettre au cachot et au secret. Les perquisitions intelligentes de la police parvinrent à jeter quelque lumière sur la conduite ténébreuse de Desrues. On commença l'instruction de son procès. Pendant le cours de cette instruction, le scélérat continua à soutenir la fable qu'il avait inventée, et pour lui assurer une plus entière créance, il fit parvenir le 8 avril, au procureur du sieur de Lamotte, comme de la part de la femme de ce particulier, des billets faits à ordre pour la valeur de soixante dix-huit mille livres environ. Le magistrat, averti de l'arrivée de ces billets et de la voie mystérieuse qu'on leur avait fait prendre, conçut des soupçons sur la femme de Desrues. Elle fut constituée prisonnière; et pendant que l'on transférait son mari au grand Châtelet, elle fut conduite au Fort-l'Évêque, où elle avoua que c'était elle qui avait fait parvenir au procureur les billets en question que son mari lui avait envoyés, sous enveloppe, cachés dans le linge sale qu'elle lui échangeait pour du blanc.

Le notaire de Lyon, en l'étude de qui l'obligation' envoyée au sieur de Lamotte avait été passée, arriva à Paris sur l'ordre judiciaire qui lui en avait été donné. Il déclara qu'une femme d'une taille assez avantageuse, se disant Marie-Françoise Perrier, épouse du sieur de Lamotte, et séparée, quant aux biens, d'avec lui, était venue en son étude, le 8 mars, à l'effet de faire dresser l'acte de procuration dont il s'agissait. Confronté avec Desrues, il ne le reconnut point. On fit déguiser le prisonnier en femme, mais le notaire ne le reconnut pas davantage. Pendant qu'on lui mettait les vêtemens de l'autre sexe, le scélérat se caressait le menton, faisait mille minauderies, et tenait les propos les plus plaisans. *Je n'avais pas mauvaise grâce sous cet habit,* disait-il à ceux qui lui parlaient dans sa prison, *et je crois que j'aurais pu faire quelques conquêtes.* Il persista à soutenir que ce n'était point lui qui était allé chez le notaire de Lyon, mais une femme qu'il y avait envoyée après lui avoir fait sa leçon.

Cependant on n'acquérait aucune preuve des grands forfaits de Desrues, et ce monstre allait peut-être triompher de l'accusation capitale intentée contre lui, lorsque, par un effet du hasard le plus singulier, ou plutôt par une marque visible de la Providence, on fit la découverte du corps de délit. Une dame Masson, propriétaire de la maison dans laquelle Desrues avait loué une cave, fit part à une de ses amies de l'inquiétude qu'elle avait au sujet du paiement du second terme de cette cave, attendu qu'elle n'en avait pas revu le locataire depuis le mois de février. Cette amie lui répondit sans s'expliquer davantage : *Tranquillisez - vous : demain, vous en aurez des nouvelles.* Cette femme avait eu vent de la rumeur qui circulait dans tout Paris, qu'une dame de Lamotte et son fils étaient devenus invisibles, et que l'on soupçonnait qu'ils avaient été enterrés dans une cave. Elle alla faire part de ses propres conjectures à un ami du sieur de Lamotte, qui lui-même en fut bientôt instruit. Frappé comme d'un trait de lumière, M. de Lamotte vole auprès du magistrat, qui donne aussitôt des ordres pour qu'une perquisition exacte soit faite dans la

cave de la dame Masson. Un commissaire,
suivi de ses agens, fait une descente dans la
cave désignée. On n'y trouve d'abord qu'un
tonneau vide et quelques bouteilles de vin.
On allait se retirer après d'inutiles recherches, lorsque, les yeux du commissaire s'arrêtant sur une espèce de petit caveau pratiqué
sous l'escalier, il remarque que la terre y
avait été fraîchement remuée. Cette terre était
molle ; on y enfonce une canne ; ce n'est qu'à
la profondeur de quatre pieds que l'on rencontre de la résistance. On fouille ; on aperçoit enfin un cadavre de femme, revêtu d'une
chemise, le visage tourné contre terre. On relève le corps... Quel déchirant spectacle pour
l'infortuné Lamotte ! il pousse un cri de terreur ; il vient de reconnaître sa malheureuse
épouse. Les traits de cette femme n'étaient
point encore altérés ; elle fut reconnue par
plusieurs personnes. Desrues et sa femme
ayant été transférés sur les lieux, la femme
reconnut sur-le-champ la dame de Lamotte ;
mais Desrues, lorsqu'on lui présenta le corps,
affecta de ne pas le reconnaître, soutenant
toujours que madame de Lamotte était exis-
tante. La dame Masson ayant déclaré que c'é-

tait bien Desrues qui avait loué sa cave, il lui soutint qu'elle se méprenait, qu'il ne l'avait jamais vue.

Le lendemain, les hommes de l'art firent l'autopsie du cadavre, et déclarèrent que la dame de Lamotte avait été empoisonnée. Desrues, confondu par l'évidence, se détermina à déclarer que c'était bien le corps de la dame de Lamotte; qu'elle était morte chez lui le 31 janvier, à la suite d'une médecine, et que, pour ne pas être inquiété, il avait pris le parti de la faire enterrer dans cette cave.

Sur la déclaration de cet insigne scélérat, le sieur de Lamotte, le désespoir dans le cœur, courut à lui, en s'écriant : *Ah ! malheureux ! rends-moi ma femme et mon enfant.* Le monstre ne lui répondit que par une ironie insultante.

Quant au sieur de Lamotte fils, Desrues fut obligé de convenir qu'il était mort à Versailles, d'une indigestion et des suites de la maladie vénérienne, et qu'il l'avait fait enterrer dans le cimetière de la paroisse Saint-Louis. La justice se transporta à Versailles; le corps fut exhumé et reconnu; et l'ouverture du cadavre produisit les preuves du poison.

Revenu dans sa prison, Desrues répétait souvent qu'il fallait que la tête lui eût tourné pour avoir voulu dérober à la connaissance du public la mort de madame de Lamotte et sa sépulture ; que c'était la seule faute qu'il eût commise, et qu'on était en droit de la lui reprocher ; que, du reste, il était un parfait honnête homme, et qu'il se résignait aux rigueurs de la Providence. Il pleurait sans cesse le jeune de Lamotte, qu'il avait aimé, disait-il, comme son propre fils, et qui l'appelait son petit papa. « Hélas ! ajoutait-il, je vois toutes les nuits ce pauvre jeune homme, ce qui renouvelle amèrement mes chagrins ; mais ce qui du moins adoucit mes douleurs, c'est que cet enfant est mort avec tous les secours de la religion. »

Ce scélérat consommé dans le crime croyait encore, à l'aide du masque de l'hypocrisie, tromper la religion des magistrats ; il savait que ses moindres paroles étaient rapportées ; c'est ce qui, sans doute, lui donnait cet air d'assurance qu'il conserva jusqu'au dernier moment.

Enfin, le procès étant suffisamment instruit, Desrues fut condamné, par sentence du Châtelet, confirmée par arrêt du parlement le 5 mai 1777, à être rompu vif, brûlé ensuite, et ses cendres jetées au vent. Ce monstre, pendant tout le temps de sa détention, avait toujours paru dans la plus grande sécurité, mangeant et buvant comme à son ordinaire.

Le 6 mai, au matin, on lui donna lecture de son arrêt, qu'il écouta tranquillement; après quoi, il s'écria : Je ne m'attendais pas à un jugement si rigoureux. Ensuite, levant les yeux au ciel, il dit : *Dieu me voit, il sait mon innocence.* Pendant les apprêts de la question, on lui fit entendre qu'on lui ferait grâce de ce supplice s'il voulait avouer son crime et les noms de ses complices. Mais il déclara qu'il avait tout dit, et qu'il n'en dirait pas davantage. Il supporta patiemment la torture; seulement, lorsqu'on lui enfonça les derniers coins, il s'écria : *Maudit argent, à quoi m'as-tu réduit ?*

Ce criminel effronté conserva jusqu'à la fin le masque de l'hypocrisie. Quand l'heure de son dernier supplice fut arrivée, on ne remarqua pas la moindre altération sur son visage; il descendit avec fermeté les marches du Châtelet, monta de même dans le tombereau, et regarda avec une sorte d'indifférence la foule qui était accourue pour le voir. Sa fermeté ne commença à l'abandonner un peu que lors de l'entrevue qu'il eut avec sa femme. Du reste, il persista toujours à se dire innocent du crime d'empoisonnement pour lequel on le condamnait. Il comparait sa mort à celle de l'infortuné Calas, et disait avec la plus grande assurance qu'il espérait qu'un jour on réhabiliterait sa mémoire. Il monta à l'échafaud avec la sérénité du plus juste des hommes, baisa dévotement l'instrument de son supplice, et subit son arrêt. L'exécution eut lieu le 6 mai 1777, à sept heures du soir. Il y avait trente-deux ans et demi que ce monstre pesait sur la terre.

Desrues était d'une constitution faible en apparence, d'une très-petite taille; son visage était allongé, pâle et maigre; son rire avait quelque chose de l'hyène; il avait la bouche enfoncée, le regard perfide; ses yeux ronds, creux et perçans, décelaient la perversité de son âme. Il parlait d'un ton caressant, et se donnait un air de candeur et de simplicité; du reste, sachant se plier à tous les tons,

selon les circonstances. Il s'était surtout fortement attaché à se couvrir du masque de la
fausse dévotion ; toujours entouré de livres
de piété, ne parlant que de religion , de Dieu ,
des saints , du paradis , et osant , par un abus
des plus sacriléges , s'approcher de la sainte
table à toutes les solennités de l'église. On assure que, le jour de la première communion
du jeune de Lamotte , il voulut communier
aussi, disant que cette action de sa part serait une source de grâces et de bénédictions
pour ce jeune homme.

La femme Desrues, complice de son mari
en plusieurs points, fut condamnée en 1779
à être fouettée, marquée, et renfermée le reste
de ses jours.

VICTIMES

ACCUSÉES PAR LEURS ASSASSINS.

Un vagabond, nommé Landelle dit *Lerond*, né à Croixille, s'était livré tellement à tous les excès de la débauche et du libertinage, qu'à l'âge de trente ans, devenu l'objet du mépris et de la haine de tout le pays, ne trouvant plus de maison où l'on voulût lui donner un gîte, il fut obligé de quitter le lieu de sa naissance, et se retira au bourg de Juvigné, à peu de distance de Croixille. Mais ne se comportant pas mieux à Juvigné qu'à Croixille, se livrant à des brigandages, à des vols continuels, il excita contre lui les murmures et les plaintes de tous les honnêtes gens, et notamment du sieur Grosse, conseiller au grenier à sel d'Ernée.

Chassé aussi de Juvigné, n'ayant plus d'habitation, Landelle se construisit une cabane de terre et de paille sur un des côtés du grand

chemin qui mène de Juvigné à Croixille.
Ainsi, après avoir été le rebut de la société,
il en devint l'effroi. Cependant il nourrissait
un profond ressentiment contre le sieur
Grosse, qu'il regardait comme l'auteur de
son expulsion de Juvigné ; et il disait publiquement que cet homme ne mourrait jamais
que de sa main. Le 9 novembre 1777 , jour
de la fête de la paroisse , le sieur Grosse, qui
faisait sa résidence habituelle à Ernée, vint à
Juvigné chez sa mère. Il y passa la journée
au sein de sa famille; et il se retira à onze
heures du soir, pour passer dans la chambre
qui lui était destinée. Mais, pour s'y rendre,
il fallait qu'il allât gagner un petit escalier
pratiqué en dehors de la maison , adossé au
mur, et dont la première marche touchait
au seuil de la porte. Cette construction vicieuse pensa coûter la vie au sieur Grosse.
Landelle, qui connaissait les êtres , se tenait
caché le long des premières marches , et attendait sa proie. A peine le sieur Grosse se
disposait à monter, avec une clef et une lumière à la main, qu'au même instant on le
saisit vigoureusement au collet, en lui assé-
nant un coup de bâton. Saisi d'effroi, sans

armes, sans défense, le sieur Grosse appelle à son secours. Sa mère et le sieur Cheux, son beau-frère, accourent; mais Landelle avait tout prévu; trois de ses compagnons, apostés près du lieu de la scène, paraissent pour le seconder. Grosse, sa mère et son beau-frère, rentrent à la hâte dans la maison, et se dérobent à la fureur de leurs assassins, sans avoir reçu de blessures dangereuses.

Transportés de rage d'avoir manqué leur coup, Landelle et ses complices vomirent les invectives, les insultes, les blasphèmes les plus horribles. Armés de pierres, de bâtons, de sabres, ils travaillèrent à enfoncer la porte, qui heureusement résista à leurs coups redoublés. Voyant leurs efforts inutiles, ils parcoururent Juvigné, se faisant donner à boire de force par les cabaretiers, mettant partout le désordre, cassant et brisant tout, et maltraitant toutes les personnes qui se rencontraient sur leur chemin. Puis ces brigands se battirent entre eux. Les jours suivans, ils commirent de pareils excès dans plusieurs villages voisins de Juvigné.

Cependant le sieur Grosse et plusieurs autres particuliers portèrent plainte contre les

attentats de Landelle et de ses complices. Le
juge de Saint-Ouen s'empara de l'affaire, le
délit ayant été commis dans l'étendue de sa
juridiction. Ce magistrat était l'ennemi per-
sonnel du sieur Grosse. Il fit arrêter Landelle
et les deux Launay, et l'information qui eut
lieu fut composée de trois témoins seulement, tous trois indiqués par les accusés.
L'un était leur complice, les deux autres
étaient leurs compagnons de débauche, tandis que l'on aurait pu se procurer les dépositions de plus de vingt personnes domiciliées
à Juvigné, lieu du délit, et dignes de toute la
confiance de la justice. Sur une semblable
instruction, Landelle et ses compagnons furent bientôt remis en liberté.

De retour à sa cabane, Landelle y fut attaqué d'une maladie inflammatoire dont il
mourut le 6 décembre 1777, huit jours après
son élargissement, et vingt-sept jours après
la scène du 9 novembre. Ses complices, fidèles à ses mânes, se persuadèrent que l'occasion était favorable pour perdre le sieur
Grosse. Ils publièrent sur-le-champ que Landelle était mort de la suite des coups qu'il
avait reçus de lui le 9 novembre. Ils parvinrent à

exciter les frères de Landelle et à les déterminer à faire leur dénonciation au procureur-
fiscal de Saint-Ouen. Le juge ordonna l'examen
du cadavre par des médecins et chirurgiens
commis à cet effet; et l'on procéda ensuite à
une information d'après laquelle les sieurs
Grosse et Cheux furent décrétés de prise de
corps. Ceux-ci interjetèrent appel de la
plainte et de toute la procédure qui devait la
suivre.

La calomnie qui présidait à cette accusation était absurde; elle avait pour la démentir le rapport des hommes de l'art et la notoriété publique. On était révolté de la conduite
du juge de Saint-Ouen. Sa lenteur, son indulgence, sa négligence impardonnable, lorsqu'il avait fait l'instruction dirigée contre
Landelle et ses complices; et, d'un autre côté,
la précipitation qu'il avait mise dans l'instruction qui concernait les sieurs Grosse et
Cheux; l'abus qu'il avait fait de ses pouvoirs;
la rigueur des décrets qu'il avait décernés
contre ces deux accusés; la haine bien connue de ce juge pour le sieur Grosse; tout
enfin, dans cette procédure, déposait en faveur de ceux que l'on voulait perdre.

Par arrêt du 4 février 1778, rendu sur les conclusions de l'avocat-général Séguier, les sieurs Grosse et Cheux furent déchargés des accusations dirigées contre eux.

Ce jugement faisait éclater l'innocence des sieurs Grosse et Cheux ; mais il ne réparait pas le dommage que leur avait causé la conduite du juge de Saint-Ouen, et ne punissait pas la partialité de ce magistrat, qui avait employé l'autorité dont il était revêtu à venger ses querelles particulières. La morale publique était en droit d'attendre cet acte de justice des juges suprêmes qui prononcèrent sur cette affaire.

ACCUSATION DE PARRICIDE.

La discorde au sein des familles non seulement empoisonne un des plus grands bonheurs de l'existence, en nous faisant maudire les plus doux liens qui attachent l'homme à la terre, et en nous forçant de voir des ennemis dans ceux-là même que la nature semblait s'être complue à nous donner pour amis; elle est encore une source de calamités et de désastres que l'on ne saurait ni prévoir ni prévenir. Sans la mésintelligence qui avait plusieurs fois éclaté entre les époux Montbailly et leur mère, il est à croire que la mort subite de cette dernière n'aurait jamais été regardée comme le résultat d'un parricide, et que la ville de Saint-Omer n'aurait pas été le théâtre de l'exécution d'un innocent. Le fait que nous allons rapporter, sans avoir un résultat aussi tragique, offrira quelques points de coïncidence avec l'histoire de l'infortuné

Montbailly, et montrera, comme elle, un triste exemple des suites déplorables que peuvent entraîner les haines de familles; car si le parricide est le plus exécrable de tous les forfaits, qui pourrait nier que le plus grand des malheurs soit d'en être accusé injustement ?

Chassagneux père, domicilié à Montbrison en Forez, avait deux fils. L'aîné se nommait Julien, et le cadet Claude. Ce dernier, pour se faire distinguer de son frère, avait pris le surnom de Laverney.

En 1771, Chassagneux maria son fils aîné, et lui donna quinze mille livres de dot avec lesquelles ce jeune homme traita d'une charge de procureur. Ses nouvelles fonctions l'obligèrent d'aller habiter un autre domicile que la maison paternelle.

Chassagneux père vécut pendant quelque temps en assez bonne intelligence avec les nouveaux mariés; mais la division ne tarda pas à éclater, et vint mettre dans le cœur du père une soif insatiable de vengeance. Pour commencer à satisfaire sa haine, il proposa à son second fils de s'établir, et lui promit, s'il voulait y consentir, de se dépouiller de tout

son bien en sa faveur. L'unique motif de cette
générosité apparente était de faire ressentir à
son fils aîné les effets de la colère qui l'ani-
mait contre lui. Aussi, dès qu'il eut conçu ce
dessein, il n'eut plus de repos qu'il ne l'eût
exécuté. Sans cesse il priait ses amis de lui
trouver un parti sortable pour son second
fils. Enfin, dans les premiers jours de juin
1772, Laverney, âgé de vingt-quatre ans,
épousa la demoiselle Poyet, jeune personne
appartenant à une famille recommandable,
et recommandable elle-même par toutes les
vertus de son sexe. Chassagneux père tint
alors sa promesse; il donna tout à Laverney,
jusqu'à ses meubles, et ne lui imposa d'autre
charge que d'avoir soin de sa femme et de
lui.

Quoique ceux qui avaient eu part à ce mariage ignorassent totalement les motifs de cet
abandon universel de la part de Chassagneux,
ils craignirent cependant qu'un tel arrange-
ment ne donnât naissance à des troubles de
nature à faire désirer aux deux parties leur
séparation. En conséquence il fut stipulé que,
dans le cas de désaccord, le père pourrait reprendre l'usufruit des bâtimens, prés, terres

et vignes qu'il avait à Saint-Romain-le-Puy, ainsi que la jouissance de la moitié des meubles de sa maison de Montbrison.

D'abord on s'en tint aux premières conventions. Le père, la mère et les jeunes époux vécurent ensemble. Mais bientôt le père manifesta l'intention de revenir sur le don qu'il avait fait de ses biens. Comme ce don n'était que l'effet de sa vengeance, tous les jours il répétait à ses enfans que son dessein n'avait pas été de leur donner ce qu'il possédait, qu'il n'avait voulu que ruiner et punir son fils aîné, qu'il haïssait mortellement.

En réalité, Chassagneux éprouvait le plus vif regret de s'être ainsi mis dans l'entière dépendance de l'un de ses enfans, uniquement pour se venger de l'autre. Il avait donc résolu de s'y soustraire; et, dès ce moment, il ne laissa plus ni paix ni trêve à son fils et à sa bru.

On a vu qu'il s'était réservé, en cas d'incompatibilité avec son fils, la jouissance de son domaine de Saint-Romain. Laverney venait de faire des dépenses dans ce domaine; Chassagneux saisit cette occasion pour le menacer de le lui retirer, et il l'assigna, à cet effet, le 25 janvier 1775.

Le fils, croyant que la séparation annoncée allait mettre fin à ses tribulations domestiques, chargea un procureur de consentir en son nom à la demande de son père. Désarmé par ce procédé, Chassagneux se désista de sa demande; il déclara à Laverney qu'il ne voulait plus le quitter, ou que, s'il se séparait de lui, ce serait avec d'autres arrangemens que ceux qui avaient été arrêtés. Son fils lui répondit qu'il était maître de les dicter; que, quant à lui, il y souscrirait aveuglément; il fit même plus, il pria un avocat distingué de se rendre médiateur entre son père et lui, et de tracer un plan d'arrangemens nouveaux. Dès le lendemain, le nouveau traité fut prêt; et Laverney, pour donner au médiateur qu'il avait choisi une preuve de son amour pour la paix, et à son père un témoignage certain de son respect, prit les deux actes, les signa sans les lire, en remit un à Chassagneux, et le pria d'apporter à son exécution la même exactitude qu'il y mettrait de son côté.

Mais ce n'était pas encore assez pour contenter son père, qui était beaucoup moins jaloux d'une conciliation que de la restitution de tout son bien. Aussi ces derniers arrange-mens ne furent-ils pas mieux suivis que les précédens. Chassagneux consulta des hommes de loi pour savoir comment on pouvait faire révoquer une donation. On lui répondit qu'il n'y avait que l'ingratitude envers le bienfai-teur qui pût armer la sévérité des lois. Jus-que là cet homme n'avait pu, pour se montrer méchant, que suivre les impulsions de son âme ; il le devint alors par art et par étude, et s'appliqua à épuiser la constance de ses malheureux enfans, voulant acquérir des preuves d'ingratitude contre eux, afin de se ménager des moyens de faire révoquer sa do-nation.

Il vivait toujours avec eux sous le même toit, et tous les jours il se portait à de nou-veaux excès. Parmi les moyens que lui sug-géra sa méchanceté pour arriver à ses fins, il imagina de ruiner la maison de son fils, pensant que celui-ci, sensible à ce désastre, finirait par s'abandonner à quelques effets ex-térieurs d'un juste ressentiment. Dans cette vue, il enleva successivement le linge, l'ar-genterie et autres effets de valeur ; et ce dépouillement fut porté à un tel point que, pour sanver les débris qui lui restaient, Laverney fut obligé de requérir la justice de venir apposer les scellés dans sa maison.

Chassagneux regarda cette démarche comme un outrage sanglant; sa haine pour son fils en augmenta, et il jura qu'il emploierait tous les moyens pour arriver bientôt à son but.

Voici le stratagème qu'il imagina. Un jour qu'il était resté seul dans sa chambre, il sort de son lit, se déchire le visage, et, teint du sang que lui-même avait fait couler, il ouvre sa fenêtre, appelle à son secours, et crie qu'on lui sauve la vie..... On accourt, on entre, on l'interroge : « Mon fils et ma fille, dit-il, ont osé porter leurs mains sur moi; sans ma résistance, ils m'étranglaient; ma force m'a débarrassé d'eux; j'ai appelé, ils ont pris la fuite..... » On le traita de fou, de visionnaire; son fils était absent depuis plus de deux heures, et la dame Laverney n'avait pas quitté sa belle-mère.

Cette tentative ne fut pas la seule à laquelle il eut recours; il en fit plusieurs autres du même genre; mais, honteux, enragé de voir qu'aucune ne lui réussissait, il adopta une au-

tre marche. « Malheureux, dit-il à son fils
dans un moment de fureur, ta vie me pèse,
elle m'est insupportable; tu as fait mettre les
scellés, mais d'aujourd'hui en huit jours le
bon Dieu te punira. » Son fils le prie d'étouffer
son ressentiment. « C'en est fait, répond Chassagneux; rends-moi mon bien et fuis, ou
dans huit jours je me serai défait de ta femme
et de toi. J'aurai répandu ton sang et le sien. »
Horrible menace, qui fait dresser les cheveux,
quand on pense que l'auteur d'une semblable
prédiction était un père !

Cet homme dénaturé choisit le 2 février
1775 pour accomplir son abominable pro-
phétie. Il était neuf heures du soir; le souper
était servi; la dame Chassagneux s'était as-
soupie auprès du foyer, Laverney et sa femme
descendent ensemble à la cave; profitant
de cet instant, Chassagneux développe un
paquet d'arsenic et le jette dans la soupe de
ses enfans; ils rentrent: « N'éveillez pas, dit-
il, votre mère; elle repose; j'aurais besoin d'en
faire autant; hâtez-vous de terminer votre
souper. » Ses enfans se mettent à table, et le
père reste auprès d'eux comme pour se re-
paître des effets de son crime. Ils mangent;

aussitôt un feu terrible les dévore ; leurs entrailles se déchirent ; les cris que leur arrache
la douleur éveillent leur mère. Elle les interroge sur ces déchiremens qu'elle ne peut concevoir. Son mari répond froidement à sa
femme que ses enfans sont empoisonnés. La
mère court chercher un chirurgien et l'amène
à l'instant. Celui-ci se hâte de secourir les
malades ; il se fait apporter les restes du fatal
aliment qu'ils ont pris, et reconnaît l'arsenic
qui s'y trouve mêlé. Cependant les convulsions augmentent ; les défaillances deviennent
plus fréquentes ; on fait venir un prêtre. Le
chirurgien dit qu'il faut opérer une nouvelle
saignée, et qu'il a besoin d'être assisté par
quelqu'un ; Chassagneux s'approche ; le confesseur le repousse avec horreur, et donne lui-
même au chirurgien les secours qu'il avait
demandés. Le chirurgien passe la nuit auprès
des deux victimes. Aussitôt que la parole leur
est revenue, leur premier mouvement est de
conjurer le chirurgien de garder le plus profond silence sur ce qu'il sait, sur ce qu'il a
vu ; ils le prient de leur épargner l'horreur
de voir leur père mourir sur un échafaud.

Après cette horrible scène, Chassagneux

sortit de la maison de Laverney; il se retira chez son fils aîné, et sa femme refusa de le suivre; huit jours se passèrent, pendant lesquels Laverney et sa femme s'occupèrent du soin de rétablir leur santé. Ils ne voyaient plus leur père, ils n'entendaient plus parler de lui, et faisaient tous leurs efforts pour oublier le crime auquel ils venaient d'échapper.

Mais le calme dont ils jouissaient ne devait pas être de longue durée. Un homme se présente devant Laverney. Cet inconnu, couvert de haillons, pouvant à peine se soutenir, et portant sur ses traits l'effrayante pâleur de la mort, lui déclare qu'il est important qu'il ait un entretien secret avec lui. Laverney le fait entrer dans une pièce séparée : « Votre père, lui dit l'inconnu, a voulu tenter ma pauvreté; je n'ai qu'à le délivrer de vous, et il me donne la moitié de son bien; il m'a offert de choisir entre trois moyens de vous assassiner..... S'il m'eût été permis de punir une pareille proposition, le fer qu'il remettait dans mes mains eût servi contre lui-même : au surplus, votre père sera trop facile à confondre; je n'ai, dit-il, qu'à dicter sa promesse, et il signera. » Laverney, croyant trop aisément à une pareille déclaration, ne peut retenir ses larmes, et supplie l'inconnu d'oublier, s'il est possible, la proposition que son père lui a faite, et surtout de garder, à cet égard, le plus profond silence.

Il alla trouver sur-le-champ le procureur du roi, non pour lui dénoncer le crime de son père, mais plutôt pour prévenir les malheurs qui le menaçaient. Le magistrat l'engagea à continuer à se conduire avec sagesse, et l'invita à amener Chassagneux devant lui à la première injure qu'il en recevrait.

Nous touchons à l'événement fatal qui devait donner lieu à une accusation de parricide. Le 14 juin 1775, Laverney et sa femme se disposaient à sortir pour se rendre à un jardin qu'ils avaient aux portes de la ville. Il était environ dix heures du matin. Laverney, apercevant son père, dit à sa femme : « Mon père vient, rentrons ; laissons-le passer. » La dame Laverney ne rentra pas cependant ; mais, voyant une femme de sa connaissance, elle s'approcha d'elle pour la prier de l'accompagner à son jardin. Cete femme s'excusa de ne pouvoir accepter cette offre obligeante. Chassagneux père passa deux ou trois fois devant la porte de son fils, en proférant quelques mots qui ne furent pas entendus; puis il continua son chemin, et entra dans une auberge.

Laverney et sa femme, ne voyant plus leur père, se mirent en marche. Ils étaient déjà hors de la ville, quand la dame Laverney, se retournant, vit son père qui la suivait. Elle dit à son mari avec une sorte d'exclamation : « Ah! mon ami, voici ton père! » Elle ne pouvait voir Chassagneux sans effroi, et malheureusement cet effroi n'était que trop fondé. Néanmoins Laverney et sa femme continuèrent leur route : ils étaient près du couvent des Capucins; leur jardin était situé un peu au-delà. Leur père les devança ; ils le saluèrent au passage. Loin de leur rendre le salut, leur père les invectiva; et, comme ils étaient devant l'entrée du couvent, Laverney lui dit que, s'il continuait ces invectives, lui et sa femme allaient entrer dans cette maison.

Le père doubla le pas; les enfans ralentirent le leur; enfin, sans cesse exposés à de nouvelles injures, ils arrivèrent à la porte de leur jardin, dans lequel un journalier et une domestique travaillaient. Chassagneux, les voyant sur le point d'entrer, revient sur ses pas, en disant que leur existence le fatigue, et qu'il ne trouvera le repos que quand il se sera défait d'eux. Sa bru le conjure de revenir à des sentimens plus doux; elle lui représente qu'il est bien cruel à lui de combler ainsi ses jours d'amertume et de souffrances. « *La patience m'échappe*, » lui répond-il; et en même temps voyant des pierres à dix pas de lui, il en saisit une, la lance à sa bru, qu'il atteint au côté. La dame Laverney se tourne, ouvre précipitamment, veut entrer; une seconde pierre la frappe entre les épaules; elle tombe presque sans connaissance. Lavérney, pâle, tremblant, demande à son père s'il veut assassiner sa femme; Chassagneux lui répond par une grêle de pierres.

Cependant la dame Laverney, ayant repris ses sens, appelle au secours. Le journalier entend ses cris, il arrive. « Ah! Mure, s'écrie Laverney, vous voyez que mon père veut nous assassiner; vous en serez témoin. »

Intimidé par la présence du journalier, Chassagneux prend la fuite sur le chemin de Curraise. Laverney dit à Mure : « Suivons-le, il y aura d'autres témoins dans les vignes;

pour le coup, je ne puis plus y tenir, et nous le mènerons au procureur du roi. » Chassagneux fuyait en criant : *A moi, mes amis, à mon secours, on m'assassine!* Le journalier Mure l'atteignit, et, en présence de plusieurs vignerons qui travaillaient, il le prit par le collet, en disant : *Il faut qu'il soit mené au procureur du roi; c'est un mauvais père qui voulait assassiner ses enfans.* Un colloque animé s'engage entre le journalier et Chassagneux. Pendant ce discours, la dame Laverney arrive; elle reproche à son beau-père sa cruauté; elle lui dit qu'il est un barbare, un père dénaturé. Il veut s'élancer sur elle; Laverney se précipite pour la protéger, et Olagnier, l'un des vignerons, ne voulant pas voir aux prises le père avec le fils, se met entre deux, reprochant à Chassagneux sa férocité, et se servant d'expressions qui l'irritèrent encore davantage, et qui le mirent tout-à-fait hors de lui.

La présence et les discours d'Olagnier décidèrent Mure à renoncer à l'intention qu'il avait d'abord de conduire le coupable au procureur du roi. Cependant Chassagneux ne cessait d'injurier ses enfans, qui se décidèrent alors à retourner à leur jardin, et dirent à Mure de les accompagner.

Olagnier témoigna encore une fois son indignation à Chassagneux père, et, le quittant pour retourner à son travail, il ordonna à son fils de le suivre; celui-ci le suivit lentement en regardant derrière lui. Cependant la fureur de Chassagneux était à son comble. Tout-à-coup il chancelle, ouvre les bras, tombe, et sa tête porte sur une pierre de la fondation du mur qui bordait le chemin. «Mon père, mon père, s'écrie le jeune Olagnier, le gros tombe.» Olagnier père se retourne, voit Chassagneux étendu, demande comment il est tombé. « De lui-même, répond son fils; c'est sûrement qu'il est ivre. » Tous les deux courent aussitôt pour lui porter du secours; mais il n'était plus temps; Chassagneux venait d'expirer.

Il est important d'observer que cet homme était resté seul; qu'il s'était révolté contre les représentations que chacun lui avait adressées, et que néanmoins la présence des témoins ne lui avait pas permis de donner un libre cours à sa fureur. Les blessures qu'il venait de faire à sa belle-fille lui donnaient peut-être aussi lieu de craindre les suites de sa conduite. Toutes ces circonstances réunies produisirent en lui une révolution violente qui causa peut-être sa chute et sa mort. Les deux Olagnier avaient été témoins de tout ce qui venait de se passer. Un autre vigneron, nommé Beuvard, parut après l'événement. « *Qu'est-ce donc?* dit-il en s'approchant, *on vient de crier à l'assassin!* » On l'informe de tout; il voit Chassagneux étendu. « *Comment!* s'écrie-t-il, *est-ce que ses enfans l'ont tué?* — *Non*, lui répond Olagnier, *car ils ne l'ont pas touché.* —*Cependant*, observe Beuvard, *il paraît qu'il est mort.* — *Je parie qu'il le fait exprès*, reprit Olagnier, *car il est malin.* »

Pendant ce dialogue, on vit un léger mouvement à la jambe de Chassagneux. « *Il n'est pas mort*, dit Olagnier, *allons le secourir.* — Monsieur Chassagneux, » lui crie Beuvard. Chassagneux veut parler, et sa voix expire sur ses lèvres. « *Relevons-le*, dit Olagnier. — *Je n'y touche pas*, » répond Beuvard. Mure s'était approché. Olagnier lui dit: «*Eh bien! aide-moi, toi qui en es peut-être la cause.* — *Moi, la cause!* répond Mure; *prenez garde à ce que vous dites.* »

Cependant Laverney et sa femme sont revenus sur leurs pas. A la vue de son père étendu sans mouvement, Laverney ne peut articuler que des mots sans suite. Sa femme approche, et le sang de son beau-père, ruisselant à ses pieds, la fait frissonner. « *Ah! mon mari, où sommes-nous? dit-elle avec effroi; quel malheur! Ce misérable s'est jeté sur cette pierre pour se tuer, afin que l'on dise que c'est par nous qu'il est mort.* » Éperdue, elle veut marcher; elle tombe; on la relève; elle remplit l'air de ses cris de désespoir. Laverney, alarmé de son état, l'arrache de ce théâtre d'horreur, et la reconduit à la ville.

Beuvard, qui les avait devancés, avait déjà répandu dans Montbrison la nouvelle de ce funeste événement. Mais, s'il ne pouvait pas dire que les enfans fussent coupables, il ne pouvait pas non plus affirmer qu'ils fussent innocens; et ce fut le commencement de leur infortune. Les premiers bruits de cette mort, portant avec eux le caractère du doute, plongèrent les esprits dans une incertitude fatale, et firent naître les conjectures les plus sinistres.

Une autre circonstance aggrava les soupçons que le récit de Beuvard venait de répandre. La dame Laverney, frappée par son beau-père, avait appelé du secours, et son mari avait joint ses cris d'alarme aux siens. Chassagneux, fuyant, avait répété les mêmes cris, en apercevant des vignerons derrière les murs du chemin dans lequel il courait. Il y eut d'autres vignerons qui entendirent aussi ces cris, mais qui ne virent rien, parce qu'ils étaient trop éloignés. Quand la dame Laverney revint, ses sanglots frappèrent également les oreilles de ces paysans, qui accoururent enfin pour voir de quoi il s'agissait. Ils entendirent la femme Laverney répéter sans cesse ces paroles : *Qu'est-ce que le monde va dire ?* Et quand ils virent le corps du vieillard gisant sur la terre, le sang qui couvrait son visage, et qu'ils se rappelèrent les cris qu'ils avaient entendus, des présomptions de parricide s'élevèrent dans tous les esprits.

Les deux Olagnier étaient sans cesse interrogés, et ils gardaient le silence le plus profond.

Dans les premiers momens, la vérité ne fut pas altérée en sortant de la bouche d'Olagnier père; ses premiers récits étaient fidèles; il rapportait naturellement ce qui s'était passé sous ses yeux. Mais bientôt il voulut tirer une sorte de vanité de l'empressement que tout le monde mettait à l'interroger , et dès lors son imagination lui suggéra des variantes qui altérèrent, d'une manière déplorable, la nature des faits.

On croira facilement que, le nombre des spectateurs croissant de moment en moment, quelques-uns des témoins voulurent se procurer aussi l'étrange satisfaction d'être interrogés. Les récits de ces derniers offrirent des particularités bien plus dramatiques que ceux des Olagnier. « Hélas ! disait l'un d'eux, j'ai vu ce vieillard m'adresser la parole en fuyant : « *Secourez-moi* , *mon ami*, me disait-il, *mes enfans veulent m'assassiner.* » Puis il ajoutait : « Ce qu'il y avait de plus cruel pour moi, je ne pouvais pas arrêter les furieux qui le poursuivaient, un mur me séparait du père et des enfans; je l'ai bien franchi, mais avec peine, et quand je suis arrivé les scélérats avaient fait le coup. »

« Je ne pouvais pas croire, disait un autre,

tout ce que je voyais, ces cruels enfans ren-
versaient leur père à coups de bâton, et l'é-
tranglaient. »

« Pour moi, disait un troisième, j'ai entendu distinctement ce père qui disait à ses
enfans d'une voix étouffée : *Barbares, laissez-
moi la vie!* Après quoi, continuait-il, il poussa
un cri très-aigu; je n'ai plus entendu rien; je
suis arrivé, ce pauvre père était mort. »

Il est juste de faire remarquer qu'ils n'osè-
rent pas déposer les mêmes choses devant
les juges; la réflexion et les périls d'un faux
témoignage les firent revenir à la vérité; mais
il suffisait d'un seul qui les entendît, et qui
répétât ces cruels discours dans Montbrison,
pour persuader que les enfans de Chassagneux
avaient été des parricides; et ce bruit, se pro-
pageant dans toute la ville, préoccupa bientôt
tous les esprits. En moins de dix minutes, la
fermentation devint générale.

Me Ardaillon, avocat de Montbrison, après
avoir percé à grand'peine la foule des curieux,
parvint à s'introduire chez les époux Laverney. « Serait-il vrai, leur dit-il, que vous au-
riez donné la mort à votre père? Malheureux
enfans! dites, dites-moi la vérité; je ne suis

ni votre accusateur, ni votre juge, ni votre bourreau. — Eh quoi ! répond Laverney, est-ce que le public a de moi une pareille idée ? — Oui, le public le croit, et cependant il peut n'être point blâmable. Je vous crois innocens, si je ne considère que les intentions que vous avez pu avoir, et cependant vous pouvez être coupables par le fait seulement : peut-être avez-vous apporté trop de résistance, peut-être aurez-vous cru ne parer qu'un coup, et vous en aurez porté dont vous ne vous serez pas aperçus. » Laverney l'interrompit : « Que vous me faites souffrir avec de pareilles observations ! Loin qu'il y ait eu lieu de parer ou de donner des coups, il n'y a pas eu seulement une menace entre nous, et toujours trois témoins nous ont assistés durant la dispute, où mon père avait tous les torts. Je lui ai reproché sa cruauté ; mais n'en avais-je pas sujet ? Il avait écrasé ma femme, et je l'avais vu qui voulait la faire périr à mes yeux. — Malheureux enfans ! s'écria Mᵉ Ardaillon, que vous êtes à plaindre ! Fuyez, la clameur publique vous poursuit. Le procureur du roi ne va pas manquer de vous arrêter sur cette clameur ; et, si je l'étais, moi-même je vous arrèterais. » Mais, soutenu par le sentiment intime de son innocence, Laverney ne voulut pas suivre ce conseil. « Nous ne fuirons point, dit-il ; qu'on nous donne des fers, et nous les recevrons. Nous sommes innocens, et personne n'a intérêt à nous sacrifier ; nous ne devons pas appréhender les témoins qui n'ont rien vu, et notre espoir sera fondé au contraire sur ceux qui ont vu. »

Me Ardaillon se sentit soulagé après avoir entendu leur justification, et surtout après avoir appris qu'ils avaient des témoins. Il les emmena dîner chez lui. Ils y restèrent près de cinq heures sans que personne les troublât. Mais, comme ils allaient se retirer, la police se présenta pour exécuter l'ordre de les arrêter. Ces malheureux époux ne furent point ébranlés : ils dirent à Me Ardaillon : « Nous recevons des fers, c'est un malheur que nous regardons comme nécessaire. S'il importe à nos concitoyens de savoir si nous ne sommes point coupables, il nous intéresse également de faire connaître que nous sommes innocens. » On les emmena, et bientôt les portes de la prison se refermèrent sur eux.

Quant à Mure, ce malheureux journalier,

ne pensant pas qu'on dût l'inquiéter, était retourné à ses travaux accoutumés. Mais on crut qu'il fallait le comprendre parmi les accusés, et il fut également arrêté. Les trois prévenus, enfermés dans des chambres séparées, ne pouvaient se concerter. Lors de leur interrogatoire, chacun raconta les circonstances de la mort de Chassagneux d'une manière parfaitement identique, et sans y faire le moindre changement.

Les juges s'étaient transportés sur les lieux où gisait le corps de Chassagneux. Ce cadavre avait était tourné sur le dos, et était resté exposé pendant plusieurs heures à toute l'ardeur du soleil, dans le jour peut-être le plus chaud de l'année, au milieu du mois de juin; en sorte que cette position aurait pu lui donner la mort, quand bien même la chute n'aurait pas été mortelle. Les chirurgiens appelés ne jugèrent pas à propos de faire l'ouverture cadavérique, et se bornèrent à une inspection purement intuitive. Cette omission et le retard qui avait été apporté à la reconnaissance du cadavre, causèrent les erreurs funestes dans lesquelles tombèrent les chirurgiens. S'étant bornés à constater les lésions

extérieures qu'ils avaient aperçues, ils déclarèrent qu'elles avaient été faites par un corps
contondant, mais sans en désigner l'espèce. Les
chirurgiens, voulant aussi vérifier les bruits
d'*étranglement* qu'on avait répandus, trouvèrent que la langue du mort était engorgée;
ce qui leur fit présumer qu'il y avait eu com-
pression sur le cou, et par conséquent stran-
gulation. Ils déclarèrent aussi qu'après avoir
fait déshabiller le cadavre ils avaient découvert des ecchymoses sur les reins.

L'instruction du procès dura plus d'une
année, à dater du jour de la mort de Chassagneux. Les accusés subirent plusieurs interrogatoires; un certain nombre de témoins
vinrent à révélation, et l'on publia des monitoires.

Enfin, le 9 août 1776, les juges de Montbrison, au nombre de neuf, condamnèrent
Laverney et Mure à être appliqués provisoirement à la question ordinaire et extraordinaire. Pour donner une juste idée de la situation horrible où se trouvaient les accusés,
il est nécessaire de dire que, si les conclusions
du ministère public eussent été adoptées,

Laverney et Mure auraient été condamnés à être rompus vifs et brûlés, et la dame Laverney aurait également fini ses jours sur l'échafaud.

Les accusés s'empressèrent d'interjeter appel au parlement de Paris de la sentence rendue contre eux. Le docteur Louis, célèbre chirurgien, qui avait déjà contribué à faire reconnaître l'innocence des époux Montbailly, publia sur la mort de Chassagneux une consultation lumineuse, qui dut éclairer l'esprit des juges. Il démontra que les blessures au visage et les ecchymoses aux reins que les chirurgiens avaient trouvées sur le cadavre ne présentaient aucun signe qui pût conduire à la conjecture d'un meurtre. Il était bien constant que Chassagneux s'était fracturé les os du nez en tombant. Les chirurgiens avaient dit, dans leur rapport, que cette blessure avait été faite par un instrument contondant; ils semblaient avoir présumé que cette blessure provenait d'un coup de bâton; ce qui était démenti par le témoignage des deux Olagnier. D'ailleurs la pierre sur laquelle Chassagneux était tombé n'était-elle pas un véri-

table instrument contondant? Quant aux ecchymoses trouvées sur les reins, elles étaient le
résultat naturel de la chaleur putréfiante, qui
augmente toujours après la mort, et qui,
poussant les humeurs à la surface du corps,
occasione ces taches, ces lividités, sans dila-
cération, ou sans que le tissu de la peau soit
rompu.

Par arrêt rendu, sur le rapport de M. Ber-
thelot de Saint-Alban, le 20 mars 1777, le
parlement de Paris ordonna un plus ample
informé d'un an contre Laverney et sa femme,
et un sursis à l'égard du journalier Mure, jusqu'après le jugement définitif des principaux
accusés, et cependant la liberté fut rendue à
la femme Laverney et au journalier.

Nous regrettons de ne pouvoir instruire le
lecteur de l'issue de cette affaire éminemment
intéressante. Le recueil des causes célèbres,
qui nous en a fourni les détails circonstanciés,
garde le silence à cet égard. Mais il est à présumer, d'après l'arrêt même qui prononçait
contre les accusés un plus ample informé d'un
an, que Laverney, sa femme et le journalier
Mure sortirent innocens de cette nouvelle

épreuve, et furent acquittés par le parlement de Paris. Au surplus, l'exposé des faits, la conduite exemplaire de deux époux, leur douceur envers un père tel que Chassagneux, leurs vertus privées, nous inspirent tant d'intérêt, qu'il nous est doux de penser que de tels enfans étaient incapables d'un parricide.

LA MACHINE INFERNALE D'ORLÉANS.

Nos lecteurs ont déjà pu voir dans ce recueil les déplorables détails de l'histoire d'une machine infernale qu'un frère fut accusé, par le ministère public, d'avoir fabriqué pour exterminer son frère. La description de cette machine fait frémir. Il semble presque incroyable qu'il ait pu se trouver un scélérat assez pervers pour concevoir l'idée d'une semblable machine, assez intrépide pour oser l'exécuter. Quand on pense que le moindre mouvement donné à la détente des pistolets pouvait le foudroyer lui-même, on est étonné de l'audacieuse confiance qu'il avait en son adresse ; et l'esprit s'épouvante à l'idée des tentatives horriblement hardies auxquelles peuvent pousser la haine et la vengeance.

Cependant cette conception diabolique, qui avait été enfantée à Lyon, fut imitée quel-

ques années après à Orléans. Mais , heureusement pour l'humanité; cette fois les preuves juridiques ne manquèrent point pour convaincre
le coupable; il subit la peine due à son exécrable attentat, et ce terrible exemple de la
vindicte des lois dut arrêter, du moins par la
crainte du supplice , les monstres capables
de renouveler ces affreuses entreprises. ·

Nicolas Philippot, serrurier à Orléans, passait pour être très-habile dans son métier; en
effet, son adresse ne fut que trop bien prou-
vée par la suite. Il était lié avec le nommé
François Meunier, vitrier dans la même ville, et
fréquentait assidûment sa maison. Meunier en
conçut de l'ombrage, et, soupçonnant que sa
femme était plus que lui l'objet des fréquentes
visites de Philippot, il pria celui-ci de vouloir
bien s'en abstenir. D'abord Philippot ne tint
aucun compte de cet avertissement; mais, Meunier s'étant expliqué d'une manière plus ca-
tégorique, il n'y avait plus moyen d'éluder
sa défense, et les visites cessèrent.

Toutefois cette rupture ne fut qu'apparente
à l'égard de la femme Meunier et de Philippot. Leurs relations de débauche continuèrent par l'entremise de la domestique de Meu-

nier, qui leur servait de confidente et de messagère. Quant au mari, il vivait dans la plus parfaite sécurité depuis qu'il avait interdit à son rival l'entrée de sa maison. La coupable correspondance entretenue par sa femme était menée avec tant d'adresse et de mystère, qu'il n'en avait pas le plus léger soupçon.

Un jour du mois de mai 1776, le nommé Nérau dit *Saint-Jean*, commissionnaire, apporta à Meunier une boîte qui, disait-il, contenait des estampes qu'on lui envoyait pour les encadrer. Quoique le vitrier connût la personne de la part de qui Nérau disait avoir apporté cette boîte, et qu'il eût déjà travaillé pour elle, il refusa d'accepter l'envoi sans lettre d'avis, alléguant que c'était contre l'usage.

Le jeudi 30 du même mois, sur les huit heures et demie du soir, Nérau reparut avec la même boîte, sur laquelle était l'adresse de Meunier. Cette fois le commissionnaire était muni d'une lettre dans laquelle on donnait avis au vitrier que la boîte qu'on lui apportait venait de la même personne qui lui avait déjà fait encadrer des estampes, et qui le chargeait encore de celles qui faisaient l'objet de ce nouvel envoi. Meunier alors reçut la boîte sans difficulté, et remit à l'ouvrir jusqu'au lendemain.

Dès que sa boutique fut ouverte, le lendemain 31 mai, il songea à faire l'ouverture du
fatal paquet. Il détache le couvercle, qui était
artistement arrêté ; mais à peine le soulève-
t-il pour l'ôter, qu'il se fait une explosion terrible. L'effroi se répand dans tout le voisinage ;
on accourt de tous côtés. On trouve Meunier
à moitié mort de saisissement ; il était grièvement blessé aux mains et au visage.

Le premier effroi passé, on examina la boîte,
et on reconnut qu'elle contenait une machine
à peu près semblable à celle qui avait été mise
en usage à Lyon. Heureusement les bouches
des deux pistolets s'étaient trouvées dirigées
du côté opposé à celui par lequel Meunier
avait fait l'ouverture de la boîte, en sorte que
les balles dont les armes étaient chargées
avaient été lancées dans la rue sans blesser
personne.

Meunier instruisit sur-le-champ la justice
du danger qu'il venait de courir. La boîte fut
remise entre les mains des magistrats, ainsi
que la lettre d'envoi ; et le commissionnaire
Nérau, dit *Saint-Jean*, fut désigné comme en
ayant été le porteur.

Nérau, arrêté et constitué prisonnier, déclara que c'était Philippot qui l'avait chargé de porter la boîte à son adresse, avec la lettre d'avis que Meunier avait demandée, et que Philippot lui avait bien recommandé de ne pas le nommer. Il ajouta que, quand il était revenu chez le serrurier pour lui rendre compte de sa mission, celui-ci, en lui donnant son salaire, lui avait fait prendre un verre de vin, disant qu'il devait avoir besoin de se rafraîchir, après la course qu'il venait de faire.

Après cette déclaration, Nérau fut trouvé mort dans sa prison; et l'on présuma, non sans fondement, que le verre de vin qu'il avait bu chez Philippot était empoisonné, et que ce scélérat, en faisant périr le commissionnaire, avait espéré briser tous les rapports qui pouvaient exister entre la boîte et lui, et anéantir par conséquent le seul indice qui pût le dénoncer. En effet, si le malheureux Saint-Jean eût succombé dans la nuit qui se passa entre la remise de la boîte et son ouverture, il eût été bien difficile de remonter jusqu'à l'auteur de l'attentat. Le vitrier aurait bien nommé le commissionnaire qui la lui avait apportée; mais comment aurait-t-il pu apprendre de quelle main cet homme la tenait? Il ne serait plus resté que l'écriture de la lettre et de l'adresse. Mais comment entre tous les habitans d'une ville aussi grande et aussi peuplée que celle d'Orléans, comment démêler l'écriture d'un serrurier, homme ordinairement peu lettré, qui écrit bien rarement, qui bien souvent même ne sait pas écrire?

Quoi qu'il en soit, aussitôt que la femme Meunier sut que Nérau était entre les mains de la justice, elle prit la fuite.

Le serrurier Philippot, de son côté, songea à se mettre hors de toute atteinte. Il voulut d'abord passer en Angleterre; mais, soit qu'il eût rencontré des difficultés pour sa traversée, soit pour tout autre motif, il se détermina à rester en France. Il eut même l'audace de rentrer dans Orléans, et de revenir dans sa maison pour y prendre quelques hardes et quelques ustensiles à son usage. Puis il se rendit à Paris, et s'y logea dans une auberge, rue de Touraine, au coin de la rue des Cordeliers. Il y passa environ deux mois, sous le nom du chevalier d'Albret, et se disant officier du régiment de Conti. Il occupait dans cette auberge une chambre garnie, et mangeait habituellement à la table d'hôte qui, était très-fréquentée. Il avait un extérieur assez distingué, qui l'aidait à soutenir son personnage ; et il ne lui fut pas difficile de former des liaisons avec plusieurs des personnes qui mangeaient à la même table que lui.

Ayant fait un jour la partie, avec quelques-uns de ses convives, d'aller à la foire Saint-Ovide, et rentrant à son auberge vers minuit, au moment où il frappait à la porte, il fut entouré d'une troupe d'agens de la police qui le forcèrent d'entrer dans l'auberge. Un commissaire l'y attendait depuis deux heures avec main-forte. A la vue de ce magistrat, il voulut fuir ; mais on l'arrêta, et, après qu'on eut constaté que c'était bien le même individu dont le signalement avait été envoyé d'Orléans, on s'assura de sa personne en lui mettant les menottes. Il fut conduit dans la chambre qu'il occupait, et l'on y fit perquisition en sa présence. On trouva, caché dans un coin, un tas assez considérable de charbon, dont l'aubergiste déclara n'avoir aucune connaissance. On trouva également plusieurs matrices de monnaie en terre, et la visite de ses poches y fit découvrir plusieurs écus de six livres ébauchés en plomb. Le commissaire dressa procès-verbal de ces divers incidens, et Philippot fut conduit au grand Châtelet, d'où il fut transféré dans les prisons d'Orléans.

Dans la procédure qui eut lieu à ce sujet, se trouvèrent impliquées Élisabeth Breton, femme de Meunier, suspectée d'avoir été complice de l'attentat commis contre son mari, et Marie-Madelaine Froc, qui avait été la messagère de la corrrespondance adultère que Philippot et la femme Meunier avaient entretenue ensemble.

Par sentence du 11 janvier 1777, la contumace fut déclarée bien et dûment instruite contre la femme Meunier; et Philippot, convaincu d'avoir voulu faire périr le mari de cette femme au moyen de cette machine infernale, fut condamné, par le même arrêt, à être rompu vif sur la place publique du Martroy, à Orléans. Cet arrêt fut confirmé le 25 février suivant.

Philippot, appliqué à la question, n'avoua rien, et protesta de son innocence avec cette atroce fermeté que donne aux scélérats l'habitude du crime. Mais l'appareil de son supplice et la vue des instrumens avec lesquels il allait être exécuté parurent faire quelque impression sur lui. « Voilà, dit-il, en se servant d'expressions que nous ne pouvons répéter. voilà où conduit l'amour des femmes. » Ce misérable fut exécuté à Orléans, le 28 février 1777.

Marie - Madeleine Froc, déchargée des plaintes et accusations intentées contre elle, fut mise en liberté. Quant à la femme Meunier, quoiqu'elle eût été jugée d'abord par contumace, le tribunal d'Orléans, après l'exécution de Philippot, ne prononça contre elle qu'un plus ample informé. Il était possible sans doute que cette femme n'eût pas été complice de l'attentat commis contre son mari. Quelles que fussent d'ailleurs ses relations avec Philippot, il est probable que celui-ci ne lui avait pas fait part de son abominable projet; on aime même à croire que, prévenue, elle en eût empêché l'exécution. Mais il n'en reste toujours pas moins vrai que sa conduite, au moins fort imprudente, si toutefois elle ne fut pas criminelle, fut un encouragement aux machinations perverses du rival de son mari. D'ailleurs sa fuite soudaine, immédiatement

après l'arrestation du commissionnaire Nérau, avait dû faire naître des présomptions
accusatrices dont les traces flétrissantes devaient rester indélébiles.

FIN DU TROISIÈME VOLUME.

TABLE

DU TROISIÈME VOLUME.

FIN DE LA TABLE DU TROISIÈME VOLUME.

.duct-compliance

/41

1 2 6 4 1 5 9 4 *